国家出版基金项目

新技术法学研究丛书
丛书主编：张保生 郑飞

数据之治
未成年人数据的法律保护

付新华 —— 著

中国政法大学出版社
2022·北京

声　明　1. 版权所有，侵权必究。
　　　　2. 如有缺页、倒装问题，由出版社负责退换。

图书在版编目（CIP）数据

数据之治：未成年人数据的法律保护/付新华著. —北京：中国政法大学出版社，2022.6
ISBN 978-7-5764-0639-9

Ⅰ.①数… Ⅱ.①付… Ⅲ.①少年儿童－个人信息－数据保护－法律保护－研究－中国 Ⅳ.①D923.74

中国版本图书馆CIP数据核字(2022)第158807号

书　名	数据之治：未成年人数据的法律保护 SHUJU ZHIZHI：WEICHENGNIANREN SHUJU DE FALÜ BAOHU
出版者	中国政法大学出版社
地　址	北京市海淀区西土城路25号
邮　箱	bianjishi07public@163.com
网　址	http://www.cuplpress.com（网络实名：中国政法大学出版社）
电　话	010-58908466(第七编辑部) 010-58908334(邮购部)
承　印	固安华明印业有限公司
开　本	720mm×960mm　1/16
印　张	15.75
字　数	230千字
版　次	2022年6月第1版
印　次	2022年6月第1次印刷
定　价	88.00元

总　序

21世纪以来，科技迅猛发展，人类社会进入了新技术"大爆发"的时代。互联网、大数据、人工智能、区块链、元宇宙等数字技术为我们展现了一个全新的虚拟世界；基因工程、脑机接口、克隆技术等生物技术正在重塑我们的生物机体；火箭、航天器、星链等空天技术助力我们探索更宽阔的宇宙空间。这些新技术极大地拓展了人类的活动空间和认知领域，丰富了我们的物质世界和精神世界，不断地改变着人类社会生活的面貌。正如罗素所言，通过科学了解和掌握事物，可以战胜对于未知事物的恐惧。

然而，科学技术本身是一柄"双刃剑"。诺伯特·维纳在《控制论》序言中说，科学技术的发展具有为善和作恶的巨大可能性。斯蒂芬·霍金则警告，技术"大爆炸"会带来一个充满未知风险的时代。的确，数字技术使信息数量和传播速度呈指数级增长，在给人类生产和生活带来信息革命的同时，也催生出诸如隐私泄露、网络犯罪、新闻造假等问题。克隆技术、基因编辑等生物技术在助力人类攻克不治之症、提高生活质量的同时，也带来了诸如病毒传播、基因突变的风险，并给社会伦理带来巨大挑战。

奥马尔·布拉德利说："如果我们继续在不够明智和审慎的情况下发展技术，我们的佣人可能最终成为我们的刽子手。"在享受新技术带来的便利和机遇的同时，提高风险防范和应对能力是题中应有之义。我们需要完善立法来保护隐私和知识产权，需要通过技术伦理审查确保新技术的研发和应用符合人类价值观和道德规范。尤为重要的是，当新技术被积极地应用于司法领域时，我们更要保持清醒的头脑，不要为其表面的科学性和查明事实真相方面的精确性所诱，陷入工具崇拜的泥潭，而要坚持相关性与可靠性相结合的科学证据采信标准，坚守法治思维和司法文明的理念，严守司法的底线，不能让新技术成为践踏人权的手段和工具。

不驰于空想，不骛于虚声。在这样一个机遇与挑战并存的时代，我们应以开放的胸襟和创新的精神迎接新技术带来的机遇，也需要以法治理念和公序良俗应对新技术带来的挑战。弗里德里奇·哈耶克曾反思道："我们这一代人的巨大不幸是，自然科学令人称奇的进步所导致的人类对支配的兴趣，并没有让人们认识到这一点，即人不过是一个更大过程的一部分，也没有让人类认识到，在不对这个过程进行支配，也不必服从他人命令的情形下，每一个人都可以为着共同的福祉做出贡献。"因此，在新技术"大爆发"的新时代，我们需要明确新技术的应用价值、应用风险和风险规制方式。本丛书的宗旨就在于从微观、中观和宏观角度"究新技术法理，铸未来法基石"。阿尔伯特·爱因斯坦说过："人类精神必须置于技术之上。"只有良法善治，新技术才能真正被用于为人类谋福祉。

2022 年初于北京

缩略语表

UNCRC	UN Convention on the Rights of the Child
GDPR	General Data Protection Regulation
COPPA	Children's Online Privacy Protection Act
FERPA	Family Education Rights and Privacy Act
PSPA	Protecting Student Privacy Act
SDPPRA	Student Digital Privacy and Parents Rights Act
PPRA	Protection of Pupil Rights Amendment
FTC	Federal Trade Commission
CCPA	California Consumer Privacy Act
SOPIPA	Student Online Personal Information Protection Act
OECD	Organization for Economic Co-operation and Development
EDPB	European Data Protection Board

目 录

绪 论　001
第一章　未成年人数据法律保护的概念界定与正当性基础　011
　　第一节　大数据时代未成年人数据的概念界定　013
　　第二节　大数据时代未成年人数据法律保护的正当性基础　022
第二章　域外经验：欧美未成年人数据法律保护考评　039
　　第一节　美国未成年人数据法律保护之考察　041
　　第二节　欧盟未成年人数据法律保护之考察　062
　　第三节　欧美未成年人数据法律保护比较与评析　077
第三章　本土实践：我国未成年人数据保护的现状考评　089
　　第一节　我国未成年人数据法律保护现状考评　091
　　第二节　我国未成年人数据行业保护实践考评　116
第四章　保护困境：未成年人数据法律保护的现实难题　125
　　第一节　权利冲突困境：平衡权利内外关系之难　127
　　第二节　成熟度评估困境：平衡共性与特性之难　130
　　第三节　父母同意困境：平衡家庭保护与侵权之难　135
　　第四节　数据控制困境：平衡数据主体与数据控制者利益之难　141
　　第五节　未成年人数据保护的特殊领域：学生数据的法律保护困境　145

第五章　破解之道：未成年人数据法律保护困境的解决思路　157
第一节　权利冲突困境的破解之道　159
第二节　成熟度评估困境的破解之道　162
第三节　父母同意困境的破解之道　164
第四节　数据控制困境的破解之道　171
第五节　未成年学生数据法律保护困境的破解之道　177

第六章　本土化构建：我国未成年人数据法律保护的应对之策　183
第一节　未成年人数据法律保护的本土化发展趋向　185
第二节　未成年人数据法律保护的本土化构建　191
第三节　未成年人数据法律保护的本土化完善　201

结　语　209

参考文献　213

关键词索引　239

绪 论

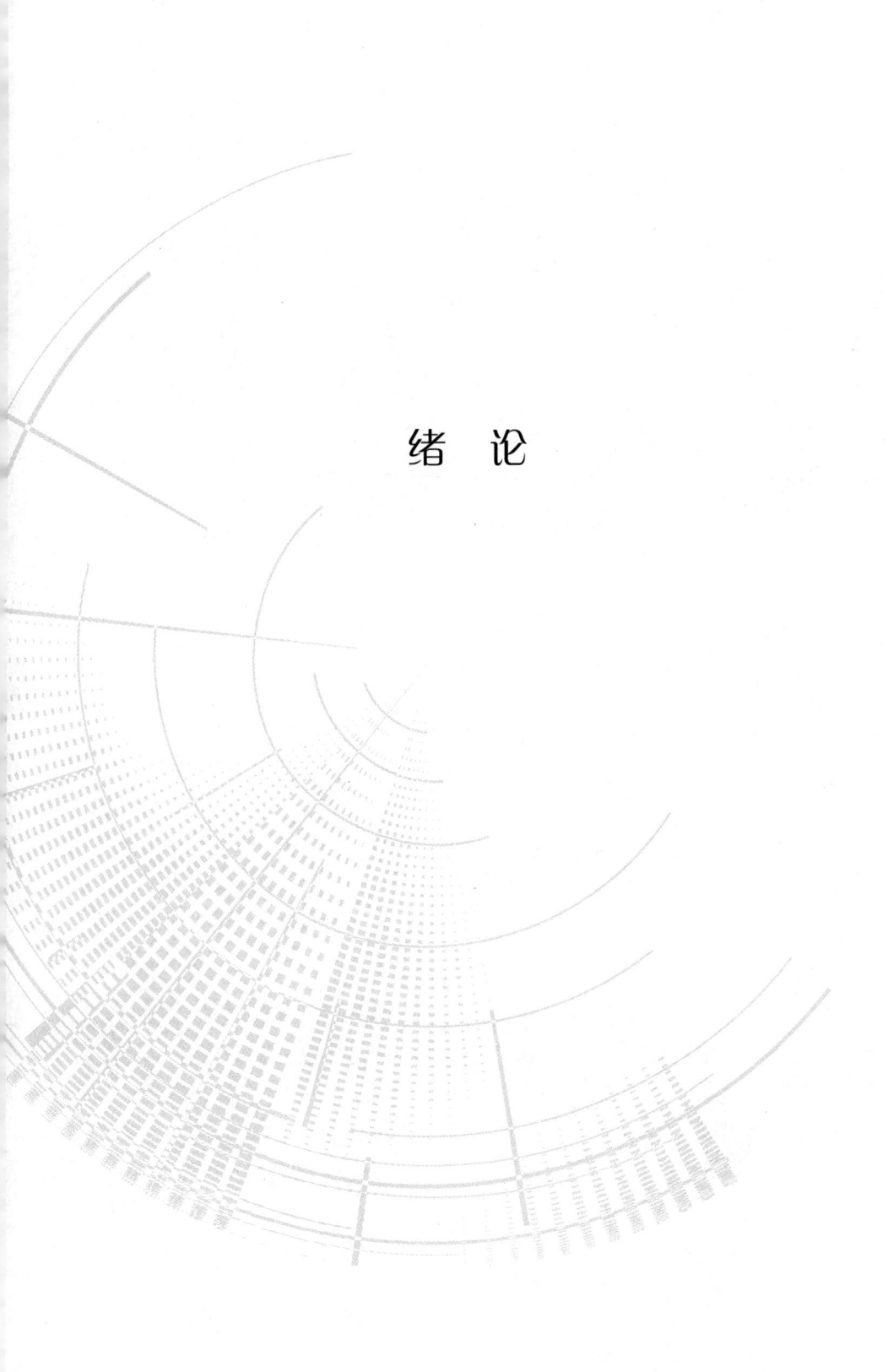

我们都曾经是儿童。我们都希望孩子们幸福,这一直并将继续是人类最普遍珍视的愿望。

——《我们儿童:世界儿童问题首脑会议后续行动十年期终审查》

一、选题背景与意义

在大数据时代背景下,随着智能互联网的迅猛发展和物联网设备的广泛普及,未成年人上网现象越来越普遍,且触网年龄不断提前。根据国外研究揭示,全球范围内约有1/3的网络用户是未成年人。[1]我国未成年网络用户群体规模亦非常庞大。据《青少年蓝皮书 中国未成年人互联网运用和阅读实践报告(2017~2018)》显示,在被调查的未成年人群体中,互联网使用的总体普及率高达98.1%,10岁之前触网的比例高达72.0%;未成年人的手机拥有率超70%,其中,在拥有自己手机的占比中,小学生达64.2%,初中生达71.3%,高中生达86.9%。[2]

与未成年人联网的普遍性相对应的是数据控制者对未成年人数据收集、使用和处理的普遍性。然而,未成年人身心尚未成熟,风险识别能力和自我保护意识较差,往往缺乏理解服务条款和管理个人数据的数字素养。未成年人数据蕴含的法益具有多维度性,不仅关涉未成年人的个人数据和隐私利益,还关乎未成年人的在线声誉、未来发展、信用评级甚至人身安全。大数据时代虽给未成年人的成长发展带来了诸多益处,但同时,也给未成年人带来了数字身份失控、在线数据监控、隐私风险增加、潜在歧视倾向等诸多负面影响。由此产生了保护未成年人数据的现实需求,亟须为大数据时代未成年人数据的法律保护提供理论和制度支撑。

---

[1] 关于如何得出该结论,参见 Sonia Livingstone, J. Carr & J. Byrne, "One in Three: Internet Governance and Children's Rights", *Global Commission on Internet Governance Paper Series*, 2015.

[2] 参见季为民、沈杰主编:《青少年蓝皮书 中国未成年人互联网运用和阅读实践报告(2017~2018)》,社会科学文献出版社2018年版,第71~73页。

鉴于此，本书从未成年人的特殊性出发，探讨大数据时代保护未成年人数据的正当性基础；比较分析美国和欧盟未成年人数据法律保护的现行制度；考察我国未成年人数据的保护现状；提出并分析大数据时代未成年人数据法律保护面临的现实困境；探究未成年人数据法律保护困境的破解方案；构建我国未成年人数据的法律保护体系。

二、研究现状

（一）国内研究现状

鉴于我国的理论界和实务界经常在混同的意义上使用个人数据与个人信息的概念，[1]也经常混同使用未成年人与儿童的概念，本书以中国知网的期刊数据库和博士、硕士论文数据库为检索源，以"未成年人（儿童）数据（信息）法律保护""未成年人（儿童）数据（信息）权""未成年人（儿童）网络隐私""未成年人（儿童）隐私权"为关键词进行检索。经分析发现：

首先，与个人数据、个人信息和网络隐私权的相关研究相比，国内对未成年人数据、未成年人信息、未成年人网络隐私权的研究基本处于边缘地位。以"个人数据"为主题词进行检索，共获得相关文献1000余篇；以"个人信息"为主题词进行检索，共获得相关文献4000余篇；以"网络隐私权"为主题词进行检索，共获得相关文献1000余篇。相比较，以"未成年人（儿童）个人数据"[2]"未成年人（儿童）个人信息"[3]"未成年人（儿童）网络隐私权"为关键词进行检索，共获得相关文献50余篇。在全部关于未成年人（儿童）的个人数据、个人信息或网络隐私权的

---

[1] 参见张新宝："从隐私到个人信息：利益再衡量的理论与制度安排"，载《中国法学》2015年第3期。

[2] 虽以"未成年人（儿童）个人数据"为主题词进行检索，但实际上进行了包含以儿童数据、儿童数据权、儿童数据的法律保护、未成年人数据、未成年人数据、未成年人数据的法律保护等相关关键词的检索。

[3] 虽以"未成年人（儿童）个人信息"为主题词进行检索，但实际上进行了包含以儿童信息、儿童信息权、儿童信息的法律保护、未成年人信息、未成年人信息权、未成年人信息的法律保护等相关关键词的检索。

相关文献中，来源于核心期刊的文献如凤毛麟角。核心期刊的发文情况在一定程度上可以说明相关研究主题的受重视程度，可以说，未成年人数据法律保护的相关研究处于边缘弱势地位。

其次，国内对未成年人的相关研究主要集中在前大数据时代的未成年人网络隐私权上，对于大数据时代未成年人个人数据权的研究较少。未成年人个人数据权与未成年人网络隐私权的范畴明显不同，前者是未成年人对其个人数据的控制权，后者是传统线下隐私权在网络上的具体反映。

再次，国内对大数据时代未成年人数据的法律保护研究尚处于萌芽阶段。以"未成年人（儿童）数据法律保护""未成年人（儿童）数据权"为主题词进行检索，共获得有效文献8篇，其中期刊文献7篇，[1]硕士论文1篇，[2]且均发表于2018年以后。可以说，国内对大数据时代未成年人数据法律保护的研究才刚刚起步，与国外研究相比，具有明显的滞后性。

最后，国内对大数据时代未成年人数据法律保护的研究缺乏时代针对性、体系性和较为明确的问题意识。一是缺乏时代针对性，未能结合大数据时代的基本特征，认识大数据时代未成年人数据法律保护面临的新威胁和新挑战，阐释大数据时代未成年人数据法律保护的正当性基础；二是缺乏关于大数据时代未成年人数据法律保护的体系性研究和本土化制度构建；三是未能明确提炼出大数据时代未成年人数据法律保护面临的现实困境，并给出建设性的解决方案。

探究国内对大数据时代未成年人数据法律保护研究现状的成因，概可

---

[1] 参见于靓："大数据时代未成年人被遗忘权的法律保护"，载《江海学刊》2018年第2期；黄晓林、张亚男、吴以源："共同打造儿童数字未来——欧美儿童数据保护对我国的借鉴"，载《信息安全与通信保密》2018年第8期；傅宏宇："我国未成年人个人信息保护制度构建问题与解决对策"，载《苏州大学学报（哲学社会科学版）》2018年第3期；殷峻："网络时代儿童个人信息的法律保护——基于美国和欧盟立法的比较研究"，载《学术研究》2018年第11期；苏文颖："未成年人数据和隐私的特殊保护"，载《中国信息安全》2018年第6期；付新华："大数据时代儿童数据法律保护的困境及其应对——兼评欧盟《一般数据保护条例》的相关规定"，载《暨南学报（哲学社会科学版）》2018年第12期；周杨、张忠："从抖音被罚案审视未成年人个人信息保护——基于合规视角"，载《新产经》2019年第4期。

[2] 参见李会军："大数据背景下我国未成年人个人信息法律保护研究"，重庆大学2018年硕士学位论文。

归因于以下几点：首先，从法律传统的角度来看，未成年人权利的保护问题始终处于法律体系和相关研究的边缘地位，且未成年人的保护更多地依赖于父母控制与父母责任，在一定程度上导致了相关研究的缺位以及政府和企业责任的缺失。其次，对于年龄通用的个人数据的法律保护尚面临诸多问题亟待解决，对处于边缘地位的未成年人数据的特殊保护"被遗忘"或"被搁置"似乎是"顺理成章"的事情。再次，政策制定者以及社会各界对未成年人的特殊性、未成年人联网和数据收集的普遍性、未成年人数据蕴含法益的多维度性、未成年人数据泄露和数据滥用的频发性，以及未成年人数据蕴含的巨大经济价值等缺乏基本认知和应有的重视。最后，近两年来国内学界对未成年人数据法律保护的关注，受到国外未成年人数据保护相关法规和研究的影响。2013 年美国加利福尼亚州颁布的"橡皮擦法案"（Online Eraser Law），2016 年欧盟颁布的《一般数据保护条例》(2016/679)（General Data Protection Regulation，GDPR），以及与此相关的未成年人数据法律保护的相关研究，对国内的研究起到了一定的刺激和启示作用。

（二）国外研究现状

鉴于国外多以儿童指称未成年人，本书以 Westlaw、Heinonline、SSRN 等数据库为文献检索源，以儿童数据（Children's Data）、儿童数据权（Children's Right to Data）、儿童信息权（Children's Right to Information）、儿童网络隐私权（Children's Right to Privacy Online）[1]等类似的词组为关键词进行检索，共获得相关文献 300 余篇。经梳理分析发现：首先，国外对儿童数据保护的研究角度较广，思路更为开阔，更加注重实证研究。[2]

---

[1] 以"儿童网络隐私权"为关键词进行检索，获得的主要是美国的相关文献。美国儿童网络隐私权的概念与欧盟儿童数据权利的内涵和外延相当，明显大于我国儿童网络隐私权的概念内涵。

[2] 比较有代表性的文献包括但不限于：Agata Jaroszek, "Online Behavioural Advertising and the Protection of Children's Personal Data on the Internet", *Wroclaw Review of Law, Administration & Economics*, Vol. 4, 2014, No. 2; Lina Jasmontaite and paul de hert, , "The EU, children under 13 years, and parental consent: a human rights analysis of a new, age-based bright-line for the protection of children on the Internet", *International Data Privacy Law*, Vol. 1, 2015, No. 5; Joanna Tudor, "Legal Implications of Using Digital Technology in Public Schools: Effects on Privacy", *J. L. & EDUC*, 2015; Danah boyd, et al.

一是研究角度较广，涉及心理学、社会学等多学科的交叉研究；二是思路更为开阔，不仅不局限于法律和监管手段，还积极探索公共卫生、创新技术等非法律手段；三是实证研究较多，包括关于儿童对隐私的态度的实证研究、对社交媒体平台等的儿童隐私设置和保护的实证研究以及父母在儿童数据保护中发挥的实际作用的实证研究等。其次，国外对儿童数据法律保护的相关研究注重相关的权益冲突研究。一是儿童数据权与儿童参与权等赋权性权利的冲突研究；二是儿童数据权利与父母权利的冲突研究；三是儿童数据权利与成年人隐私权和言论自由权的冲突研究。再次，国外对儿童数据法律保护的相关研究注重对"父母同意"在儿童数据法律保护中面临的困境和解决思路的研究。"父母同意"是各国儿童数据保护法的核心，但现实中面临诸多困境使"父母同意"的有效性遭到质疑，因此，国外对"父母同意"的相关研究更为关注。最后，国外对儿童数据保护的研究多着眼于某个具体问题的研究，如父母同意规则的有效性、未成年人的成熟度评估、未成年人的年龄验证和父母同意验证等，但缺乏对大数据时代儿童数据权利法律保护问题的体系性研究。

三、本书的基本框架

本书除绪论外，共分为六章。分别解决大数据时代未成年人数据法律保护的概念界定与正当性基础，欧美未成年人数据法律保护的考察与评析，我国未成年人数据法律保护与行业实践的考察与评析，提炼出大数据时代未成年人数据法律保护面临的现实困境，探求其破解之道，最后提出我国未成年人数据保护本土化构建的应对之策。

第一章未成年人数据法律保护的概念界定与正当性基础。第一章旨在解决未成年人数据法律保护的前提性问题，为后文奠定概念和理论基础。首先，对

（接上页），"Why parents help their children lie to Facebook about age: Unintended consequences of the 'Children's Online Privacy Protection Act'"，*First Monday*，Vol. 16, 2011, No. 11; Danad boyd and Alice Marwick, "Networked privacy: How teenagers negotiate context in social media"，*New Media & Society*，Vol. 16, 2014, No. 7; Danah boyd & Eszter Hargittal ., "Connected and concerned: Variation in parents' online safety concerns"，*Policy & Internet*，Vol. 5, 2013, No. 3。

未成年人数据及相关概念进行界定。一是对未成年人进行概念界定，厘清未成年人与儿童和学生概念的关系；二是对未成年人数据进行概念界定，厘清未成年人数据与个人数据权和未成年人隐私权的关系。其次，探究大数据时代确立未成年人数据的正当性基础。一是从未成年人的特殊性出发，阐述其对特殊保护的现实需求；二是分析未成年人数据所涵盖的法益，指出未成年人数据蕴含着未成年人的人身安全、声誉发展、信用评级等多重法益；三是分析并指出大数据时代未成年人数据法律保护面临的数字身份失控、在线数据监控、生物识别技术等新威胁；四是对未成年人个人数据的既存风险进行分析，阐明大数据时代未成年人个人数据预先存在风险的新维度，包括隐私风险增加、潜在歧视倾向以及行为广告和营销等。未成年人的特殊脆弱性、未成年人数据蕴含法益的多维度性、大数据时代未成年人数据面临的新威胁以及预先存在风险的新维度，产生了保护未成年人数据的现实需求，同时也构成了保护未成年人数据的正当性基础。

第二章欧美未成年人数据法律保护考评。第二章旨在从比较法的角度分析欧盟和美国在保护未成年人数据方面的制度差异，探求其背后的立法传统和文化背景因素的影响。欧盟和美国对未成年人数据法律保护的积极意义以及欠缺和不足，既为破解大数据时代未成年人数据的法律保护困境提供参酌借鉴，也为我国未成年人数据的体系构建提供经验教训。本书力图正确看待欧盟和美国在保护未成年人数据方面的差异，作出正确的价值判断和制度选择。

第三章我国未成年人数据保护的现状考评。我国未成年人数据的保护现状，分为法律保护现状与行业保护实践。我国对未成年人数据的法律保护采用的是以通用型数据保护为主，专门型数据保护为辅的模式，《儿童个人信息网络保护规定》是我国首部专门针对未成年人个人信息保护的法律规范。我国未成年人数据保护的行业实践进行了很多有意义的探索，但仍然存在重网络内容治理、轻个人数据保护，隐私增强技术市场有待激发，行业自律不足，企业责任边界模糊等问题。

第四章未成年人数据法律保护的现实困境。一是权利冲突困境，包括未成年人数据与未成年人赋权性权利的冲突,以及未成年人数据与成年人隐私权和言论自由权的冲突。二是未成年人的成熟度评估困境,面临着个性化评估与明确年龄界限之间的两难抉择,以及未成年人的年龄验证困境。三是父母同意困境,面临着父母"同意"演变为父母"控制",父母"晒娃"对未成年人数据的侵犯,以及父母同意的验证难题。四是数据控制困境,指出"通知和同意"模型正在失去其规范效力,需要探寻新的控制方式。五是大数据时代学生数据的法律保护困境,主要面临着学生数据的范围之争与责任主体之争。

第五章未成年人数据法律保护困境的破解之道。一是分别以差异化的父母同意和高标准的通用型数据保护模式,破解未成年人数据与赋权性权利及其与成年人权利的冲突。二是以明确年龄界限基础上的个性化评估化解未成年人的成熟度评估困境。三是通过由父母"控制"转向父母的"指导性调解",提高父母数字素养,赋予未成年人被遗忘权,以及数据控制者驱动的创新技术解决方案破解父母同意困境。四是由父母责任转向数据控制者责任,加强"设计隐私"和"隐私增强技术"等技术保护措施,培养未成年人成为负责任的数字公民,破解未成年人个人数据的控制困境。五是通过扩大学生数据范围和规定学校与数据控制者的共同责任,应对大数据时代学生数据的法律保护困境。

第六章我国未成年人数据法律保护的本土化构建的应对之策。第六章旨在上述各章的基础上,对未成年人数据的法律保护进行本土化构建,提出未成年人数据保护的发展趋向,构建本土化制度保护体系,并对相关立法和行业实践提出相应的完善策略。首先,我国未成年人数据的法律保护,应注意实现从"数据保护"到"数据治理"的监管模式转向,加强利益相关者的共同协作与对话。其次,我国未成年人数据法律保护的制度构建,分为未成年人数据法律保护的原则体系、权利体系,以及学生数据法律保护的制度设计。最后,提出我国未成年人数据的立法完善建议和行业实践完善策略。

四、研究方法

(一) 文献研究法

做研究是在既有文献的基础上"接着说",因此离不开对国内外相关领域研究成果的梳理和分析。本书的研究是在对我国以及美国和欧盟关于大数据时代未成年人数据相关法律规范和研究文献的基础上展开的综合研究。

(二) 比较分析法

比较分析法是通过与国外相关法律法规、立法理念、司法实践的比较分析,对我国的相关法律规范与实践进行反思和完善的重要方法。本书避免仅翻译国外的立法例,抑制"拿来主义"的法律移植冲动,充分考量国外相关规范背后的法律文化和立法理念,结合我国的具体实际和时代特征,提出合适的解决方案。

(三) 跨学科研究法

大数据时代未成年人数据的法律保护涉及多学科的知识领域,本书从法学、伦理学、儿童心理学、数据科学等多个学科领域吸取知识和经验,对大数据时代未成年人数据的法律保护问题进行综合研究,以期得出一个全面、合理、妥帖的解决方案。

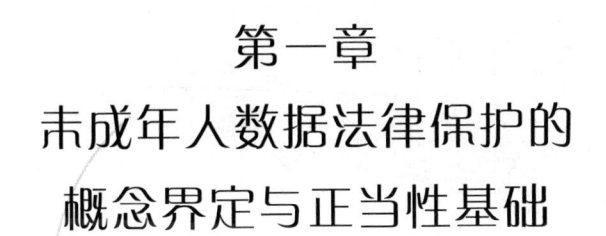

第一章
未成年人数据法律保护的概念界定与正当性基础

第一节 大数据时代未成年人数据的概念界定

一、未成年人及相关概念的界定

(一) 未成年人的概念界定：年龄界限与行为能力

未成年人的界定与未成年人的行为能力和特定的年龄界限尤其相关。洛克曾对未成年人发表经典论述，指出未成年人如果达到一定的"成熟境界"，可被认为知道遵循法律的程度和应用自由的程度，从而取得自由；在此之前，则需要成年人对其进行指导。[1]洛克所讲的"成熟境界"实际上是指现时法律中所规定的行为能力。行为能力是指"法律关系主体能够通过自己的行为实际行使权利和履行义务的能力"。[2]公民的行为能力是公民的意识能力在法律上的反映，公民如果能够认识自己行为的性质、意义和后果，能够控制自己的行为并对自己的行为负责，则具备行为能力；相反，则不具备行为能力。[3]

对于未成年人是否具备相应的行为能力，世界各国和国际组织多以划定特定年龄界限的方式来进行区分。正如洛克所言："年龄带来自由，同时也带来理性。"[4]功利主义哲学家边沁也曾建议通过设定一定的年龄来判断未成年人的智力发展程度是否已经达到成熟。[5]由此，未达到特定年龄界限的公民被视为不具备相应的行为能力，被界定为未成年人。《联合国儿童权利公约》(United Nations Convention on the Rights of the Child, UNCRC)

---

[1] 参见[英]洛克：《政府论》(下篇)，叶启芳、瞿菊农译，商务印书馆1964年版，第36~37页。

[2] 张文显主编：《法理学》，高等教育出版社、北京大学出版社2007年版，第162页。

[3] 参见张文显主编：《法理学》，高等教育出版社、北京大学出版社2007年版，第162页。

[4] [英]洛克：《政府论》(下篇)，叶启芳、瞿菊农译，商务印书馆1964年版，第38页。

[5] [英]杰里米·边沁：《论道德与立法的原则》，程文显、宇文利译，陕西人民出版社2009年版，第199页。

作为缔约国最多的国际公约,将未成年人界定为不满18周岁的任何人。世界上大多数国家与UNCRC保持一致,将未成年人界定为不满18周岁的公民。也有部分缔约国将成年年龄规定为其他年龄,如印度尼西亚为15周岁,越南为16周岁。日本之前的法定成年年龄为20周岁,2018年日本的法定成年年龄也由20周岁降为18周岁。美国作为世界上唯一没有签署UNCRC的国家,其法定成年年龄亦规定为18周岁。作为UNCRC的缔约国,我国《未成年人保护法》[1]继受了UNCRC的规定,将未成年人界定为未满18周岁的公民。

(二)儿童的概念界定及其与未成年人的关系界定

与未成年人相近的一个概念是儿童(Child/Children),儿童这一概念在国外和国内有不同的理解。国外的儿童概念与我国未成年人的概念大体等同,如UNCRC第1条所规定的"儿童"与我国《未成年人保护法》中的"未成年人"均指任何不满18周岁的自然人。从国内来看,儿童一般是指不满14周岁的未成年人,儿童涵盖的年龄范围要小于未成年人,通常认为儿童是比青少年(Adolescent)年龄更小的一个群体。从现有法律来看,我国《刑法》条文中的"儿童"主要是指未满14周岁的未成年人;2019年8月,国家互联网信息办公室审议通过的《儿童个人信息网络保护规定》亦将儿童明确界定为不满14周岁的未成年人。从法学界的观点来看,一般认为,儿童的年龄上限确定为14周岁为宜,[2]"不满14周岁者称为儿童。"[3]鉴于本书不只局限于国内未成年人数据的法律保护问题,而是以大数据时代欧盟和美国的未成年人数据保护实践为重要的研究背景和参照,同时涉及UNCRC等国际法规,为了表达顺畅,本书对儿童与未成年人的概念不予区分。考虑到国内的法律传统和使用习惯,本书的主体框架一概采用未成年人这一概念。

---

[1] 为表述方便,本书中涉及的我国法律法规、部门规章直接使用简称,如《中华人民共和国未成年人保护法》简称为《未成年人保护法》,全书统一,不再一一说明。

[2] 参见管华:《儿童权利研究——义务教育阶段儿童的权利与保障》,法律出版社2011年版,第18页。

[3] 参见姚建龙:《少年刑法与刑法变革》,中国人民公安大学出版社2005年版,第15页。

(三) 学生的概念界定及其与未成年人的关系界定

学生的概念与未成年人的概念是交叉重合的关系。学生中有一部分是未成年人，未成年人中也有一部分是学生，但不是所有的学生都是未成年人，也不是所有的未成年人都是学生。鉴于本书的研究对象主要是未成年人数据权利的法律保护问题，本书中的学生主要是指处于中小学等基础教育阶段的学生，不包括高等教育阶段的本科生、研究生等。因为根据我国针对的入学年龄的相关规定，大部分学生上大学时已年满18周岁，已属于成年人，不属于本书的研究范围。学校是未成年人重要的学习和活动场所，在"互联网+教育"技术融入课堂的时代背景下，保护未成年人的数据，必须重视学校这一特殊领域对学生数据的保护。因此，本书将学生数据的法律保护作为未成年人数据保护的重要组成部分单列出来讨论。

二、未成年人数据及相关概念的界定

(一) 未成年人数据的概念界定

在界定未成年人个人数据之前，须首先明晰个人数据的概念。从词义来看，"数据"（Data）不同于"信息"（Information），数据是对信息数字化的记录，本身并无意义，信息是指把数据放置到一定的背景下，对数据进行解释、赋予意义；数据是承载信息内容的载体，信息以数据的形式存储于计算设备。[1]尽管如此，大数据时代，理论界与实务界经常混同使用"个人信息"与"个人数据"这两个概念，两者的内涵所指大致相同，鉴于此，本书为了行文流畅，交叉使用两个概念。关于个人数据的界定，主要有"识别型"和"关联型"两种定义模式。"识别型"定义模式将个人数据定义为所有可识别到特定自然人的数据；"关联型"定义模式将个人数据定义为所有与特定自然人相关的数据。显然，"关联型"定义模式涵盖的数据范围大于"识别型"定义模式所涵盖的数据范围，因此"关联型"定义模式可以实现对个人数据最大范围的保护，但也因此失之过宽，导致个人数据的范围过大。

---

[1] 参见涂子沛：《大数据》，广西师范大学出版社2015年版，第274页。

从世界范围来看,"识别型"定义模式是国际上界定个人数据的主流定义模式。欧盟1995年发布的《个人数据保护指令》(95/46/EC)以及2016年颁布的GDPR均采用了"识别型"定义模式。[1]在个人数据的法律保护方面,欧盟一直处于引领者的地位,持续向世界其他国家和地区输送其制度影响力。受到欧盟颁布GDPR的影响,2016年以来,越南、印度、巴西、澳大利亚等国家均对个人信息保护作出规定。从国内来看,我国学界的主流观点亦以"可识别"标准界定个人信息。例如,王利明教授认为:"个人信息是指与特定个人相关联的、反映个体特征的、具有可识别性的符号系统。"[2]再如,张新宝教授指出:"个人信息是指与一个身份已经被识别或身份可以被识别的自然人相关的任何信息。"[3]我国《网络安全法》等相关立法亦采用"可识别"标准界定个人信息。[4]

以"识别型"定义模式界定个人数据,还须注意个人数据的内涵并不是一个静态的、一成不变的概念,某些数据是否可识别出特定自然人、是否属于个人数据,是随着技术的发展不断演变的动态概念。在制定个人数据法的早期,个人数据一般是指姓名、身份证号码、联系方式等较为传统的信息,而随着技术的进步,个人数据还包括了生物识别信息,实时定位信息,包含个人形象的图片、视频信息等。欧盟从《个人数据保护指令》到GDPR对个人数据界定的变化,充分展现了个人数据内涵的这种演变。根据《个人数据保护指令》第2条第(a)项,个人数据是指与一个身份已被识别或可识别的自然人相关的任何信息,尤其是通过身份证号码或者

---

[1] GDPR将"个人数据"界定为"与一个身份已被识别或可识别的自然人相关的任何信息;身份可识别的人是指可以直接或间接地识别其身份的人,尤其是通过姓名、身份证号码、定位数据、在线身份等识别数据,或者一个或多个与其身体、生理、遗传、精神、经济、文化或社会身份有关的特定因素来判定某人身份"。

[2] 王利明:"论个人信息权在人格权法中的地位",载《苏州大学学报(哲学社会科学版)》2012年第6期。

[3] 张新宝:"从隐私到个人信息:利益再衡量的理论与制度安排",载《中国法学(文摘)》2015年第3期。

[4] 《网络安全法》第76条第5项将个人信息界定为:"以电子或者其他方式记录的能够单独或者与其他信息结合识别自然人个人身份的各种信息,包括但不限于自然人的姓名、出生日期、身份证件号码、个人生物识别信息、住址、电话号码等。"

一个或多个与其身体、生理、精神、经济、文化或社会身份有关的特定因素来判定某人身份。GDPR 对个人数据的定义，整体上沿袭了《个人数据保护指令》的"识别型"定义模式，但仍然根据技术的发展有所改进。GDPR 第 4 条第 1 项在对个人数据界定的列举性规定中，增加了定位数据和在线身份，并增加了遗传因素的考量，展现了技术发展在个人数据内涵扩大方面的影响。

综合上述关于个人数据的相关定义，本书试将未成年人个人数据界定如下：未成年人个人数据是指能够单独或与其他信息结合识别未成年人的各种信息，包括但不限于未成年人的姓名、身份证号码、住址、电话号码、定位信息、生物识别信息，以及包含未成年人形象的照片和视频等信息。

（二）未成年人数据权与个人数据权的关系界定

个人数据权实质上是自然人对个人数据的控制权，未成年人数据权是未成年人对其个人数据的控制权。未成年人数据权与个人数据权的区别主要在于其适用主体的特殊性及其所导致的权利内容不同。个人数据权是一项年龄通用的权利，既适用于成年人，也适用于未成年人；未成年人数据权则只适用于未成年人，除年龄通用的个人数据权外，还享有专门的特殊性保护。可以说，未成年人数据权是考虑到未成年人的特殊脆弱性，在个人数据权基础上的特殊化和专门化。与上文中个人数据与个人信息的关系相同，本书中的个人数据权与个人信息权同义，并视情况交叉使用这两个概念。

（三）未成年人数据权与未成年人隐私权的关系界定

界定未成年人数据权与未成年人隐私权的关系，须首先厘清个人信息权与隐私权的关系，而在厘清两者的关系之前，有必要明晰两者的发展背景和发展脉络。在某种程度上，个人信息权是一个衍生于隐私权的概念，但是在美国和欧洲不同的文化背景和发展土壤下，隐私的理论基础在美国和欧洲的成长方式大不相同。隐私权在美国的发展一直受到言论自由和新闻自由的压制，为了因应社会公众对数字时代隐私权的要求，美国在隐私权的概念下，发展出了信息隐私权的概念；而在欧洲，源于隐私权的个人信息权逐渐成长为一种强大的基本权利。

首先,隐私权概念的提起。隐私权这一概念最早肇端于19世纪末的美国,由路易斯·D. 布兰代斯和塞缪尔·D. 沃伦共同提出。美国哲学家兼文学家艾因·兰德曾说:"文明就是向拥有隐私权的社会不断迈进的进程。"[1]然而,究竟何为隐私却一直是一个棘手的哲学和法理问题。[2]原因在于,其一,隐私是一个高度主观的概念,对于不同的人意味着不同的东西,因此很难划定一个统一的隐私边界;其二,隐私是一个随着技术和社会发展不断变化的概念,在前数字时代,隐私主要是一种家庭和私人生活不受干扰的权利,而到了大数据时代,隐私越来越被视为对个人信息的控制问题;其三,隐私在不同的国家或地区的不同文化背景下有着不同的概念内涵和价值位阶。

其次,隐私权在美国的演进脉络和基本特点。布兰代斯和沃伦认为现代媒体通过侵犯他人的隐私,使人遭受的精神痛苦,远远超过了对身体伤害的影响,由此提出隐私权这一概念,主要目的是限制新闻媒体对私人生活的侵犯。[3]而《纽约时报》和柯蒂斯出版社的共同原则是真理胜过隐私,如果陈述的事实是真的,无论多么具有破坏性,无论主体是公共部门还是私人,索赔都不会成功。[4]因此隐私权这一概念直接与《美国宪法第一修正案》的言论自由和新闻自由相冲突,在一定程度上可以说,隐私权在美国是在言论自由的阴影中发展起来的,法院通常会将信息的价值视为公共话语,强调言论自由优先于隐私权。[5]美国隐私权主要是公民用来对抗国家公权力的,但随着数据科学的发展以及数据泄露、数据监控事件的曝光,美国民众越来越发现个人信息的重要意义和价值。为了因应社会发

---

[1] 涂子沛:《大数据》,广西师范大学出版社2015年版,第157页。

[2] See Adam Thierer, "The Pursuit of Privacy in a World Where Information Control is Failing", *Harv. J. L. & Pub. Pol'y*, Vol. 36, 2013, No. 2.

[3] 参见[美]路易斯·D. 布兰代斯等:《隐私权》,宦胜奎译,北京大学出版社2014年版,第25~28页。

[4] See Lawrence Siry, "Forget Me, Forget Me Not: Reconciling Two Different Paradigms of the Right to Be Forgotten", *Ky. L. J.*, Vol. 103, 2014, No. 3.

[5] See Lawrence Siry, "Forget Me, Forget Me Not: Reconciling Two Different Paradigms of the Right to Be Forgotten", *Ky. L. J.*, Vol. 103, 2014, No. 3.

展的需要，美国发展出了信息隐私权的概念，与生育自主、家庭自主、个人自主一起共同涵摄于隐私权的概念之下，并建构了以宪法上隐私权、侵权行为法上隐私权及特别法律的保障机制。[1]就信息隐私权在美国发展受阻的原因，尤金·沃洛赫教授认为，困难在于信息隐私权意味着，"我控制您关于我的个人身份信息的权利，实际是让政府阻止您谈论我的权利"。[2]迄今为止，美国关于隐私权的保护并未建立一个完整的法律框架，而是针对特定行业和领域进行特别立法，而这些立法的主要目的并不在于赋予数据主体全面而又强大的隐私权，而主要在于防止数据主体受到不公平待遇。[3]

最后，个人数据权在欧洲的发展脉络和基本特点。从欧洲最具制度影响力的德国来看，德国民法或宪法上并无隐私的概念，美国法上隐私概念相当于是德国判例学说中被称为"私领域"的概念，分为隐密领域、秘密领域及私人领域三个层次，对不同领域提供不同程度的保护。[4]1983年，德国联邦宪法法院在人口普查案创设了信息自主权，修正了领域理论。正如王泽鉴教授所言："综合观之，德国人格权法隐私领域的发展，系由领域理论趋向信息自主，逐渐扩大信息的概念，建构了以信息自主权为中心的法律规范体系。"[5]从欧盟的角度来看，欧盟的个人数据保护权源于《欧洲人权公约》和《欧盟基本权利宪章》所规定的隐私权。"二战"后，欧洲民主国家为了避免重蹈权利滥用的覆辙，签署了《欧洲人权公约》，

---

[1] 参见王泽鉴：《人格权法 法释义学、比较法、案例研究》，北京大学出版社2013年版，第191页。

[2] Eugene Volokh, "Freedom of Speech and Information Privacy: The Troubling Implications of a Right to Stop People from Speaking about You", *Stan. L. Rev.*, Vol. 52, 2000. In Adam Thierer, "The Pursuit of Privacy in a World Where Information Control is Failing", *Harv. J. L. & Pub. Pol'y*, Vol. 36, 2013, No. 2.

[3] See Lawrence Siry, "Forget Me, Forget Me Not: Reconciling Two Different Paradigms of the Right to Be Forgotten", *Ky. L. J.*, Vol. 103, 2014, No. 3.

[4] 参见王泽鉴：《人格权法 法释义学、比较法、案例研究》，北京大学出版社2013年版，第197页。

[5] 王泽鉴：《人格权法 法释义学、比较法、案例研究》，北京大学出版社2013年版，第202页。

并依此设立了欧洲人权法院。欧洲人权法院将隐私权的概念范围发展得非常广泛，包括家庭内部关系、选择性伴侣的权利、不受某些类型监视的权利、私人领域不受侵犯的权利，并逐渐发展到包括个人数据。[1]20 世纪80 年代，欧洲理事会发布了《关于个人数据自动化处理的个人保护公约》（又称为《108 号公约》），该公约被认为是关于个人信息保护的最重要的国际公约性法律文件之一，旨在寻求保障每个人在个人数据自动处理方面受到尊重的权利和基本自由。在上述公约的基础上，欧盟制定了《个人数据保护指令》，奠定了欧盟个人数据法律保护的基本框架，但是该指令对各成员国的约束力有限，因此起到的实际作用也较为有限。直到 2016 年欧盟颁布 GDPR，欧盟对个人数据的保护达到了前所未有的高度。

尽管不同国家的隐私概念存在差异，但隐私往往与个人享有自主权、独处权和决定是否以及如何向他人透露自己的信息，并且与访问和控制他人如何使用个人信息有关。[2]隐私权作为独处的权利，形成了以保持信息不在公共领域为中心的定义，以及以确定（控制或了解）哪些个人信息可供谁使用为中心的定义。[3]美国在隐私权项下发展出了信息隐私权的概念，德国则在隐私权的基础上发展出了涵盖范围更大的信息自主权的概念。欧盟个人数据保护法的制定受到德国法的影响，其对个人数据的保护是在信息自决权基础上发展和完善起来的。可以说，德国的隐私权概念是"小隐私权""狭义隐私权"的概念，美国的隐私权概念是"大隐私权"或"广义隐私权"的概念。美国学者使用的网络时代或数字时代的隐私权概念实质上与欧陆学者使用的个人信息权的概念大体相同，核心均在于强

---

[1] 欧洲人权法院在 Leander v. Sweden 和 S & Marper v. United Kingdom 案中，确定这种隐私权包括保护个人数据的权利。See Leander v. Sweden, 116 Eur. Ct. H. R. 3, para. 48 (1987); S & Marper v. United Kingdom, 48 Eur. H. R. Rep. 50 (2008). In Lawrence Siry, "Forget Me, Forget Me Not: Reconciling Two Different Paradigms of the Right to Be Forgotten", *Ky. L. J.*, Vol. 103, 2014, No. 3.

[2] See Laura Stein and N. Shinha, "New global media and communication policy: The Role of the State in the Twenty-First Centung", in *The handbook of new media: Social shaping and consequences of ICTs*, ed. Lievrouw, L. & Livingstone, S. London: Sage, 2002, p. 414.

[3] See Sonia Livingstone, "Children's privacy online: experimenting with boundaries within and beyond the family", in *Computers, Phones, and the Internet: Domesticating Information Technology*, ed. Kraut, Robert, Brynin, Malcolm and Kiesler, Sara, Oxford University Press, 2006, pp. 145-167.

调个人对个人信息的控制。与欧洲背景下的法律基础相比，美国监管的法律依据更加难以捉摸，且受《美国第一修正案》言论自由和新闻自由的阻力。

关于个人信息权与隐私权的关系问题，是国内学界争论不休的问题之一。国内关于个人信息权与隐私权关系的分歧，原因主要在于采用的隐私权概念范围不同。在我国法律体系的语境下，个人信息权不同于隐私权，两者呈交叉关系。我国隐私权的保护模式与德国的模式相似，隐私权属于具体人格权。2009年公布的《侵权责任法》首次在法律条文中对隐私权予以明确，在此之前，对隐私权的保护是通过保护名誉权的路径实现的。2020年5月28日，第十三届全国人大第三次会议表决通过了《民法典》，其中的人格权编强化了对隐私权和个人信息的保护，明确个人信息作为人格利益的非财产属性，禁止个人信息的交易。国内主流观点认为，个人信息权与隐私权呈交叉关系。例如，王利明教授认为："个人信息权和隐私权呈交叉关系，随着网络技术的发展，个人信息和隐私之间的关联性将进一步加深。"[1] 张新宝教授认为，个人隐私指私人生活安宁不受他人非法干扰，私人信息秘密不受他人非法搜集、刺探和公开；个人信息指与可识别自然人相关的任何信息；个人隐私与个人信息呈交叉关系，并非所有的个人隐私都属于个人信息，也并非所有的个人信息都属于隐私。[2] 本书认可学界对隐私权和个人信息权的界分以及两者之间所呈交叉关系的观点。依循此理，未成年人数据不同于未成年人隐私权，两者呈交叉关系。但是本书认为，随着大数据、物联网、人工智能等新兴技术的发展，未来很可能实现"万物互联"，数据收集、挖掘和分析会越来越普遍，在线跟踪、在线监控无处不在，人在一定程度上就是"虚拟人"，隐私与个人信息会越来越难以界分，隐私最终会发展成为对个人信息的控制，个人信息与隐私的界分将失去意义。

---

[1] 王利明："论个人信息权的法律保护——以个人信息权与隐私权的界分为中心"，载《现代法学》2013年第4期。

[2] 参见 张新宝："从隐私到个人信息：利益再衡量的理论与制度安排"，载《中国法学（文摘）》2015年第3期。

（四）未成年人数据权的内涵界定

综合以上论述，未成年人数据权的内涵可界定如下：首先，未成年人数据权是未成年人对其个人数据的控制权。鉴于未成年人的身心尚未成熟，具有特殊脆弱性，不具备理解个人数据收集、处理、使用等相关后果和风险，对于未达到相应成熟度的未成年人，其个人数据权需要由其父母[1]代为行使部分权利内容。其次，未成年人数据是在个人数据权的基础上的特殊化和专门化。普遍适用于所有自然人的个人数据权，当然地适用于未成年人。但未成年人数据却有一些独特的权利是专门或特别适用于未成年人的，如父母同意、禁止数字画像、被遗忘权、设计和默认的数据保护等。再次，未成年人数据不同于未成年人隐私权，两者呈交叉关系。但随着科技深度融入社会生活、家庭生活的方方面面，两者的关系会越来越模糊，越来越难以界分。最后，未成年人数据不是一项抽象的权利，而是一个"权利束"。未成年人数据从一个抽象的概念落到实处，需要将其具化为一系列的权利，如数据透明权、被遗忘权、数据更正权等。

第二节　大数据时代未成年人数据法律保护的正当性基础

一方面，大数据时代给未成年人带来了诸多益处，对未成年人的成长、发展、参与、获得服务和保护等方面产生了积极影响。通过大数据可以建立危机绘图平台，进行暴力、灾害等监测预警，如著名的紧急预警平台 Ushahidi 利用大数据绘制可能发生暴力或自然灾害发生的地图，用于预测针对未成年人的暴力行为的模式和趋势，并提供关于暴力地点的实时信息，有效预防并控制针对未成年人的暴力行为。[2]另一方面，大数据时代也给未成年人带来了数字身份失控、在线监控、隐私风险增加、潜在歧视倾向等诸多负面影响，由此产生了大数据时代收集、分析和处理未成年人

---

[1] 本书中的"父母"和"家长"均在一般意义上指代儿童的法定监护人，包括但不限于儿童的父母。

[2] See Gabrielle Berman and Kerry Albright, "Children and the Data Cycle：Rights and Ethics in a Big Data World", *UNICEF Office of Research - Innocenti Working Paper*, 2017.

第一章 未成年人数据法律保护的概念界定与正当性基础

数据的合法性问题。未成年人能否受益于大数据的发展，取决于我们对待潜在风险的态度和采取的保护措施。

在普遍适用于所有自然人的个人数据保护法外，为未成年人数据提供特殊保护，并非理所当然、不证自明的事情。首先，反对者认为，未成年人的权利不需要特别强调，因为他们默认地享有所有成年人享有的权利。[1]其次，在自由主义者看来，为未成年人的权利提供特殊保护会威胁成年人的权利，而且在关于公民权利与国家或商业利益的宏观辩论中，未成年人的权利往往被置于次要地位。[2]最后，在未成年人权利保护的传统和实践中，未成年人的父母或其他法定监护人被视为未成年人权利的代理人，这导致部分人认为互联网以成年用户为默认假设没有问题。[3]鉴于此，有必要对大数据时代确立未成年人数据的正当性基础进行适当的证成。

一、未成年人联网的普遍性与未成年人的特殊性

（一）未成年人联网的普遍性

随着移动互联网、智能手机、物联网设备的普及，未成年人上网越来越普遍，而且触网年龄越来越低。国外研究显示，世界上约有1/3的网络用户是未成年人，而且这一比例还在逐渐攀升。[4]美国皮尤互联网研究中心2013年发布的数据显示，美国93%的12～17岁青少年在家中有一台电脑，其中约74%的人通过移动设备上网。欧盟儿童在线报道，欧洲77%的13～16

---

[1] See Sonia Livingstone, and Amanda Third, "Children and young people's rights in the digital age: An emerging agenda", *New Media and Society*, Vol. 19, 2017, pp. 657-670.

[2] See Sonia Livingstone and Brian O'Neill, "Children's Rights Online: Challenges, Dilemmas and Emerging Directions", in *Minding Minors Wandering the Web: Regulating Online Child Safety*, T. M. C. Asser Press, 2014, pp. 19-38.

[3] See Sonia Livingstone and Amanda Third, "Children and young people's rights in the digital age: An emerging agenda", *New Media and Society*, Vol. 19, 2017, pp. 657-670.

[4] 关于如何得出该结论，参见Sonia Livingstone, Jasmina Byrne and John Carr, "One in Three: Internet Governance and Children's Rights", *Global Commission on Internet Governance Paper Series*, 2016。

岁青少年在社交网站上有个人数据,其中 1/3 有 100 位以上的联系人。[1]我国未成年人网络用户群体亦非常庞大,截至 2019 年 6 月,我国的网民规模达到了 8.54 亿,其中未成年人网民将近 2 亿,占网民总数的 1/4。[2]移动互联网和智能手机的普及,使未成年人联网更为容易,未成年人的触网年龄呈低龄化发展态势。

一方面,未成年人自身会通过社交媒体或短视频 App 以文字、图片以及视频的形式主动分享自己的个人信息。2019 年腾讯发布的《未成年人上网保护白皮书》显示,我国未成年人在社交网络中有 54.3%公开真实性别,35.3%公开真实年龄,20%公开真实姓名,10.3%公开自己的照片,9.3%公开手机号。[3]另一方面,各种手机应用程序会蓄意跟踪或恣意抓取未成年人手机内的个人信息。这些个人信息内容非常丰富,不仅包括姓名、性别、年龄等信息,还包括父母、学校、位置、生活习惯、性格特点等非常详细的敏感信息。无论是未成年人自我披露的个人数据,还是数据控制者恣意抓取未成年人的个人数据,均会对未成年人的数据隐私、声誉发展、信用评级甚至人身安全产生不利影响。

(二)未成年人的特殊性:静态和动态的双重视角

1. 静态视角:未成年人身心尚未成熟

从静态的角度来看,未成年人身心尚未成熟,具有特殊脆弱性。未成年人对风险的识别与自我保护的意识和能力较成年人更为薄弱,更易成为网络犯罪的侵害对象。[4]对未成年人在线体验的实证分析表明,关于"数字原生代"的流行修辞,具有明显的误导性,掩盖了未成年人需要特殊保

---

[1] See Wonsun Shin and Hyunjin Kang, "Adolescents' privacy concerns and information disclosure online: The role of parents and the Internet", *Computers in Human Behavior*, Vol. 54, 2016.

[2] 参见"第 44 次《中国互联网络发展状况统计报告》",载 http://www.cnnic.net.cn/hlwfzyj/hlwxzbg/hlwtjbg/201908/t20190830_70800.htm,最后访问日期:2019 年 8 月 10 日。

[3] 参见"腾讯发布未成年人上网保护白皮书 触网低龄化更需社会协同共建生态",载 https://baijiahao.baidu.com/s?id=1629755280261663063&lwfr=spider&for=pc,最后访问日期:2019 年 6 月 28 日。

[4] 参见季为民、沈杰主编:《青少年蓝皮书 中国未成年人互联网运用报告(2019)》,社会科学文献出版社 2019 年版,第 92~95 页。

护的现实。[1]欧盟儿童在线研究表明，尽管儿童积极浏览各种在线应用程序，且43%的受访儿童认为他们自己比他们的父母更了解互联网，但数据表明，未成年人这种宣称的自信与他们对互联网如何运作的实际理解之间没有相关性，未成年人缺乏数字技能，无法批判性地评估信息和改变过滤器偏好。[2]正如，英国伦敦政治经济学院教授索尼娅·利文斯通所言，未成年人是天真的消费者，其个人数据可能被商业机构利用；未成年人不具备独立签订合同或许可的法律行为能力，亦无法独立地寻求补救或救济；未成年人经常使用年龄通用的网站或服务，网络运营商经常忽略未成年人的特殊需求；未成年人特别容易遭受网络不良内容的影响，其中不仅包括暴力行为，还包括性剥削和性虐待；未成年人缺乏足够的数字素养理解服务条款、在线跟踪以及进行相应的隐私设置的能力。[3]

2. 动态视角：未成年人不断发展的能力

从动态的角度来看，未成年人正处于身心发展的过程中，正在经历一个关键且脆弱的认知和社会发展过程。因此，在保护未成年人的同时，必须与他们的身心发展水平相适应，注意尊重未成年人的意见。对于年龄较大的青少年，以及某些确实较为精通网络和数字技术的未成年人，应当视情况允许其在关于自身的事务中进行自我决策。一味地强调对未成年人的保护和限制，会阻碍未成年人的成长和发展。鉴于儿童的特殊性，诚如欧盟数据保护机构第29条数据保护工作组在《关于保护儿童个人数据的第2/2009号意见（一般准则和学校的特殊情况）》（以下简称《2/2009号意见》）中所指出的，需要正确理解未成年人的地位：一方面，未成年人的不成熟使他们较为脆弱，必须给予适当的保护和照顾；另一方面，未成年人只有在其父母或其他法定监护人的帮助或保护下才能享受未成年人的发

---

[1] See Sonia Livingstone, "Regulating the internet in the interests of children: Emerging European and international approaches", *The handbook on global media and communication policy*, 2011.

[2] See Lina Jasmontaite and Paul De Hert, "Parental consent, the EU, and children as 'digital natives'", 2 blz. Oxford. 2014, Blog.

[3] See Sonia Livingstone, "Children's privacy online: experimenting with boundaries within and beyond the family", in *Computers, Phones, and the Internet: Domesticating Information Technology*, ed. Kraut, Robert, Brynin, Malcolm and Kiesler, Sara, Oxford University Press, 2006, pp. 145-167.

展权。[1]

二、未成年人数据蕴含法益的多维度性

(一) 未成年人数据与未成年人人身安全

由未成年人数据泄露导致未成年人的人身、财产甚至生命安全受到侵害早已不是什么新鲜事。例如,2016 年的徐玉玉案,刚高考完的准大学生徐玉玉,因个人信息遭到泄露被不法分子诈骗 9000 余元,终因伤心欲绝而结束了自己年轻的生命,不禁令人扼腕。不法分子往往通过非法获取未成年人数据,谋划进一步的侵害行为。未成年人对社交媒体、网络游戏等各种应用程序的广泛应用,暴露了大量的个人数据,引起了人们对未成年人上网面临的安全问题的担忧。对未成年人安全的担忧主要分为两种,一种是父母担心自己的孩子受到不良影响和侵害,另一种是父母害怕自己的孩子误入歧途,做出可怕的事情、陷入困境、伤害他人。[2]

在未成年人面临的诸多威胁中,最令人担心的是针对未成年人的网络欺凌、性虐待以及接触陌生人的风险。欧洲相关调查表明,1/3 的青少年遇到过网络仇恨或暴力内容,1/4 的青少年遇到过网络色情内容。[3]保护未成年人免受网络欺凌和性虐待,自互联网出现之日起即已成为各国治理机构最重要的政策目标之一。[4]首先,网络欺凌可以随时随地发生。未成年人欺凌包括同伴之间的身体和口头骚扰,网络欺凌使欺凌不仅可以发生在离线状态,也可以发生在在线状态,即使最私密的家庭空间也不免于

---

[1] See Article 29 Working Party, Opinion 02/2012 on facial recognition in online and mobile services, adopted on 22 March 2012, http://ec.europa.eu/justice/data-protection/article-29/documentation/opinion-recommendation/files/2012/wp192_en.pdf, last modified Nov. 13, 2018.

[2] See Danah boyd and Eszter Hargittai, "Connected and concerned: Variation in parents' online safety concerns", *Policy & Internet*, Vol. 5, 2013, No. 3.

[3] See Sonia Livingstone and Leslie Haddon, *EU Kids Online: Final Report*, London: EU Kids Online, 2009, http://eprints.lse.ac.uk/24372/, last modified Nov. 13, 2018.

[4] See Sonia Livingstone and Brian O'Neill, "Children's Rights Online: Challenges, Dilemmas and Emerging Directions", in *Minding Minors Wandering the Web: Regulating Online Child Safety*, T. M. C. Asser Press, 2014, pp. 19-38.

难。网络欺凌往往是线下欺凌的延续,而网络欺凌与线下欺凌明显不同,因为网络欺凌使欺凌者保持匿名状态,从而难以分辨和追查欺凌者。[1]其次,互联网极大地方便了色情内容的传播,网络摄像头的广泛应用使远程实施未成年人性虐待成为可能。[2]某些具有恋童癖的人还会对未成年人进行在线性侵,甚至会对未成年人进行离线跟踪,从而对未成年人的人身安全造成重大威胁。治理未成年人色情问题一直是一个非常严峻的政策难题,即使是执法资源较为充足的专业执法单位,如英国的未成年人剥削和在线保护中心也承认其无法通过传统的警务方法来应对与图像相关的犯罪。[3]最后,会见陌生人亦是大多数父母最关心的问题之一,实证调查表明,女孩的父母在这方面的担忧要多于男孩的父母,而且父母的关注因其背景的不同而存在较大差异。[4]

(二)未成年人数据与未成年人声誉发展

未成年人个人数据的泄露或滥用,还将影响未成年人的在线声誉和未来发展。就当前的国际发展趋势而言,基于网络的个人信息正成为教育、就业、保险、借贷等领域的决策依据。根据《青少年蓝皮书 中国未成年人互联网运用报告(2019)》,美国专业的升学服务公司曾对超过350名大学录取官进行过相关调查,35%的录取官会检查申请者的推特、脸书等社交媒体账号,有1/3以上的录取官曾在社交媒体平台发现对申请者有不利影响的内容。根据美国政府的最新规定,各国申请美国签证人士需提供过去5年的社交媒体账号与过去15年的个人经历记录,如发布过威胁美国

---

[1] See Sonia Livingstone, "Regulating the internet in the interests of children: Emerging European and international approaches", *The handbook on global media and communication policy*, 2011.

[2] See Sonia Livingstone and Monica Bulger, "A global research agenda for children's rights in the digital age", *Journal of Children and Media*, Vol. 8, 2014, No. 4.

[3] See Sonia Livingstone, Jasmina Byrne and John Carr, "One in Three: Internet Governance and Children's Rights", *Innocenti Discussion Paper*, UNICEF Office of Research, Florence, 2016.

[4] See Danah boyd and Eszter Hargittai, "Connected and concerned: Variation in parents' online safety concerns", *Policy & Internet*, Vol. 5, 2013, No. 3.

国家安全或价值观的言论，则很可能被拒签。[1] 为了优化决策，未来我国的教育、保险、贷款等领域也很可能会对未成年人进行在线背景调查，未成年人的个人数据变得越来越重要。

然而，从未成年人个人数据的发布情况来看，可以说，未成年人及其父母对这些数据给未成年人的人格声誉和未来发展带来的不利影响尚缺乏足够认识。未成年人本人及其身边的父母、同学、朋友等网络用户均可能上传有关未成年人的个人数据（文字描述、照片、视频等）。除未成年人本人以外，暴露未成年人数据最多的往往是未成年人的父母。当今时代，父母"晒娃"已成为一个非常普遍的现象，无论是在熟人社交媒体平台（如微信）上，还是在开放式社交媒体平台（如微博）上，抑或各种短视频平台（如快手、抖音）上都可以看到各种各样父母"晒娃"的照片、视频等包含未成年人个人信息的相关内容。父母的这种"晒娃"行为几乎伴随孩子们的成长过程，因此，父母提供的信息往往可能比未成年人本人提供的信息对其产生的影响更大。一旦未成年人网络数据的使用被合法化或常规化，未成年人或其父母在网络上轻率的言论或行为对未成年人在线声誉和未来发展的负面影响将是极大的。

（三）未成年人数据与未成年人信用评级

未成年人个人数据还会影响未成年人的信用评级。大数据时代，不法分子利用从未成年人处收集的各种数据聚合到一起创建未成年人的合成身份（Synthetic Identities）进行税务欺诈、信用卡欺诈等。传统的身份盗用，使用的一般是个人真实、完整的身份，合成身份则是大数据时代的产物。如果犯罪分子利用未成年人的合成身份申请信用卡并累积债务，无疑将对未成年人的信用评级产生重大负面影响。数据显示，仅2016年一年，合成身份欺诈可能造成60亿美元的经济损失，其中有一部分来源于儿童数据泄露。[2]

---

[1] 参见季为民、沈杰主编：《青少年蓝皮书 中国未成年人互联网运用报告（2019）》，社会科学文献出版社2019年版，第92~95页。

[2] 林安安、蒋宝尚："为什么3岁的孩子有不良信用记录？儿童数据泄露问题暗潮汹涌"，载 https://36kr.com/p/5180372，最后访问日期：2019年7月22日。

2014年6月，国务院发布了《国务院关于印发社会信用体系建设规划纲要（2014—2020年）的通知》，建立了个人网络信用档案制度，对网络用户的网络行为进行评估，记录信用等级，并促进与其他领域的信用记录共建共享。以江苏睢宁为例，每年睢宁市会根据信用记录对全市市民进行信用评分，并依此将全市市民分为A、B、C、D四个等级，在入学、就业、低保、社会救助等方面给予不同级别市民不同待遇。〔1〕用户信用档案制度并未排除对未成年人的适用，未来一旦落实对未成年人的信用档案制度，未成年人个人数据的在线共享无疑会严重影响未成年人的信用评级。

三、大数据时代未成年人数据面临的新威胁

（一）数字身份失控

数字身份是"通过一系列社交媒体工具创建的跨多个在线平台的身份合并"。〔2〕一方面，网络生活早已成为未成年人日常生活的一部分，很多网络活动已经在一定程度上取代了传统的线下社交、娱乐与学习方式，未成年人经常在网络社交媒体等平台上分享个人动态、照片和位置等信息，这样的网络活动几乎伴随未成年人的成长。另一方面，大数据时代，越来越多的网络服务提供者出于商业目的收集、分析和处理未成年人数据，对未成年人进行数字画像，挖掘其商业价值。网络服务提供者除收集未成年人数据供自身使用外，还会将其收集的未成年人数据传输或出售给其他网络服务提供者。联合国未成年人基金会研究中心伦理顾问加布里埃尔·伯曼等儿童权利专家对此表示了担忧，从未成年人身上收集的网络数据可能在未来不确定的时刻，被网络服务提供者用不确定的算法用于不确定的客户端，以创建未成年人所不知道的数字身份。〔3〕大数据时代，网络服务提供者是构建未成年人数字身份的重要参与者，未成年人数字身份极易被其扩散和传播，

---

〔1〕 参见季为民、沈杰主编：《青少年蓝皮书 中国未成年人互联网运用报告（2019）》，社会科学文献出版社2019年版，第92~95页。

〔2〕 See Z. A. Papacharissi, "A Private Sphere: Democracy in a Digital Age," *Polity*, 2010.

〔3〕 See Gabrielle Berman and Kerry Albright, "Children and the Data Cycle: Rights and Ethics in a Big Data World", *UNICEF Office of Research – Innocenti Working Paper*, 2017.

未成年人及其父母正逐渐失去对未成年人数字身份的控制。管理数字身份对成年人来讲即非易事，对于未成年人而言则更加困难。

数字身份一旦建立，很难将其彻底删除，因为网络数据具有持久性的特点。对于人类的大脑记忆而言，遗忘是常态，记忆是例外，数字时代，记忆与遗忘发生了反转。[1] GDPR 第 17 条规定了被遗忘权，旨在赋予大数据时代数据主体要求数据控制者删除不适当的个人数据的权利，被遗忘权尤其有利于未成年人。虽然数据的持久性特点对未成年人和成年人均会产生影响，但由于未成年人的心智尚未成熟、风险意识和理解能力较差，这些数据对未成年人的数字身份有着更为重要的意义。

（二）在线数据监控

在线监控在前大数据时代即已存在，但大数据时代使在线监控演变为数据监控（Dataveillance），监控更为隐秘和难以察觉。英国著名作家乔治·奥威尔创作的小说《一九八四》，描述了一个发生在虚拟国的故事，该国的人民处于党的完全监视之下，党的领袖就像"老大哥"一样，无处不在地监视其国民的行为，以防止国民的任何反叛行为或言论。大数据时代，政府越来越多地对公民的行为进行在线监控，通过使用诸如批量拦截等技术，对通过光纤电缆的互联网流量进行监控，收集并分析大量数据，包括与未成年人有关的个人数据。[2] 这些数据单独而言可能无关紧要，但是一旦通过数据挖掘技术将这些数据聚合到一起进行分析和建模，就会形成一种"数据监控"，其对隐私和自由的侵害，无异于《一九八四》中的"老大哥"。[3]

大数据时代，政府和公司以前所未有的细节来跟踪、存储和分析公民的行为，通过在线监控，可以为每一个公民建立一份包括教育、医疗、就业、宗教信仰等信息的完备的数字档案，在一定程度上可以说，"大数据

---

[1] 参见［英］维克托·迈尔-舍恩伯格：《删除　大数据取舍之道》，袁杰译，浙江人民出版社 2013 年版，第 6 页。

[2] Mario Viola de Azevedo Cunha, "Child Privacy in the Age of Web 2.0 and 3.0: Challenges and Opportunities for Policy", *UNICEF Office of Research-Innocenti Discussion Paper*, 2017.

[3] 参见涂子沛：《大数据》，广西师范大学出版社 2015 年版，第 161 页。

就是老大哥"。[1]实际上,由数据监控决定的数据处理允许以自动数据配置的形式识别、分类和标识自然人,由此,监视的人类行为者被一个计算机系统所取代,该系统构建了公共可观察的自我,独立于我们现在的自我呈现[2]这种数据监控实践在教育领域很普遍,数据监控现已嵌入针对学生的数字化教学的过程中,通过将监控嵌入教学设备中,年轻人正在习惯于前所未有的审查和控制。[3]2013年,斯诺登事件曝出的美国国家安全局自2007年起开始实施的电子监听计划——棱镜计划(PRISM),美国国家安全局直接进入美国网际网络公司的中心服务器里挖掘数据、收集情报,包括微软、谷歌、苹果等在内的多家国际网络巨头公司皆参与其中。联合国未成年人基金会编写的一份报告中强调了数据监控对于未成年人来说可能更加危险,因为大量的数据收集将使政府或公司建立关于未成年人整个成长周期的数字档案。[4]这对未成年人的未来发展和就业等方面会产生更为深远和持久的影响。

(三)生物识别技术

生物识别技术主要是指通过人类生物特征进行身份认证的一种技术,包括指纹识别、人脸识别、声音识别、虹膜识别、基因识别等。生物识别技术比传统的身份认证技术更为准确、安全、可靠,应用越来越普遍。生物识别认证技术已在中国铁路公交系统、煤矿工人考勤、员工管理系统、监狱犯人管理、银行金库门禁、边境安检通关、军队安保系统、考生身份验证等领域实现应用。近年来,生物识别技术正在实现与物联网设备、社交网络、区块链等在线技术的深度融合,越来越多的生物识别技术被应用于我们的日常生活中。智能手机、平板电脑等移动设备和各种应用程序的

---

[1] 参见涂子沛:《大数据》,广西师范大学出版社2015年版,第161页。

[2] See Neil Selwyn, "Data entry: towards the critical study of digital data and education", *Learning, Media and Technology*, Vol. 40, 2015, No. 1.

[3] See Neil Selwyn, "Data entry: towards the critical study of digital data and education", *Learning, Media and Technology*, Vol. 40, 2015, No. 1.

[4] See Mario Viola de Azevedo Cunha, "Child Privacy in the Age of Web 2.0 and 3.0: Challenges and Opportunities for Policy", *UNICEF Office of Research-Innocenti Discussion Paper*, 2017.

生物识别登录技术和免密支付功能是我们普通公众几乎每天都会用到的。一些未成年人使用的智能联网设备具有语音识别功能，如智能手机、智能玩具、智能电话手表等，可以识别未成年人、记录未成年人的声音，并与未成年人进行交流。

以人脸识别为例，人脸识别包含足够的细节以使个体被唯一识别。近年来，人脸识别技术的准确性大幅提高，大量公共和私人组织使用人脸识别进行相关人员的登记和验证。欧盟数据保护机构第29条数据保护工作组在《关于在线和移动服务中人脸识别的意见》（02/2012）中，将人脸识别分为六个子过程：第一步，图像采集，捕获个人面部图像并转换为数字形式；第二步，面部检测，检测数字图像中面部的存在并标记该区域；第三步，标准化，对检测到的面部图像转换为标准尺寸、旋转或对齐颜色分布等；第四步，特征提取，从个人的数字图像中分离和输出可重复和独特的数据的处理，存储该组关键特征以供后续在参考模板中进行比较；第五步，登记，如果这是个人第一次遇到人脸识别系统，则可以将图像或参考模板存储为记录以供后续比较；第六步，比较，测量一组特征（样本）与先前在系统中登记的特征之间的相似性。[1]人脸识别比语音识别、指纹识别等生物识别技术更难被伪造，因此其应用越来越受欢迎。

生物识别技术虽然具有很多优势，但也存在潜在的道德和伦理风险，而且存在一定程度的滥用风险。欧盟数据保护机构第29条数据保护工作组认为，生物识别技术允许对人员进行自动跟踪、追踪或剖析，因此它们对隐私和个人数据保护权的潜在影响很大。[2]生物识别技术与个人永久相关，必须保障生物识别数据的安全性和完整性。区块链技术的分散模型与密码学相结合可用于保障生物识别数据存储的安全和完整，但区块链技术

---

[1] See Article 29 Working Party, Opinion 02/2012 on facial recognition in online and mobile services, http://ec.europa.eu/justice/data-protection/article-29/documentation/opinion-recommendation/files/2012/wp192_en.pdf, last modified Nov. 13, 2018.

[2] See Article 29 Working Party, Opinion 02/2012 on facial recognition in online and mobile services, http://ec.europa.eu/justice/data-protection/article-29/documentation/opinion-recommendation/files/2012/wp192_en.pdf, last modified Nov. 13, 2018.

的特点是一旦数据错误或丢失,很难修改或替换。正因如此,欧盟数据保护机构建议生物识别技术"仅应用于严格限制的用途以验证用户的同意"。为了发挥生物识别技术的积极作用,必须建立适当的法律和伦理框架,在设计任何基于生物识别的系统或应用程序时应默认应用设计隐私原则和相应的隐私增强技术以保护未成年人的隐私和数据免受侵犯和滥用。[1]

四、大数据时代未成年人预先存在风险的新维度

大数据时代加剧了未成年人预先存在风险的新维度,如隐私风险增加、潜在歧视倾向以及行为广告和营销。

(一)隐私风险增加

大数据时代,未成年人智能联网设备层出不穷,数据泄露事件频发,未成年人隐私风险显著增加。由此引发了一个紧迫的问题,即未成年人的隐私是否在个人数据监管中受到充分重视。[2]2015年,全球隐私执法网络在其一项关于向未成年人提供服务的约1500个网站和应用程序的调查显示,2/3的网站和应用程序对儿童的个人数据没有任何保护措施,不提供隐私设置功能。[3]2018年5月,一款家长监管应用程序TeenSafe,因未采取数据安全保护措施,导致几千名儿童账户信息被泄露。[4]2018年9月,一款帮助父母对孩子的电话进行监控的软件MSpy发生数据泄露,导致数百万条在线敏感记录,包括密码、通话记录、短信、联系人、笔记和位置等数据信息。[5]2019年年初,暗网上有一部分3~20岁未成年人的就诊记

---

[1] See Mario Viola de Azevedo Cunha, "Child Privacy in the Age of Web 2.0 and 3.0: Challenges and Opportunities for Policy", *UNICEF Office of Research-Innocenti Discussion Paper*, 2017.

[2] See Sonia Livingstone, "Children: a special case for privacy?", *Intermedia*, Vol. 46, 2018, No. 2.

[3] 参见"未成年人数据和隐私的特殊保护",载网络安全共建网,http://www.iscn.org.cn/2018/viewpoint_1101/132.html,最后访问日期:2019年7月25日。

[4] 参见"为什么我3岁的儿子有不良信用记录?儿童数据泄露问题暗潮汹涌",载36Kr网,https://36kr.com/p/5180372,最后访问日期:2019年7月25日。

[5] 参见"儿童隐私贩卖成数据泄露新趋势",载澎湃新闻网,https://www.thepaper.cn/newsDetail_forward_3167457,最后访问日期:2019年5月8日。

录信息遭贩卖。[1]

　　随着物联网技术的发展,婴儿监视器、智能玩具、智能电话手表等未成年人联网设备越来越普及,然而,这些设备在隐私安全设置常暴露出漏洞,使得黑客有机会利用这些漏洞跟踪、监视未成年人的行为,严重侵害未成年人隐私,甚至对未成年人的人身安全构成潜在威胁。首先,婴儿监视器。为了确保孩子的安全,我国众多家庭都安装了婴儿监视器以随时了解孩子的行为和状态。然而,研究人员发现婴儿监视器并不安全,其中存在大量的安全漏洞可能被不法人员利用,对未成年人和家庭隐私造成严重威胁。[2]其次,智能玩具。智能玩具上的传感器、麦克风、摄像头、存储设备、语音识别技术、互联网连接和GPS等被用来记录未成年人的声音、行为和位置信息,并以此来调整与孩子的互动内容,成为不法分子窃取用户信息的新通道。[3]近年来,香港伟易达集团、美国费雪集团、美国KGPS公司等智能玩具厂商均发生了大规模未成年人数据泄露事件,其中,香港伟易达集团2015年曾使全球600万未成年人和400万家长的用户身份、账户密码、密保问题和答案在内的海量用户信息遭到泄露。[4]最后,智能电话手表。近年来,未成年人智能电话手表深受我国家长的欢迎,然而未成年人电话手表同样存在巨大的安全问题。黑客通过未成年人电话手表可以很容易地监听未成年人的通话、跟踪未成年人的位置,正因如此,德国联邦网络管理局已在德国境内禁售未成年人电话手表。[5]2017年11月,挪威消费者委员会指出,通过对多家在欧洲出售的智能手表进行的测试,发

---

　　[1] 参见"为什么我3岁的儿子有不良信用记录?儿童数据泄露问题暗潮汹涌",载https://36kr.com/p/5180372,最后访问日期:2019年7月25日。
　　[2] 这些漏洞包括硬编码后门凭证、特权提升漏洞、认证绕过漏洞、直接浏览漏洞、信息泄漏漏洞、反射存储型跨站脚本(XSS)漏洞等。参见"婴儿监视器也不安全,黑掉它其实很容易",载http://www.freebuf.com/news/77096.html,最后访问日期:2018年5月4日。
　　[3] See Gina Stevens, "Smart Toys and the Children's Online Privacy Protection Act of 1998", *Congressional Research Service*, 2018.
　　[4] 参见"研究:德国禁售智能玩具对我国网络安全管理的启示",载https://www.secrss.com/articles/1304,最后访问日期:2018年5月4日。
　　[5] 参见"孩子的安全须知清单:家长们要防范这些物联网设备的数据泄露!",载https://www.sohu.com/a/205715468-450415,最后访问日期:2018年5月6日。

现大部分智能手表存在安全漏洞，黑客可以跟踪、偷听佩戴者，甚至可以与佩戴者进行交流。婴儿监视器、智能玩具、智能电话手表只是未成年人联网设备的冰山一角，仍有大量专门针对儿童的物联网设备层出不穷。我国未成年人智能联网设备的开发商大多是新兴创业团体，尚缺乏意识和能力构建稳健的未成年人数据保护机制，经常以明文形式存储或传输未成年人数据，为未成年人隐私和数据安全埋下了巨大隐患。数据挖掘技术将智能联网设备收集和传输的未成年人数据聚合起来加以分析，在网上创建未成年人的身份信息和详细档案，使保护未成年人在线隐私的形势更加严峻。

（二）潜在歧视倾向

对未成年人数字身份的知识建构被用于未成年人的行为预测，为相关机构提供"可操作的情报"以支持决策和选择，并在必要的时候采取预先行动。[1]这种预测会对未成年人进行分类分析，会不可避免地造成歧视倾向。美国少年司法系统已开始应用大数据和算法来预测"危险青年"，以减少少年犯再犯的可能，[2]算法的非透明性导致这种预测很可能存在歧视倾向，并且很难被发现和评估。美国普林斯顿大学信息技术政策研究中心研究员梭伦·巴罗卡总结了大数据挖掘可能引起潜在歧视的三种情形：一是采用不透明的算法定义某些群组（如地理位置或健康状况）可能导致难以辨别的有意识歧视；二是采用缺乏代表性的数据导致结论不准确，如特定样本中边缘化群体的比例失实（不足或过多）；三是由于过度依赖特定数据来源进行决策造成的歧视。[3]在信息不对称或数字鸿沟日益扩大的时代，采用不透明的算法、有偏见的分类及无代表性的数据均可能导致歧视

---

[1] See Neil Selwyn, "Data entry: towards the critical study of digital data and education", Learning, Media and Technology, Vol. 40, 2015, No. 1.

[2] See Gabrielle Berman and Kenry Albright, "Children and the Data Cycle: Rights and Ethics in a Big Data World", UNICEF Office of Research - Innocenti Working Paper, 2017.

[3] See Solon Barocas, "Data Mining and the Discourse on Discrimination", Proceedings of the Data Ethics Workshop: Conference on Knowledge Discovery and Data Mining, 2014, https://dataethics.github.io/proceedings/DataMiningandtheDiscourseOnDiscrimination.pdf, last modified Nov. 13, 2018.

或不公平待遇。

(三) 行为广告和营销

大数据时代,数字经济的发展使个人数据成为企业的重要资产,销售通信设备和智能手机产生的收入正在被广告和营销产生的收入取代,在线分析和行为广告被认为是释放个人数据价值的核心。[1]针对儿童的广告分为行为广告和其他专门针对儿童的营销广告,前者主要是通过对儿童的在线行为进行跟踪、分析进而向儿童投放有针对性的广告;后者包括儿童食品、儿童玩具、儿童用品、儿童游戏、儿童应用程序等与儿童相关的广告。[2]营销人员通过使用诸如cookies、基于位置的广告和行为定位等收集工具来收集年轻互联网用户的个人信息,营销人员还鼓励青少年消费者披露更多个人信息,以换取增强的在线交流体验。[3]以儿童食品广告为例,世界卫生组织表示,儿童普遍受到各种针对儿童的网站、应用程序中垃圾食品广告的侵害。[4]除传统的弹出窗口和边框广告外,随着视频直播的流行,很多视频博主以直播的形式向儿童推销垃圾食品,这种以视频直播的方式进行食品营销的效果要比传统的电视、网页的推广更具感染力和诱惑力。[5]

在所有针对儿童的广告中,针对儿童的软色情广告以及恶意诱导儿童付费的广告最受关注。据新京报调查发现,一些儿童教育类App,会不时冒出"腹黑老公太嚣张""阔少的契约萌妻",或者美女图片等含有色情暗

---

[1] See Joseph Savirimuthu, "Networked Children, Commercial Profiling and the EU Data Protection Reform Agenda: in the Child's Best Interests?" *The EU as a Children's Rights Actor: Law, Policy and Structural Dimensions*, Barbara Budrich Publishers, 2016, pp. 221-257.

[2] 参见 热云数据:2018 在线教育类 App 广告投放行为洞察报告",载 http://www.199it.com/archives/821755.html,最后访问日期:2019 年 7 月 25 日。

[3] See Wonsun Shin and Hyunjin Kang, "Adolescents' privacy concerns and information disclosure online: The role of parents and the Internet", *Computers in Human Behavior*, Vol. 54, 2016.

[4] 参见"[健康]该停止在儿童 App 里面投放垃圾食品的广告了",载 http://www.sohu.com/a/118365128_479658,最后访问日期:2019 年 7 月 25 日。

[5] 参见"[健康]该停止在儿童 App 里面投放垃圾食品的广告了",载 http://www.sohu.com/a/118365128_479658,最后访问日期:2019 年 7 月 25 日。

示的广告推送。[1]正因如此,苹果禁止儿童类 App 对儿童进行行为广告,与安卓系统的应用程序相比,苹果 IOS 系统针对儿童的行为广告和营销相对较少。2019 年,苹果又出新规,要求儿童类应用程序不能包含第三方广告或分析软件,并禁止向第三方披露儿童数据,并提醒开发者特别注意世界各地保护儿童网络隐私的法律。根据南都教育联盟对苹果 App Store 内儿童类 App 免费排行榜前 60 名的 App 进行测评,发现有 6 款 App 内含广告,4 款在使用过程中出现广告弹窗或霸屏,广告栏中虽显示了关闭按钮,但大多数无法真正关闭,或者让儿童在付费免广告与观看广告之间做选择。[2]

2018 年,在线教育 App 的发展非常迅速,中小学教育与英语类 App 数量占比最多。在"一切为了孩子"的家庭理念下,我国家庭在与孩子教育相关的花销上往往不惜重金,《2017 中国家庭教育消费白皮书》显示,教育支出占家庭年支出的 50%以上。面对教育市场的这块"大蛋糕",儿童类 App 越来越多,然而这些 App 均出现了不同程度的行为广告和不适当的营销。2018 年 4 月,全国发起多项净网行动,其中"扫黄打非"部门发起了保护未成年人的"护苗 2018"行动,将涉及未成年人的网络游戏、网络直播、短视频、教育类 App 等列入整治范围。2018 年 12 月,教育部办公厅印发《关于严禁有害 APP 进入中小学校园的通知》,要求各地采取有效措施,坚决防止有害 App 进入中小学校园,但现实中儿童类 App 的色情广告却呈现出"野火烧不尽,春风吹又生"的态势。[3]因此,治理儿童行为广告和营销,不能只依赖整治行动,还需要建立长效机制。

---

[1] 参见"儿童 App 推'契约萌妻'广告 底线何在?",载 http://edu.sina.com.cn/zxx/2019-01-10/doc-ihqhqcis4745503.shtml,最后访问日期:2019 年 7 月 25 日。

[2] 参见"苹果商店 56 款儿童类 App 测评:有 App 广告现低俗及暴力内容",载 https://new.qq.com/omn/20190618/20190618A0BZ3200,最后访问日期:2019 年 7 月 25 日。

[3] 参见"儿童 APP 推'契约萌妻'广告 底线何在?",载 http://edu.sina.com.cn/zxx/2019-01-10/doc-ihqhqcis4745503.shtml,最后访问日期:2019 年 7 月 25 日。

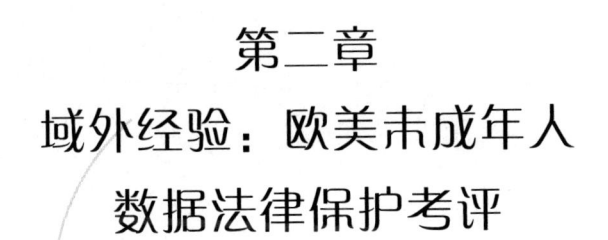

第二章
域外经验:欧美未成年人数据法律保护考评

第一节　美国未成年人数据法律保护之考察

一、美国对未成年人数据的法律保护

美国对未成年人数据的法律保护采取的是分散的专门立法模式。在对未成年人数据提供专门保护的联邦法律中,最重要的是1998年制定的《儿童在线隐私保护法》(Children's Online Privacy Protection Act,COPPA),该法案为美国儿童数据的法律保护提供了基本框架。在对未成年人数据提供专门保护的各州法律中,加利福尼亚州的《第568号法案》最具代表性和影响力。除上述已生效的儿童数据保护法规外,2013年参议员爱德华·马基(Edward Markey)向国会提出了《不跟踪儿童法案》(Do Not Track Kids Act),旨在弥补COPPA在大数据时代保护儿童数据权利方面的不足,该法案虽然尚未通过,但其在一定程度上代表着美国关于儿童数据权利的政策趋向。

（一）COPPA

1996年5月,美国一个消费者保护监督组织指控在线网站KidsCom的数据收集实践违反联邦贸易委员会(Federal Trade Commission,FTC)关于《不公平贸易行为法案》第5节的规定,请求FTC对其展开调查,FTC调查后指出KidsCom的信息披露做法不适当且具有误导性。[1]以此为契机,FTC公开发布了"互联网儿童数据收集指南"。1998年3月,FTC向国会提交了儿童在线隐私报告,反映了父母了解子女在线隐私风险的现实需求,以及运营商在收集和披露儿童个人数据之前取得父母同意的必要性。[2]1998年10月,美国国会通过并颁布了COPPA;2000年,为了落实和执行该法

---

[1] See Joshua Warmund, "Can COPPA Work – An Analysis of the Parental Consent Measures in the Children's Online Privacy Protection Act", *Fordham Intell. Prop. Medla & Ent. L. J.*, Vol. 11, 2000.

[2] See Joshua Warmund, "Can COPPA Work – An Analysis of the Parental Consent Measures in the Children's Online Privacy Protection Act", *Fordham Intell. Prop. Media & Ent. L. J.*, Vol. 11, 2000.

案,FTC发布了《儿童在线隐私保护法案规则》(COPPA Rule),并于2013年7月对该规则进行了修订。[1]

1. COPPA 的权利主体及儿童个人信息的界定

COPPA 的权利主体是 13 周岁以下的儿童,这意味着,COPPA 无法为 13 周岁以上未成年人的数据收集和使用实践提供保护。1998 年制定的 COPPA 将儿童个人信息界定为:姓名、家庭住址、电子邮件地址、电话号码或社会安全号码,用于随时间和跨不同网站识别用户的持久性标识符,以及任何可以识别儿童的其他信息。为了适应技术的进步,2013 年 FTC 修订的 COPPA 规则,扩大了儿童个人数据的范围,增加了包含儿童形象或声音的照片、视频或音频以及地理位置信息。

2. COPPA 的义务主体

COPPA 的义务主体是在线服务运营商。在线服务运营商分为两类:一类是专门运营针对 13 周岁以下儿童的在线服务运营商;另一类是经营一般网站,但同时向 13 周岁以下儿童提供服务的在线服务运营商。根据 COPPA 的定义,义务主体不包括政府机构、学校或其他非营利组织,但是如果上述机构或组织从事商业活动,则会落入 COPPA 的适用范围。[2]对于如何确定网站或在线服务是否"针对儿童",FTC 会对诸多因素进行综合考量,包括但不限于以下内容:主题;视频或音频内容;模特的年龄;语言或其他特征;宣传或广告是否针对儿童;有关观众构成的经验证据;目标受众以及网站是否使用动画角色或是否存在面向儿童的活动和奖励。[3]

3. COPPA 的父母同意规则

根据 COPPA,运营商在收集、使用或披露任何儿童的个人信息之前,

---

[1] 为了方便表述,本书将 COPPA、COPPA Rule 以及 COPPA Rule 的修正案统一概述为 COPPA。关于 COPPA 的相关规定,参见 Ritvo, Dalia, "Privacy and student data: An overview of federal laws impacting student information collected through networked technologies", *Berkman Center Research Publication*, 2016。

[2] See Dalia Topelson Ritvo, "Privacy and student data: An overview of federal laws impacting student information collected through networked technologies", *Berkman Center Research Publication*, 2016.

[3] See Dalia Topelson Ritvo, "Privacy and student data: An overview of federal laws impacting student information collected through networked technologies", *Berkman Center Research Publication*, 2016.

一般需要通知父母并取得可验证的父母同意。[1]

首先，通知父母。运营商必须作出合理努力，确保父母收到网站或在线服务收集、使用或披露其子女个人信息的通知。通知的内容必须包含COPPA要求运营商在其隐私政策中披露的所有内容，还必须说明运营商意图收集哪些儿童的特定信息和信息类型，信息收集的目的，以及父母提供和撤销同意的方式等必要的内容。

其次，取得父母同意。运营商必须在收集、使用或披露任何儿童的个人信息之前取得可验证的父母同意。如果数据控制者的收集、使用或披露实践发生"实质性改变"，应重新取得父母同意。如果运营商出于特定目的向第三方共享儿童个人信息，当该特定目的发生改变时，必须重新取得父母同意才能向第三方共享儿童个人信息。

再次，验证父母同意。针对不同的数据处理行为，FTC提出了基于"滑动比例法"的不同的父母同意验证方式。如果儿童个人信息仅供内部使用，FTC建议数据控制者通过电子邮件寻求父母同意，然后通过邮寄、传真或电子邮件的方式发送确认同意书。如果将儿童的个人信息公开或向第三方披露，FTC建议数据控制者以各种方式获得父母同意，并验证家长身份，包括但不限于：为父母提供同意书，要求父母通过邮件、传真或电子方式签署并寄回；要求父母在担保交易中提供信用卡信息；持有一个免费电话号码，由经过培训的专业人员联系父母征得其同意；带有数字签名的电子邮件；带有PIN或密码的电子邮件；使用政府颁发的身份证明（如驾照）。[2]除此之外，COPPA还规定了自愿的父母同意验证方法，允许运营商向FTC书面申请未列举的父母同意方式。2013年11月，FTC收到"社交关系图"验证机制的请求，通过询问家长社交网站上的朋友来验证父母与子女之间的关系，由于当时没有足够的研究或市场测试证明该方法的有效性，

---

[1] 关于COPPA父母同意规则的相关规定，可参见Dalia Topelson Ritvo, "Privacy and student data: An overview of federal laws impacting student information collected through networked technologies", *Berkman Center Research Publication*, 2016。

[2] See Dalia Topelson Ritvo, "Privacy and student data: An overview of federal laws impacting student information collected through networked technologies", *Berkman Center Research Publication*, 2016.

该方案未能通过。[1]2013 年 12 月，有公司向 FTC 提出基于认知能力的父母同意验证机制，通过一系列具有挑战性的问题来验证用户身份，这种认证方法多年来一直为金融机构采用，目前已得到 FTC 的认可。[2]

最后，父母同意的例外。如果是基于以下原因收集儿童的姓名或在线联系信息，运营商无须取得父母的在先同意：一是仅提供直接通知；二是一次性回应儿童的具体要求；三是发送儿童定期通信信息，包括在线简报、网站更新或密码提醒；四是为保护儿童参与者在网站上的安全所必需；五是为保护网站的完整性，采取预防措施，回应司法程序或响应机构关于公共安全事宜的请求。[3]

4. COPPA 运营商的安全保障义务

根据 COPPA，运营商有义务建立并维护合理的程序，保障从儿童收集的个人信息的机密性、安全性和完整性。更具体地说，运营商必须保持适当的政策和程序，以保护儿童的个人信息免遭丢失、滥用、未经授权的访问或披露。运营商可采取的保护措施包括但不限于：指定运营商中的特定个人负责维护和监控安全信息；要求输入密码以访问个人信息；安装防火墙；数据加密；除密码外的访问控制程序；将信息存储在无法从因特网访问的安全服务器上。[4]

（二）美国加利福尼亚州《第 568 号法案》

2013 年 9 月，美国加利福尼亚州州长杰里·布朗签署了《第 568 号法案》，被称为美国加利福尼亚州的"橡皮擦法案"，已于 2015 年 1 月 1 日生效。加利福尼亚州立法机构认识到，未成年人普遍使用社交媒体发布个人敏感信息，而治理政策往往过分强调言论自由权，忽视未成年人的隐私

---

[1] 参见黄晓林、张亚男、吴以源："共同打造儿童数字未来——欧美儿童数据保护对我国的借鉴"，载《信息安全与通信保密》2018 年第 8 期。

[2] 参见黄晓林、张亚男、吴以源："共同打造儿童数字未来——欧美儿童数据保护对我国的借鉴"，载《信息安全与通信保密》2018 年第 8 期。

[3] See Dalia Topelson Ritvo, "Privacy and student data: An overview of federal laws impacting student information collected through networked technologies", *Berkman Center Research Publication*, 2016.

[4] See Joshua Warmund, "Can COPPA Work – An Analysis of the Parental Consent Measures in the Children's Online Privacy Protection Act", *Fordham Intell. Prop. Media & Ent. L. J.*, Vol. 11, 2000.

第二章 域外经验：欧美未成年人数据法律保护考评

权，有必要保护儿童免受自身伤害。[1]与 COPPA 仅适用于 13 周岁以下的儿童不同，《第 568 号法案》扩大了保护范围，适用于 18 周岁以下的所有未成年人。该法案大体延续了 COPPA 对"运营商"的定义，包括专门针对未成年人的运营商以及实际知道有未成年人用户的运营商。

《第 568 号法案》主要有两项规定。第一项规定禁止网站、在线服务、在线应用或移动应用程序的运营商"将指定产品或服务营销或宣传给未成年人"。该规定涵盖了众多可能对未成年人有害的产品和服务的广告禁令，包括酒精饮料、枪械和手枪、弹药、烟草制品和电子烟、烟花、膳食补充剂、彩票、文身、淫秽材料等。[2]第二项规定要求加利福尼亚州未成年人注册的所有网站、在线服务和移动应用程序运营商提供"橡皮擦按钮"，允许未成年人删除网站上发布的内容，要求运营商向未成年人提供有关删除在线内容权利的通知，并提供有关删除个人信息的具体程序说明。该"橡皮擦条款"部分还规定了几种豁免情形：一是联邦或州法律要求运营商维护相关内容或信息，如在联邦或州调查过程中需使用个人信息，不适用该规定；二是由未成年人以外的第三方发布、重新发布或转发的任何内容或信息不适用该规定，这意味着，数据主体只能删除其本人在线发布的信息，第三方发布的信息对数据主体无论是否具有攻击性或伤害性，均无权要求运营商删除；三是匿名信息和内容不受法律规定的保护；四是如果未成年人不遵守运营商提供的删除指示，则不必删除内容；五是如果未成年人因提供内容而获得赔偿，则不能适用"橡皮擦条款"。[3]

"橡皮擦法案"引起了两极分化式的争论。支持者认为，通过"橡皮擦按钮"，父母和孩子可以在技术可行时删除公开提供的个人信息，该法案加强了未成年人个人数据的法律保护，是未成年人数据保护的里程碑。

---

[1] See Meg Leta Ambrose, "It's About Time: Privacy, Information Life Cycles, and the Right to Be Forgotten", *Stan. Tech. L. Rev*, Vol. 16, 2013.

[2] See E. Wesley Campbell, "But It's Written in Pen: The Constitutionality of California's Internet Eraser Law", *Colum. J. L. & Soc. Probs*, Vol. 48, 2015.

[3] See E. Wesley Campbell, "But It's Written in Pen: The Constitutionality of California's Internet Eraser Law", *Colum. J. L. & Soc. Probs*, Vol. 48, 2015.

谷歌首席执行官埃里克·施密特认为，应当支持未成年人删除个人信息的权利，未成年人如果不能删除发布在网上的内容，将给未成年人造成长久的困扰。[1]反对者则认为，该法案可能违反宪法规定的言论自由和商业自由，给在加利福尼亚州内提供服务的运营商带来过重负担。还有批评的观点认为，数据的生命周期其实很短，会变老、腐烂，甚至在线死亡，网页的平均寿命大约只有100天，因此创设删除权实无必要。[2]

（三）《不跟踪儿童法案》

2013年，参议员爱德华·马基先生提议了《不跟踪儿童法案》，新法案对运营商提出以下要求：一是在收集儿童数据之前获得父母同意；二是设置删除按钮，允许儿童删除发布的内容；三是禁止跟踪儿童的在线行为，禁止将儿童数据用于广告和营销目的。《不跟踪儿童法案》在COPPA的基础上，将法案的适用主体范围由13周岁扩大到15周岁。马基先生认为法案赋予儿童的删除权，未来也应适用于成年人，但由于目前条件尚不成熟，保护儿童会是很好的起点。[3]虽然在美国的文化背景下，公民对个人隐私的警惕主要集中在对抗国家公权力的入侵方面，但是自2013年斯诺登曝光美国国家安全局的"棱镜计划"以后，美国民众获知苹果、谷歌等多家互联网巨头公司均参与其中，使美国公民开始对企业的私人数据收集持谨慎态度。[4]尽管截至目前该法案尚未在国会获得通过，但该法案的提出引起了政策制定者和互联网行业的普遍关注，并且在一定程度上预示着美国保护儿童数据权利的政策转向更为积极的态度，该法案也因此意义深远，这构成了联邦和州修订或颁布儿童数据保护法规的有利社会背景

---

[1] See Allyson Haynes Stuart, "Google Search Results: Buried If Not Forgotten", *N. C. J. L. & Tech*, Vol. 15, 2014.

[2] See Meg Leta Ambrose, "It's About Time: Privacy, Information Life Cycles, and the Right to Be Forgotten", *Stan. Tech. L. Rev*, Vol. 16, 2013.

[3] See Lawrence Siry, "Forget Me, Forget Me Not: Reconciling Two Different Paradigms of the Right to Be Forgotten", *Ky. L. J.*, Vol. 103, 2014, No. 3.

[4] See E. Wesley Campbell, "But It's Written in Pen: The Constitutionality of California's Internet Eraser Law", *Colum. J. L. & Soc. Probs*, Vol. 48, 2015.

环境。[1]

(四) 抖音国际版 (Tik Tok) 美国罚款案

2019年2月，美国对 Tik Tok 开出了 570 万美元（3800 多万元人民币）的巨额罚单，成为美国 COPPA 生效 20 年以来的首例巨额罚款案，也是大数据时代 COPPA 的典型应用案例。[2]实际上该案的真实被告是 Musical.ly 及其子公司，FTC 的调查以及加利福尼亚州中区法院的民事处罚令都是针对 Musical.ly 作出的，只是法院作出处罚令时，Musical.ly 已被 Tik Tok 收购，因此责任自然就落到了 Tik Tok 上。FTC 对 Muscial.ly 的商业实践进行了总结概括，认为 Muscial.ly 是"针对儿童"的在线服务运营商，具有从 13 岁以下儿童收集个人信息的实际内容，但 Muscial.ly 在收集、使用、披露儿童数据之前，并未获得可验证的父母同意，违反了 COPPA 及其相关规则。[3]

FTC 认为，首先，Muscial.ly 是"针对儿童"的在线服务运营商，开展针对儿童的在线服务。Musical.ly 应用程序包括"迪士尼""学校"等歌曲文件夹，迪士尼文件夹包括与迪士尼电视节目和电影相关的歌曲，如"狮子王""玩具总动员"等；学校文件夹包含以学校为主题的电视节目或电影相关的歌曲；Musical.ly 应用程序的简单工具使孩子们可以轻松创建和上传视频，允许用户向其他用户发送色彩缤纷的表情符号，如可爱的动物和笑脸；Muscial.ly 还以音乐名人吸引儿童为特色，许多像 Katy Perry、Selena Gomez 等受欢迎的音乐家和演艺人员均有 Musical.ly 账号，这些艺术家经常鼓励粉丝发布和分享与他们的新专辑同步的视频。[4]其次，Musi-

---

[1] See Lawrence Siry, "Forget Me, Forget Me Not: Reconciling Two Different Paradigms of the Right to Be Forgotten", *Ky. L. J.*, Vol. 103, 2014, No. 3.

[2] 参见 FTC 官网：Video Social Networking App Musical.ly Agrees to Settle FTC Allegations That it Violated Children's Privacy Law, https://www.ftc.gov/news-events/press-releases/2019/02/video-social-networking-app-musically-agrees-settle-ftc, last modified Jul. 26, 2019。

[3] 关于该案的详细情况，See Case 2: 19-cv-01439 Document 1-1 Filed 02/27/19, https://www.ftc.gov/system/files/documents/cases/musical.ly_proposed_order_ecf_2-27-19.pdf, last modified Jul. 26, 2019。

[4] See Case 2: 19-cv-01439 Document 1-1 Filed 02/27/19, https://www.ftc.gov/system/files/documents/cases/musical.ly_proposed_order_ecf_2-27-19.pdf, last modified Jul. 26, 2019.

cal.ly 具备从儿童处收集个人信息的能力,知道儿童正在使用该应用程序。有以下几点可以证明:一是用户在个人资料中明确填写了低于13岁的年龄或学校年级;二是在2016年9月15日至30日的两周内,Musical.ly 收到了300多次父母要求关闭孩子账户的请求或投诉;三是2016年10月,Musical.ly 曾在其官方网站上为父母提供有关其未成年子女使用该应用程序的指导,并于2017年4月提示用户:如果你有一个未成年的孩子在使用 Musical.ly,请务必在应用程序中监控他们的活动。[1]最后,Musical.ly 从13岁以下儿童处收集了包括名字、姓氏、在线联系信息、用户之间直接消息的内容、包含儿童形象和语音的照片和视频,以及一段时间内的地理定位信息等个人信息,却未征得可验证的父母同意。基于上述因素,FTC 对 Muscial.ly 提出了以"父母同意"为核心的五项指控:(1)未能在其在线服务上发布隐私政策,提供明确、可理解且完整的信息实践通知;(2)未向父母直接通知其信息实践;(3)在收集、使用或披露儿童的个人信息之前未能获得可验证的父母同意;(4)未应父母要求删除个人信息;(5)保留个人信息的时间超过了实现收集信息目的所需的时间。[2]

除 Tik Tok 美国罚款案,美国大多数网站和应用程序,包括影响力最大的 YouTube、Facebook 等均存在未经父母同意收集儿童个人信息的违规行为。美国23个儿童隐私和数据保护团体曾向 FTC 提交文件,指控 YouTube 违反 COPPA,未经父母同意收集13岁以下儿童的个人数据。[3]2018年,美国国际计算机科学研究所对5000多个最受欢迎的免费儿童应用程序进行分析,发现超过一半的 Android 应用程序涉嫌违反收集儿童的个人数据。[4]

---

[1] See Case 2: 19-cv-01439 Document 1-1 Filed 02/27/19, https://www.ftc.gov/system/files/documents/cases/musical.ly_proposed_order_ecf_2-27-19.pdf, last modified Jul. 26, 2019.

[2] See Case 2: 19-cv-01439 Document 1-1 Filed 02/27/19, https://www.ftc.gov/system/files/documents/cases/musical.ly_ proposed_order_ecf_2-27-19.pdf, last modified Jul. 26, 2019.

[3] 参见林安安、蒋宝尚:"为什么我3岁的儿子有不良信用记录?儿童数据泄露问题暗潮汹涌",载 https://36kr.com/p/5180372,最后访问日期:2019年7月25日。

[4] 参见林安安、蒋宝尚:"为什么我3岁的儿子有不良信用记录?儿童数据泄露问题暗潮汹涌",载 https://36kr.com/p/5180372,最后访问日期:2019年7月25日。

二、美国对学生数据的法律保护

(一) 美国学生数据的立法背景及沿革

20世纪50年代,随着国家和社会对教育益处的认识日渐深刻,以及对训练有素的专业人员的需求,美国学校的数量和种类显著增加。美国政府当局积极倡导学校对学生的创造力、社会适应水平和智力潜能等早期指标加以记录,这一举措直接促使了学生教育记录的建立。[1]在以下几个因素的推动下,学校的教育记录日益精细:一是学校为创造适应不同学生学习能力的条件,收集学生的学习障碍、家庭背景等详细信息变得至关重要;二是美国联邦和州政府通过资助项目等方式越来越多地参与教育事宜,要求学校记录并保存学生出勤率、最低绩效水平、标准化考试结果以及学生种族等个人信息;三是计算机软件系统的应用,有助于维持学生记录的统一性。[2]学生记录对学生的未来发展具有重要意义,然而在较长一段时间内,家长和学生无法访问这些记录,形成鲜明对比的是校外的组织或实体可以不经家长同意而使用学生教育记录。学校授权外部机构使用学生记录,却拒绝家长或学生查阅教育记录,这意味着,一方面,父母需要对孩子的学业和未来做重大决定,却无法访问查阅这些与其决策相关的任何学生记录,更无法检查并更正这些记录中包含的任何主观的、误导性的、不正确或不恰当的学生信息;另一方面,外部机构可以方便地使用这些记录作为对学生未来就业和发展的决策依据。[3]这无疑会对学生的隐私

---

[1] See Stanton Wheeler, *On record: Files and dossiers in American life*, New York: Russell Sage Foundation, 1969. In Teresa L. Elliott, Darius Fatemi and Sonia Wasan, "Student Privacy Rights-History, Owasso, and FERPA", *Journal of Higher Education Theory & Practice*, Vol. 14, 2014, No. 4.

[2] See Stanton Wheeler, *On record: Files and dossiers in American life*, New York: Russell Sage Foundation, 1969. In Teresa L. Elliott, Darius Fatemi and Sonia Wasan, "Student Privacy Rights-History, Owasso, and FERPA", *Journal of Higher Education Theory & Practice*, Vol. 14, 2014, No. 4.

[3] See R. Andersen, "Federal genesis of comprehensive protection of student educational record rights: The family educational rights and privacy act of 1974", *Iowa Law Review*, 1975. In Teressa L. Elliott, Darius Fatemi and Sonia Wasan, "Student Privacy Rights-History, Owasso, and FERPA", *Journal of Higher Education Theory & Practice*, Vol. 14, 2014, No. 4.

和未来发展造成不利影响，严重违背学生的个人利益。

正是在这样的背景下，1974年美国国会颁布了《家庭教育权利和隐私法案》（20 U.S.C. §1232g·34 C.F.R. §99）（Family Educational Rights and Privacy Act，FERPA）确立了父母或符合条件的学生访问教育记录的相关权利。1978年美国又颁布了《保护学生权利修正案》（20U.S.C. §1232h；34 CFR Part 98）（Protection of Pupil Rights Amendment of 1978，PPRA）。随着技术的发展和时代的变换，上述法案无法为大数据时代的学生数据提供有力的保护。参议员马基先生和哈奇先生分别在2014年和2017年，两次向国会两院提交了《保护学生隐私法》（Protecting Student Privacy Act，PSPA），旨在修订1974年的FERPA，确保私营公司处理的学生数据受到保护。2015年，在奥巴马总统的支持下，白宫推出了《学生数字隐私和父母权利法》（Student Digital Privacy and Parents Rights Act，SDPPRA），旨在为数字技术融入课堂背景下的学生提供保护。在一定程度上可以说，美国在学生数据的保护方面走在世界前列，通过联邦和各州颁布学生数据保护法案，美国构建起了较为强大的学生隐私和安全法规体系，更清晰的数据治理框架以及更广泛的跨领域沟通。[1]

（二）美国联邦法律对学生数据的保护

1. FERPA对学生数据的保护

1974年，美国国会颁布了FERPA，旨在保护学生的信息隐私和家庭隐私，是美国保护学生数据的重要联邦法律之一。[2]

首先，FERPA旨在保护教育记录的机密性，禁止地区和州等受联邦资助的教育机构，未经父母同意或授权向其他任何组织或个人披露学生的教育记录。教育记录包括"由教育机构或教育机构代理人维护的任何记录、

---

[1] See The Federal Role in Safeguarding Student Data, April 2015, https://2pido73em67o3eytaq1cp8au-wpengine.netdna-ssl.com/wp-content/uploads/2016/03/DQC-Federal-Role-Safeguard-Data-Apr28.pdf, last modified Jul. 22, 2019.

[2] 关于FERPA的详细解读可参见Dalia Topelson Ritvo, "Privacy and student data: An overview of federal laws impacting student information collected through networked technologies", Berkman Center Research Publication, 2016。

第二章 域外经验:欧美未成年人数据法律保护考评

文件或其他资料,"并包含与学生直接相关的信息,如学生或家长的联系信息、考试成绩、纪律记录、学校健康记录等。"教育机构代理人"一般是指学校代理人,如教师、管理人员和其他学校职工。由教职工作为参考或记忆辅助材料自行使用的记录,学校工作人员在正常工作过程中产生的相关记录,18 岁以上的学生或由专业人士(如医生)创建的用于治疗目的的学校记录,以及未被教师记录在成绩簿中的同学评分,均不属于教育记录。[1] FERPA 的适用范围仅限于"教育记录",不包括教育技术网站和应用程序收集的数据以及"学生生成的内容"(论文等)。[2]

其次,FERPA 为父母或符合条件的学生提供了四项权利。一是检查学生教育记录的权利;二是纠正或删除不准确、误导性或不适当的学生数据的权利;三是有权决定是否披露包含具有子女个人身份信息的教育记录;四是向教育部提出申诉的权利。[3] FERPA 的惩罚机制主要是通过联邦拒绝向未能妥善处理学生教育记录的教育机构提供资助予以实现。需要注意的是,FERPA 只是赋予了父母向教育部申诉的权利,并未赋予父母因教育机构未履行相应义务的司法救济权利。与此相关的一个案例是美国学生 Gonzaga 起诉其之前就读的学校违反 FERPA,学生 Gonzaga 需要一份品德证明以成为华盛顿的新老师,但 Gonzaga 的教师资格认证专家从其之前所

---

〔1〕 与此相关的一个案例是 OWASSO v. FALVO 案,该案的争议焦点是"同学评分是否构成教育记录"。法院认为,论文确实包含了与学生直接相关的信息,但只有在教育机构或代表这种机构的人维持这些信息的时候,才属于该法案下的教育记录。具体来讲,当其他学生对作业进行评分时,除非老师将成绩记录在成绩簿中,否则同学评分不属于教育记录。当学生按照老师的指示对同学评分时,即使学生评分工作为教师起作用,也不属于 FERPA 规定的"代理教育机构"。法院还指出,如果按照申请者要求,使教育记录"涵盖学生作业或课堂作业",会"给全国教师带来沉重负担"。"FERPA 意味着教育记录是由单一中央管理人员(如注册服务机构)保存的机构记录,而不是许多学生在其单独教室中处理的个人任务。"See Elliott, Teressa L., Darius Fatemi, and Sonia Wasan, "Student Privacy Rights–History, Owasso, and FERPA", *Journal of Higher Education Theory & Practice*, Vol. 14, 2014, No. 4.

〔2〕 See Alex Molnar and Faith Boninger, "On the Block: Student Data and Privacy in the Digital Age—The Seventeenth Annual Report on Schoolhouse Commercializing Trends 2013–2014", *National Education Policy Center*, 2015.

〔3〕 See Dalia Topelson Ritvo, "Privacy and student data: An overview of federal laws impacting student information collected through networked technologies", *Berkman Center Research Publication*, 2016.

在的学校获知其学生性行为的负面评论,从而拒绝授予其教师资格,美国最高法院通过该案明确否定了学生的诉讼权利。[1]

再次,FERPA 的父母同意存在例外情形。在例外情形下,教育机构公开学生的相关信息无须事先取得父母同意,但必须通知家长披露的信息类别,并允许父母"选择退出"。两个最重要的例外情形是学生目录信息例外和学校官员例外,前者是指在披露时通常不被视为有害的信息,包括但不限于学生的姓名、地址、电话、电子邮件地址、照片、出生地点和日期、年级、研究的主要领域、参加官方认可的活动和体育活动、体重和身高(运动队成员)、出勤日期、获得学位和奖励,以及该学生最近的教育机构;[2]后者允许学校向某些个人或实体披露被视为个人身份信息或属于教育记录的信息,"个人身份信息"包括但不限于学生的姓名、家庭成员的姓名、住址、个人识别码(如社会安全号码或生物识别记录)、其他间接标识符(如出生日期、地点或母亲的婚前姓名),以及与特定学生相关或可链接的任何其他单一或组合信息。[3]在此例外情况下,学校可以在未经父母事先同意的情况下向其他学校官员披露信息,包括教师和向学校履行职能的运营商。运营商必须拥有对数据的合法教育利益,学校必须直接控制供应商对数据的使用和维护,运营商只能将个人身份信息用于授权目的,未经学校和家长的书面同意不得重新披露数据。[4]

最后,FERPA 的义务主体及其相应的义务。FERPA 的义务主体是受教育部资助的任何公共和私人教育机构。FERPA 对国家教育体系的影响很难被低估,因为从幼儿园到高等教育机构的几乎所有学校都在很大程度上

---

[1] See Teressa L. Elliott, Darius Fatemi and Sonia Wasan, "Student Privacy Rights – History, Owasso, and FERPA", *Journal of Higher Education Theory & Practice*, Vol. 14, 2014, No. 4.

[2] 需特别指出的是,学生目录信息不包括社会安全号码。

[3] See Dalia Topelson Ritvo, "Privacy and student data: An overview of federal laws impacting student information collected through networked technologies", *Berkman Center Research Publication*, 2016.

[4] See Joanna Tudor, "Legal Implications of Using Digital Technology in Public Schools: Effects on Privacy", *J. L. & EDUC*, Vol. 44, 2015.

依赖于联邦资金。[1] FERPA 下的教育机构负有以下义务：一是教育机构必须每年通知家长和符合条件的学生所享有的上述权利以及行使权利的程序；二是教育机构在披露学生教育记录中的个人信息[2]之前获得父母的书面同意，由父母签字并注明日期，教育机构在父母同意书中必须写明要披露的教育记录内容、披露的目的和披露信息的当事方；三是保存外部机构访问和披露学生个人信息的请求记录，父母和教育机构相关工作人员的请求记录除外，每项申请或披露的记录包括请求或接收个人身份信息的当事方名称，当事方在请求或获取此类信息时的"合法利益"等必要的内容。[3]需要注意的是，只要学校通知家长和符合条件的学生有关披露信息，并向家长和符合条件的学生提供退出的选择，FERPA 允许学校在未获得父母同意的情况下披露学生目录信息、去识别化的信息以及在有限情况下的个人身份信息等信息。

2. PPRA 对学生数据的保护

1978 年，美国颁布了 PPRA，旨在确立未成年人家长和符合条件的学生通过教育部资助计划进行的调查、分析或评估的某些权利。2001 年，PPRA 被扩大为《不让一个孩子掉队法案》(No Child Left Behind Act) 的一部分，与网络服务相关的是，PPRA 规定了收集、披露或使用学生个人信息进行营销活动的运营商义务。[4]

首先，PPRA 授予未成年人的家长和符合条件的学生四项基本的权利。一是与地方教育机构合作制定相关政策的权利；二是检查任何与教育部资助计划相关的"任何调查、分析或评估的任何材料"；三是在学年开始时

---

[1] See Rob Silverblatt "Hiding behind ivory towers: Penalizing schools that improperly invoke student privacy to suppress open records requests", *The Georgetown Law Journal*, Vol. 101, 2012.

[2] 这里的个人信息包括学生或家长的姓名、地址、个人标识符（如社会安全号码和生物识别信息）以及出生日期、出生地、父母姓氏等间接标识符。

[3] See Dalia Topelson Ritvo, "Privacy and student data: An overview of federal laws impacting student information collected through networked technologies", *Berkman Center Research Publication*, 2016.

[4] 关于 PPRA 的详细解读可参见 Dalia Topelcon Ritvo, "Privacy and student data: An overview of federal laws impacting student information collected through networked technologies", *Berkman Center Research Publication*, 2016.

获得政策变更的通知,以及在任何时候获得学校特定活动安排或预计安排的通知;四是选择退出涉及学生或其家长的政治背景或信仰、心理或心理问题、性行为或态度、非法、反社会、自我贬低行为、宗教信仰、家庭收入等学生及其家庭的敏感信息的任何调查、分析或评估,披露上述敏感信息时应获得家长的书面同意。[1]

其次,PPRA 的义务主体是小学、中学、学区或地方教育委员会等地方教育机构,不适用于高等院校。地方教育机构主要有以下三项义务:一是与家长合作制定相关政策,包括家长检查任何第三方调查任何上述敏感信息时保护学生隐私的安排,以及以营销为目的的收集、披露或使用学生个人信息的相关政策等;二是通知家长和符合条件的学生相关政策及政策变更,包括涉及敏感信息等受保护信息的任何调查,任何以营销或销售该信息为目的收集、披露或使用学生个人信息的活动,由学校管理和要求的任何非紧急、身体检查或筛查,尤其是这样的检查并不是为了保护学生的健康和安全;[2]三是为家长和符合条件的学生提供选择退出某些活动的机会,家长和符合条件的学生有权选择退出任何涉及学生或家长的政治派别、宗教信仰、家庭收入、心理情况、性取向等敏感信息的调查,地方教育机构还必须让家长有机会选择让孩子退出任何以营销或销售信息为目的收集、披露或使用学生个人信息的活动。[3]也就是说,PPRA 允许地方教育机构为了营销和销售目的收集学生信息,但必须将收集行为通知学生的家长,并允许家长选择退出上述活动,以及为了学生的隐私删除相关信息。[4]

---

〔1〕 参见美国教育部官网:https://www.ed.gov/policy//gen/guid/fpco/ppra/index.html,最后访问日期:2019 年 7 月 26 日。

〔2〕 See Dalia Topelcon Ritvo, "Privacy and student data: An overview of federal laws impacting student information collected through networked technologies", *Berkman Center Research Publication* 2016.

〔3〕 See Dalia Topelson Ritvo, "Privacy and student data: An overview of federal laws impacting student information collected through networked technologies", *Berkman Center Research Publication* 2016.

〔4〕 See Alex Molnar and Faith Boninger, "On the Block: Student Data and Privacy in the Digital Age-The Seventeenth Annual Report on Schoolhouse Commercializing Trends 2013-2014", *National Education Policy Center*, 2015.

PPRA 和 FERPA 主要有两点区别：一是 FERPA 适用于从幼儿园到大学的几乎所有公立和私立教育机构的学生，而 PPRA 仅适用于处于基础教育阶段的 K-12 学生；二是 FERPA 旨在保护"教育记录"的机密性，而 PPRA 的适用仅在从学生处收集个人信息时才会触发。[1]

3. PSPA 对学生数据的保护

2014 年，参议员马基先生和哈奇先生向国会两院提交了 PSPA，旨在修订 1974 年的 FERPA，确保私营公司处理的学生数据受到保护。2017 年 4 月，马基先生和哈奇先生两位参议员再次向国会提出了 PSPA。根据 PSPA，联邦不得向任何未实施信息安全政策及程序的教育机构提供资金，以加强 FERPA 下的家长和学生权利。该法案旨在保护个人身份信息免受教育机构维护的教育记录的影响，要求从教育记录中披露个人信息的外部方（Outside Party）制定信息安全政策和程序，禁止教育机构与不符合条件的外部方签订合同，包括不保护敏感学生数据或以广告或营销目的使用学生个人数据。[2] "外部方"是指非教育机构或联邦、州或地方政府机构的雇员、官员或志愿者，包括任何作为学校官员或授权代表的承包商或顾问。PSPA 要求教育机构尽可能减少向外界提供学生数据，并保留外部方访问学生数据的记录以及授予访问权限的外部方名单，为父母提供可以访问其子女学生数据的外部方名单以及审查和修改外部方持有的学生数据的权利。[3]

4. SDPPRA 对学生数据的保护

为了应对大数据教育时代带来的学生数据泄露风险，科罗拉多州民主党人杰瑞德·波利斯（Jared S. Polis）和印第安纳州共和党人卢克·梅塞

---

[1] See Joanna Tudor, "Legal Implications of Using Digital Technology in Public Schools: Effects on Privacy", *J. L. & EDUC*, Vol. 44, 2015.

[2] See Alex Molnar, and Faith Boninger, "On the Block: Student Data and Privacy in the Digital Age-The Seventeenth Annual Report on Schoolhouse Commercializing Trends 2013-2014", *National Education Policy Center*, 2015.

[3] See Alex Molnar and Faith Boninger, "On the Block: Student Data and Privacy in the Digital Age-The Seventeenth Annual Report on Schoolhouse Commercializing Trends 2013-2014", *National Education Policy Center*, 2015.

尔（Luke Messer）提出了 SDPPRA。波利斯指出："家长和学生们对学生数据隐私问题的关注正在日益增长，提出这样的议案是系统解决这些忧虑的第一步，同时我们依然要确保科技可以继续给教育行业带来积极的变革。"[1] SDPPRA 禁止私营公司以广告和营销目的使用学生数据，禁止将学生数据出售给第三方用于非教育目的，如果学校要求私营公司删除学生数据，公司必须遵守并执行学校的要求。[2] 如今，学校和教育工作者利用大量的在线资源、工具和应用程序在课堂上提供创新的学习体验，SDPPRA 以适当平衡数据安全需求和使用数据改进教学需求的方式对教育技术提供商进行监管，有了该法案，学校将能够提供最新的教育产品，同时保护学生数据隐私，使学生能够轻松地融入课堂环境。[3] 需要说明的是，SDPPRA 不适用于学校环境之外的一般用户网站、应用程序和在线服务。

（三）美国各州法律对学生数据的保护

为了填补联邦法律在保护学生数据方面的空白，截至 2015 年 9 月，美国已有 46 个州推出了 182 项针对学生数据隐私的法案。各州通过各种政策解决学生隐私问题，包括建立治理框架以监督学生数据使用的透明度，禁止特定用途和共享，保护学生数据隐私。[4] 这些法案主要侧重于限制校外机构或私营公司访问学生数据，要求私营公司将学生数据仅用于教育目的，限制以广告和营销目的使用学生数据，侧重于为父母提供更多通知和选择机会，以便同意或退出特定的学生数据收集和使用实践。[5]

---

[1] 参见"美国家长抗议学生数据隐私泄露或成终身隐患"，载 https://www.yicai.com/news/4589085.html，最后访问日期：2019 年 5 月 10 日。

[2] See Yoni Har Carmel, "Regulating 'Big Data Education' in Europe: Lessons Learned from the US", *Internet Policy Review*, Vol. 5, 2016, No. 1.

[3] See Denise G. Tayloe, "What We Know About the Student Digital Privacy Act", https://www.privo.com/blog/what-we-know-about-the-student-digital-privacy-act, last modified Jun. 26, 2019.

[4] See Sunny Deye, "Protecting Student Privacy in a Networked World", http://www.ncsl.org/Portals/1/Documents/educ/DataPrivacy_2015.pdf, last modified Jun. 26, 2019.

[5] See Yoni Har Carmel, "Regulating Big Data Education in Europe: Lessons Learned from the US", *Internet Policy Review*, Vol. 5, 2016, No. 1.

1. 加利福尼亚州对学生数据的法律保护

加利福尼亚州是美国的立法先锋，在学生数据的法律保护方面，加利福尼亚州同样走在美国前列。《加利福尼亚州宪法》《加利福尼亚民法典》《加利福尼亚州在线隐私保护法》等法律为加利福尼亚州学生数据的法律保护奠定了基础。《加利福尼亚州宪法》第 1 条第 1 款明确规定隐私权是一项不可剥夺的权利；《加利福尼亚州民法典》规定任何拥有或维护包含个人身份信息的计算机化数据的机构必须向每位加利福尼亚州居民披露任何使用数据的行为；《加利福尼亚州在线隐私保护法》规定，收集用户个人身份信息的商业网站运营商和在线服务必须在其网站上发布隐私政策，披露所收集的数据类型以及可与其共享信息的第三方。[1]在上述法律的基础上，加利福尼亚州还通过了几项具有重要意义的学生数据保护法案。

首先，《学生在线个人信息保护法》(Student Online Personal Information Prptection Act，SOPIPA)。加利福尼亚州分别在 2014 年与 2016 年提出了《第 1177 号法案》与《第 2799 号法案》，这两项法案又被称为 SOPIPA。SOPIPA 规定了网站、在线服务、在线应用或移动应用的运营商的法定义务。"运营商"（operator）是指互联网网站、在线服务、在线应用或移动应用程序的运营商，并且实际知道该网站、服务或应用程序为 K-12 学校目的设计，主要用于 K-12 学校用途。"K-12 学校用途"是指为 K-12 学校、教师或学区指导或协助管理学校活动目的而收集或使用学生数据，包括但不限于课堂、家庭或行政活动。SOPIPA 不限制运营商以教育目的使用学生数据，如进行个性化学习和适应性学习的定制，要求运营商不得妨碍学生下载、导出或以其他方式保存或维护学生自己创建的数据或文档。[2]运营商不得从事以下活动：（1）在运营商的网站、服务或应用程序上通过涵盖的

---

[1] See Alex Molnar and Faith Boninger, "On the Block: Student Data and Privacy in the Digital Age-The Seventeenth Annual Report on Schoolhouse Commercializing Trends 2013-2014", *National Education Policy Center*, 2015.

[2] See Alex Molnar and Faith Boninger, "On the Block: Student Data and Privacy in the Digital Age-The Seventeenth Annual Report on Schoolhouse Commercializing Trends 2013-2014", *National Education Policy Center*, 2015.

信息或持久唯一标识符进行有针对性的广告;(2)使用由运营商的网站、服务或应用程序创建或收集的信息,包括持久性唯一标识符,以收集关于 K-12 学生的简介,除非是为了教育目的;(3)出售学生数据;(4)披露学生数据;(5)禁止服务提供商将任何所涵盖的信息用于除向运营商提供合同服务或代表运营商以外的任何其他目的。[1]需要说明的是,运营商可以使用信息来维护、开发、支持、改进其网站、服务或应用。

其次,《加利福尼亚州教育法典》。《加利福尼亚州教育法典》§49073.6《第1442号法案》与§49073.1《第1584号法案》于2015年生效。《第1442号法案》明确禁止提供社交媒体服务的公司分享、销售收集的信息,以及将信息用于非合同目的。要求学校在实施收集或维护的计划时告知家长,并在此之前提供公开讨论的机会。该法案还要求服务提供商为家长及符合条件的学生提供查看、更正或删除所收集信息的权利,在学生年满18周岁或学生不再在该学区注册后一年内销毁此类信息,并在合同完成后完全删除所有学生数据。[2]《第1584号法案》明确规定学生保留对"学生生成内容"的所有权和控制权。"学生生成内容"是指论文、研究报告、作品集、创意写作、音乐或其他音频文件、照片和账户信息等。该法案允许学校与第三方签订合同,提供学生记录的数字存储、管理和检索,教育机构与提供商签订合同时必须声明学生保留对其生成内容的所有权和控制权,必须声明是学校,而不是服务提供者,对学生记录具有控制权。[3]

2. 其他州对学生数据的法律保护

美国各州与保护学生数据相关的法案非常之多,本书仅简要列举几项

---

[1] See Alex Molnar and Faith Boninger, "On the Block: Student Data and Privacy in the Digital Age-The Seventeenth Annual Report on Schoolhouse Commercializing Trends 2013-2014", *National Education Policy Center*, 2015.

[2] See Joanna Tudor, "Legal Implications of Using Digital Technology in Public Schools: Effects on Privacy", *J. L. & EDUC*, Vol. 44, 2015.

[3] See Joanna Tudor, "Legal Implications of Using Digital Technology in Public Schools: Effects on Privacy", *J. L. & EDUC*, Vol. 44, 2015.

较有针对性和影响力的相关法案。[1]

(1) 纽约州《第 6356 号法案》与《第 2093 号法案》。

2014 年，纽约州通过了《第 6356 号法案》，该法案禁止教育机构向网络服务运营商提供学生个人信息；创建了首席隐私官职位，提出安全和隐私政策建议；要求运营商制定透明度政策，通知家长投诉程序，向父母提供学生数据隐私和安全权利清单；列举了与服务提供商签订合同的准则。2017 年，纽约州又通过了《第 2093 号法案》，禁止教育机构删除或更改学生数据，包括学生档案和记录。

(2) 康涅狄格州《第 5170 号法案》。

2018 年，康涅狄格州通过了《第 5170 号法案》，即《学生移动电子设备隐私权法案》(*HB5170 An Act Concerning Students' Right to Privacy in Their Mobile Electronic Devices*)。该法案专门设立了一个工作组，研究搜查和扣押学生个人电子设备（如手机）有关的学生隐私问题，并提出后续建议。

(3) 艾奥瓦州《第 2354 号法案》。

2018 年，艾奥瓦州通过了《第 2354 号法案》，即《学生个人信息保护法案》(*HF2345 An Act Relating to Student Personal Information Protection*)。该法案禁止将学生数据用于行为广告，禁止公司出售学生数据，且限制公司向第三方披露学生数据。

(4) 新罕布什尔州《第 1551 号法案》。

2018 年，新罕布什尔州通过了《第 1551 号法案》。该法案建立了解决学生记录和个性化教育计划文件的相关协议；在学生达到 26 周岁之后，允许家长要求销毁学生记录，如果家长没有要求销毁记录，相关记录将在学生 30 周岁时自动销毁。

(5) 佐治亚州《第 89 号法案》。

2015 年，佐治亚州通过了《第 89 号法案》，即《学生数据隐私、可访

---

[1] 关于各州学生数据法案的简介可参见 SUNNY DEYE, "Protecting Student Privacy in a Networked World", http://www.ncsl.org/Portals/1/Documents/educ/DataPrivacy_2015.pdf, last modified Jun. 26, 2019。

问性和透明度法案》（SB89 Student Data Privacy，Accessibility And Transparency Act）。根据该法案，运营商应制作收集的学生数据清单，包括收集学生数据的原因；家长有权审查其子女的教育记录，并要求学校根据要求向其父母提供学生记录的电子副本；要求与学校合作的技术提供者制定适当的安全程序，并禁止其出售有关学生的个人信息或将其用于定向广告。

（6）科罗拉多州《第1294号法案》。

2014年，科罗拉多州通过了《第1294号法案》，即《学生数据隐私法案》（HB1294 Student Data Privacy Act）。该法案禁止教育部向其他州的组织或机构提供学生数据，要求州教育委员会公布当前包含在学生数据系统中的学生数据清单。

（7）爱达荷州《第1372号法案》。

2014年，爱达荷州通过了《第1372号法案》，又称《学生数据可访问性、透明度和责任法案》（SB1372 Student Data Accessibility, Transparency and Accountability Act）。根据该法案，教育机构在与私人运营商关于包含学生数据的数据库、在线服务或教学支持的外包合同中，应当明确约定私人运营商保护学生隐私和数据安全的义务，明确限制私人运营商对学生数据的二次使用，并在达到合同目的后，销毁相关数据并提供数据销毁的证据。

（8）罗得岛州《第7124号法案》。

2014年，罗得岛州通过了《第7124号法案》。该法案限制云计算服务提供商使用在向K-12教育机构提供服务时获得的学生数据和信息，禁止将这些数据用于广告和营销等商业目的。

（9）西弗吉尼亚州《第4316号法案》。

2014年，西弗吉尼亚州通过了《第4316号法案》。该法案概述了州、地区和学校对数据清单的责任，并设立了数据治理官制度。根据该法案，州教育委员会应制定学区指南，通知家长有权访问其子女的教育记录，要求学校提供相关的学生信息；在向家长提供学生数据时确保安全；确保学生数据仅提供给经授权的实体或个人；详细说明提供学生记录的时间范围。

（10）俄克拉何马州《第1989号法案》。

2013年，俄克拉何马州通过了《第1989号法案》，又称《学生数据可访问性、透明度和责任法案》（HB1989 Student Data Accessibility, Transparency and Accountability Act）。该法案要求州政府创建全州学生数据安全计划，公开报告收集学生数据的范围；限制将学生数据传输到俄克拉何马州以外的联邦、州、地方机构或私人实体；限制州政府将犯罪记录、医疗和健康记录、社会安全号码以及生物识别信息作为从学校收集的学生数据的一部分。

在人脸识别数据等生物识别数据方面，美国州层面出台了多部相关立法。2008年，伊利诺伊州通过了《生物识别信息隐私法》（Biometric Information Privacy Act, BIPA）。2009年，得克萨斯州发布《捕获或使用生物识别信息法案》（Capture or Use of Biometric Information Act, CUBI）。随着BIPA和CUBI的通过，美国许多州试图引入有关生物识别数据安全的立法，但是直到2017年，华盛顿州才成为美国第三个引入该法律的州，即《华盛顿生物识别隐私法》（Washington Biometric Privacy Act, WBPA）。BIPA规定了那些未能正确处理生物识别数据的私人诉权，CUBI和WBPA均允许州检察长代表受害的消费者提起诉讼。2020年3月12日，美国加利福尼亚州众议院修正了《第2261号法案》，即《人脸识别技术法案》，在寻求民众隐私权保护和良性技术应用的平衡上进行了一次尝试。

与学生人脸识别数据直接相关的是，2020年7月，美国纽约州立法机关通过了一项法令，明确禁止学校在2022年前，使用人脸识别和其他生物特征识别技术。该法案是对当地洛克波特市学区（the Lockport City School District）此前计划使用人脸识别技术的回应。该区教育政策中心副主席Stefanie Coyle认为，人脸识别是不准确的，尤其是在识别有色人种和女性时。对于外表随年龄增长不断变化的儿童而言，生物识别的准确性甚至值得怀疑。误报可能会加剧执法部门对学校的介入，浪费课堂时间等。在发生"弗洛伊德"事件后，人脸识别在美国遭遇了前所未有的争议，包括微软、IBM、亚马逊等公司都纷纷表示将暂停向政府部门提供该技术产品。同年，马萨诸塞州首府、最大城市波士顿市议会以13∶0的投票结果通过了《波士顿禁止人脸监控技术条例》（Ordinance Banning Face Surveillance Technology in Boston）。此前，美国旧金山、马萨诸塞州萨默维尔市等多地也已正式通过了在公共场所禁用人脸识别软件的法案。

第二节 欧盟未成年人数据法律保护之考察

一、欧盟对未成年人数据的法律保护

(一)保护模式与法律基础

与美国专门立法的保护模式不同,欧盟未制定专门的儿童数据保护法,主要通过年龄通用的统一立法模式对儿童数据提供法律保护。欧盟的一些国际文书与儿童权利直接相关,构成了欧盟儿童数据权利的法律基础。一是《欧洲人权公约》,"二战"后,为维护和促进实现人权与基本自由,欧洲理事会签署了该公约。公约第8条规定,人人有权享有使自己的私人和家庭生活、家庭和通信得到尊重的权利。二是《欧盟基本权利宪章》,该宪章在世界范围内具有先进意义和极大影响力,是欧盟各国人民基本权利的法律保障。其第8条规定,任何公民均享有个人资料受保护的权利;第24条规定,儿童享有受保护和受照料的权利,有表达意见的自由,应依儿童的年龄及成熟度将儿童的意见纳入考量,不论公立或私人机构,在与儿童有关的所有行动中,应将儿童的最大利益作为首要考虑因素。三是欧洲委员会发布的《儿童个人关系公约》《关于保护儿童的建议》《关于儿童参与家庭生活的建议和关于保护医学数据的建议》《欧盟儿童权利议程》《保护数字世界中的儿童》《改善儿童互联网战略》等法律文书。这些法律文书为促进实现儿童的需求和利益制定了蓝图,儿童不仅是享有宪法权利的个人,还是社会的合法参与者,对儿童的保护越来越被视为欧盟政策的优先事项。[1] 欧洲委员会在2012年《改善儿童互联网战略》中建议,赋予所有儿童权利,保护易受伤害的儿童,互联网和信息通信技术为儿童提供了广泛的学习创新、交流表达、协作参与以及了解世界的能力和机

---

〔1〕 See Communication from the Commission, Protecting Children in the Digital World COM (2011b) 556, final.

会,但是儿童具有特定的需求和脆弱性,他们的差异必须得到承认和特殊保护。[1]2012年4月,欧洲议会文化和教育委员会呼吁欧盟委员会制定《关于数字世界未成年人权利的单一框架指令》,以便整合欧盟现有法律中关于未成年人的所有规定。[2]

在儿童数据法律保护方面,在GDPR生效以前,欧盟主要通过年龄通用的《个人数据保护指令》和《电子隐私指令》(2002/58/EC)来对儿童提供与成年人同等程度的保护。《个人数据保护指令》和《电子隐私指令》(2002/58/EC)虽未明确提及未成年人数据和隐私权,并不意味着儿童没有数据权和隐私权,根据指令本身的措辞,这些法律文书适用于任何"自然人",因此也包括儿童。第29条数据保护工作组在上述两个指令的授权下,相继发布了《关于FEDMA在直接营销中使用个人数据的欧洲行为准则(意见3/2003)》[3]《关于使用位置数据以提供地理定位增值服务的意见(意见5/2005)》[4]《关于保护儿童个人数据的第1/2008号工作文件》[5]《保护儿童个人数据的指南》[6]《2/2009号意见》等文件,从不同方面为儿童数据保护提供了相应的意见和指南,为儿童数据的法律保护

---

〔1〕 See Communication from the Commission, European Strategy for a Better Internet for Children COM (2012a) 196, final.

〔2〕 See Kroes N., Digital agenda: new strategy for safer internet and better internet content for children and teenagers, 2012, http://europa.eu/rapid/press-release_IP-12-445_en.htm? locale = en, last modified Nov. 13, 2018.

〔3〕 See Article 29 Working Party, Opinion 3/2003 on the European code of conduct of FEDMA for the use of personal data in direct marketing, https://ec.europa.eu/justice/article-29/documentation/opinion-recommendation/files/2003/wp77_en.pdf, last modified Nov. 13, 2018.

〔4〕 See Article 29 Working Party, Opinion on the use of location data with a view to providing value added services geolocalization (Opinion 5/2005), https://ec.europa.eu/justice/article-29/documentation/opinion-recommendation/files/2005/wp115_en.pdf, last modified Nov. 13, 2018.

〔5〕 See Article 29 Working Party, Working Document 1/2008 on the protection of children's personal data (General guidelines and the special case of schools), http://ec.europa.eu/justice/data-protection/article-29/documentation/opinion-recommendation/files/2008/wp147_en.pdf, last modified Nov. 13, 2018.

〔6〕 See Article 29 Working Party, Guidelines on the protection of children's personal data, May 2011, https://www.ecnp.eu/-/media/Files/ecnp/Projects%20and%20initiatives/Network/Child%20and%20Adolescent/161020%20Guidelines%20on%20the%20protection%20of%20children%20personal%20data.pdf? la = en&hash = 886572C414894577CD913D5B9945331DA272A519, last modified Nov. 13, 2018.

提供了重要指导。

(二) GDPR 对未成年人数据的法律保护

随着大数据时代越来越多的网络服务提供者通过追踪儿童轨迹、对儿童进行数据画像、投放专门针对儿童的广告等方式挖掘儿童的商业价值，欧盟认识到保护儿童数据和隐私的重要性和迫切性。2016 年通过的 GDPR 对儿童数据的法律保护进行了规定。GDPR 序言多次要求数据控制者对儿童提供特殊保护。序言第 38 条明确指出，由于儿童可能较少意识到有关的风险、后果、保障措施及相关权利，需要对儿童数据给予特殊保护；序言第 38 条和序言第 71 条，禁止针对儿童的数字画像，指出基于数字画像的自动化决策不应包括儿童；序言第 58 条对儿童的数据透明权进行了规定，要求数据控制者以儿童易于理解的简洁语言向儿童提供数据；序言第 65 条对儿童的被遗忘权进行了规定，允许儿童删除可能损害他们声誉的个人数据，即使该儿童请求行使该权利时已经成年。GDPR 正文第 8 条"与信息社会服务相关的儿童同意的条件"，对数据控制者基于同意处理儿童数据的条件进行了规定，是 GDPR 关于儿童数据法律保护的核心条款。需要特别注意的是，除上述专门提及儿童的条款外，其他所有条款均适用于儿童，从这个意义上可以说，GDPR 为儿童数据提供了一个完整的保护体系。

1. GDPR 儿童数据法律保护的基本原则

GDPR 第 5 条规定了"与个人数据处理相关的原则"，包括合法、公平和透明原则；目的限制原则；数据最小化原则；准确性原则；存储限制原则；安全、完整和保密原则；问责制原则。这些原则虽然普遍适用于成年人和未成年人，但这些原则与儿童利益尤其相关，因此，当涉及儿童利益时，必须严格解释和执行这些原则。

第一，合法、公平和透明原则。根据 GDPR 第 5 条第 1 款 (a) 项，个人数据应以对数据主体合法、公平和透明的方式被处理。一是数据控制者对个人数据的处理应合法。GDPR 第 6 条列举了六种数据处理的合法性基础，包括基于数据主体的同意、为履行合同所必需、履行控制者所负担的法律义务所必需、为保护数据主体或另一自然人的重大利益所必需、为履行公共利益或行使控制者被赋予的公务职权所必需、为实现控制者或第三方所追求的合法利益所必需,但数据主体所享有的、需要保护其个人数据的利益和基本权利及自由优先于上述合法利益的除外,"尤其在数据主体为儿童的情形下"。二是数据控制者对个人数据的处理应符合公平原则。控制者必须认识到未成年人还没有完全成熟,并在处理他们的数据时以最大的诚意行事。三是数据控制者对个人数据的处理应符合透明原则。GDPR 第 12 条对数据主体行使其权利相关的透明信息、交流及其形式进行了规定,要求控制者应当采取适当措施以准确、透明、易于理解、易于获取的方式向儿童提供信息。

第二,目的限制原则。根据 GDPR 第 5 条第 1 款(b)项,数据控制者应以特定、明确和合法的目的收集个人数据,对个人数据的使用和处理不能超出上述目的,当目的发生变更时应重新获得用户同意。为公共利益、科学研究等目的进一步处理个人数据的,不属于超出目的使用个人数据。

第三,数据最小化原则。根据 GDPR 第 5 条第 1 款(c)项,个人数据应充分、相关且应限于为实现个人数据处理目的所需的最小限度内。

第四,准确性原则。根据 GDPR 第 5 条第 1 款(d)项,数据控制者应保证个人数据的准确性,并在必要的情形下保持个人数据的不断更新,及时删除或修正不准确的个人数据。

第五,存储限制原则。根据 GDPR 第 5 条第 1 款(e)项,数据控制者保存个人数据的时间不得超过为个人数据处理目的所必要的时间。为公共利益、科学研究等目的处理个人数据的,如已采取适当的技术性和组织性安全措施,存储时间可适度延长。

第六,安全、完整和保密原则。根据 GDPR 第 5 条第 1 款(f)项,数据控制者应采用适当的技术性或组织性措施,确保个人数据安全、完整和保密,防止未经授权或者非法的处理、意外遗失、灭失或损毁。

第七,问责制原则。根据 GDPR 第 5 条第 2 款,数据控制者应遵守上述原则,并能够证明遵守了上述原则。

2. GDPR 的儿童数据权利体系

GDPR 赋予了数据主体诸多权利,这些权利虽然既适用于成年人也适用于儿童,但这些权利对儿童具有特殊意义,需要进行特别解释。

(1) 数据透明权(Right to Data Transparency)。

GDPR 第 12 条对数据主体享有的数据透明权进行了规定。数据透明权要求数据控制者:①向数据主体提供行使各项数据权利的相关信息;②为数据主体行使各项数据权利提供便利;③向数据主体提供在数据主体请求行使各项数据权利时数据控制者所采取的行动信息,数据控制者应在收到相关请求后的 1 个月内告知数据主体任何有关延期的信息,包括延迟原因;④如果在数据主体提出行使某项数据权利的请求后,数据控制者未采取行动,应当及时(收到请求 1 个月内)向数据主体说明原因,以及数据主体所享有的申诉或获得救济的权利;⑤数据控制者向数据主体提供信息应当免费,明显不合理的请求可以适当收费或拒绝请求,但应承担证明责任;⑥当请求行使权利的自然人的身份可疑时,数据控制者可以要求其提供额外的必要信息来证明其数据主体身份;⑦向数据主体提供相关信息时可以一并提供标准化的图标,以简洁、易于理解、清楚易读的方式向数据主体提供有关数据处理的总体概览。数据透明权是数据主体行使其他数据权利的前提,对数据主体而言具有重要意义。GDPR 序言第 58 条特别指出,应"以儿童易理解的简洁语言"向儿童提供信息。实践中如何以儿童可以理解的方式实施透明条件是数据控制者面临的一个现实挑战。

(2) 数据告知权(Right to be Provided)。

GDPR 的数据告知权分为直接从数据主体收集数据时数据主体享有的告知权(第 13 条)和并非从数据主体处获取个人数据时数据主体享有的告知权(第 14 条)。数据告知权与 GDPR 的同意要求密切相关,只有将数据收集和处理行为充分告知数据主体,数据主体才能给出真实的、自愿的同意。直接从数据主体收集数据应向数据主体告知以下内容:①控制者的身份和详细联系方式,适当时还需提供控制者代表的身份和详细联系方式;②适当时提供数据保护专员的详细联系方式;③个人信息处理的目的以及处理的法律基础;④当处理是依据控制者的合法利益进行时,应说明控制者或第三方追求的合法利益；⑤如果有数据接收方，则应说明个人数据接收方或接收方的类别；适当时还应向数据主体告知控制者会将个人数据向第三国或国际组织进行传输的意图，欧盟委员会是否作出过充分性决议。此外，还包括所采取的合理安全措施、获取安全措施复本的方式和地点。并非从数据主体处获取个人数据应向数据主体告知的内容与直接从数据主体收集数据大体相同，区别是并非从数据主体处获取个人数据应向数据主体告知的内容增加了控制者的告知时限规定，并且多了几种告知权适用的例外情形。在向儿童或其父母提供信息时，应特别强调使用易于理解的且简单、简洁的语言给出分层通知，包括较短的通知和详细的通知。较短的通知应包含直接从数据主体或第三方收集个人数据时提供的基本信息，还应附有更详细的通知，通过超链接等方式提供所有相关细节。

（3）数据访问权（Right of Access）。

GDPR 第 15 条规定了数据主体的数据访问权。数据主体享有以下权利：①有权从控制者处确认与其相关的个人数据是否正在被处理，并在确认控制者正在对其个人数据进行处理的情况下，有权要求访问与其相关的个人数据并获知处理的目的、数据类别、存储时限等相关信息；②如果数据控制者将个人数据传输给第三国或国际组织，数据主体有权要求控制者向其告知采取的保护措施；③有权要求控制者提供其正在处理的个人数据复本。儿童的数据访问权通常由儿童的法定监护人基于儿童的最大利益行使，在某些情况下，儿童有权单独行使自己的权利。当涉及非常私人的领域时，如在健康领域，儿童可以要求医生不将他们的医疗数据（如性数据）透露给他们的法定监护人。

（4）数据更正权（Right to Rectification）。

根据 GDPR 第 16 条，数据主体有权要求控制者对其不准确的个人数据进行及时纠正。考虑到处理的目的，数据主体应当有权要求控制者通过包括如提供补充声明的方式对其个人信息予以补充。数据更正权对于儿童尤其重要，行使该权利可以避免关于儿童的一些错误信息对儿童产生不利影响。

（5）被遗忘权（Right to be Forgotten）。

被遗忘权是 GDPR 最突出的赋权性规定，被遗忘权相关的法律理论研究已进行了数年,该权利在大西洋两岸引起广泛争论,被认为是"隐私与自由"之争。在 GDPR 正式颁布以前,在欧盟法院提起的关于被遗忘权的谷歌西班牙案,引起广泛关注。2010 年,西班牙公民 Costeja GonzAlez 向西班牙数据保护局(AEPD)申诉,反对报纸和谷歌在互联网上保留其因社会保障债务而拍卖其房地产的相关信息。该报纸的出版商拒绝了该请求,并辩称该信息的发布不仅是合法的,而且是由国家机构授权的。2012 年,西班牙数据保护机构向欧盟法院对谷歌提起了诉讼。在该案中,谷歌辩称,搜索引擎只是一个信息获取渠道,不受管理数据处理和内容控制规则限制。法院认为,搜索引擎管理的链接控制着用户最终获取的信息,因此链接对分析至关重要,驳回了谷歌的抗辩理由,认定谷歌受欧洲数据保护规则的约束。[1]同时,法院指出,"被遗忘的权利"并不是绝对的,行使该权利可能会侵犯隐私权、言论自由或获取信息的权利,因此需要在隐私利益和有争议的信息的重要性之间取得平衡。[2]

GDPR 第 17 条规定了被遗忘权的具体内容,当存在目的不再、撤回同意、期限届满、非法处理或违反父母同意等情况,数据主体有权要求数据控制者及时删除有关的个人数据;当数据控制者已经公开个人数据,则有责任根据数据主体的请求删除个人数据;数据控制者应当考虑可行技术与执行成本,采取包括技术措施在内的合理措施告知正在处理个人数据的其他数据控制者,要求其删除与个人数据相关的链接、备份或复制件。网上的数据自产生之日起,即可被所有人搜索和访问,却很难被彻底删除,被遗忘权即是为了解决数据的持久性与人类遗忘本性之间的矛盾而提出的。虽然被遗忘权对于成人与儿童同样适用,但该权利尤其旨在保护网络环境下的儿童,原因在于"儿童在同意个人数据收集时,并没有充分认识到数据被收集的后果危险性"[3]。因此,被遗忘权对于儿童要求删除数据的请

---

[1] See Google Spain SL v. Agencia Española de Protección de Datos (May 13, 2013) Court of Justice of the European Union, Espanola de Proteccion de Datos, Ruling 1-4. Case C-131/12.

[2] See Lawrence Siry, "Forget Me, Forget Me Not: Reconciling Two Different Paradigms of the Right to Be Forgotten", *Ky. L. J.*, Vol. 103, 2014, No. 3.

[3] 郑志峰:"网络社会的被遗忘权研究",载《法商研究》2015 年第 6 期。

求给予重点保护，允许儿童删除可能损害他们声誉的个人数据，即使该儿童请求行使该权利时已经成年。但也有学者指出，儿童适用被遗忘权可能会面临"随着时间的推移，一个不知名的儿童可能成为一个公众人物，其个人数据可能由私人数据（值得删除）转变为公共数据（值得保留）"的问题。[1]对于这种情况应当如何处理，GDPR 尚未有详细规定。

（6）限制处理权（Right to Restriction of Processing）。

GDPR 第 18 条确立了数据主体享有限制处理权。①当出现下列情况之一，数据主体有权限制控制者处理数据：数据主体对个人数据的准确性提出争议，且允许控制者在一定期间内对个人数据的准确性进行核实；数据处理是非法的，但数据主体反对删除数据，而是要求限制使用数据；控制者基于处理目的不再需要该个人数据，但数据主体为提出、行使或抗辩法律诉求而需要该个人数据；数据主体反对控制者对其个人数据进行处理，但需要核实控制者的法律依据是否优先于数据主体的法律依据。②当数据控制者对个人数据的处理受限后，除非经过数据主体的同意，或为相关法律诉求，或保护其他人的权利，或为了欧盟、成员国的重要公共利益才能被处理。③数据控制者应在解除限制之前通知数据主体。限制处理权对于儿童数据具有重要意义，尤其对于学生数据，当学生及其家长对教育记录等对学生具有重要意义的学生数据的准确性提出异议时，限制处理权有助于加强儿童及其父母对儿童数据的控制权，将损害降到最低。

（7）数据可携权（Right to Data Portability）。

根据 GDPR 第 20 条，数据可携权是数据主体有权以结构化、常用和机器可读的格式将其个人数据从一个数据控制者转移到另一个数据控制者的权利。该权利不适用于数据控制者为履行公共利益或行使官方权力所进行的必要处理；该权利的行使不得对他人的权利和自由产生不利影响。数据可携权有助于增强大数据时代的个人数据控制权，促进数据控制者之间的

---

[1] See P. Blume, "The Data Subject", *European Data Protection Law Review*, Vol. 1, 2015. In M. Macenaite, "From Universal towards Child-specific Protection of the Right to Privacy Online: Dilemmas in the EU General Data Protection Regulation", *New Media & Society*, Vol. 19, 2017, No. 5.

自由竞争，并有助于实现儿童网络平台的多元化和儿童隐私保护方案的迭代升级。数据可携权可能会触及网络巨头公司的利益，执行起来可能会面临一定的现实挑战。

（8）数据拒绝权（Right to Object）。

GDPR 第 21 条对数据主体的数据拒绝权进行了规定。数据主体有权以其所处特定情形的理由，拒绝依据为执行公共利益或为了行使控制者被赋予的公务职权所必需，以及数据处理是为了实现控制者或第三方所追求的合法利益所必需，而处理与其有关的个人数据，包括基于该条款进行数据画像。数据控制者在接到请求后应停止处理个人数据，除非数据控制者能提出令人信服的正当理由，以证明数据处理优于数据主体的利益、权利和自由。以直接营销为目的处理个人数据的，数据主体随时有权拒绝，包括与之有关的数字画像。数据控制者应当以清晰、独立于任何其他信息的方式将上述拒绝权介绍给数据主体。数据主体也可通过使用技术以自动化方式行使拒绝权。

3. GDPR 对儿童的保护性规定

GDPR 对儿童的保护性规定主要包括：（1）禁止数字画像（Prohibition of Profiling）；（2）设计和默认的数据保护（Data Protection by Design and by Default）；（3）父母同意（Parental Consent）。

（1）禁止数字画像（Prohibition of Profiling）。

GDPR 第 4 条将数字画像（Profiling）定义为与自然人相关的某些个人情况，特别是为了分析或预测该自然人的工作表现、经济状况、健康状况、个人偏好、兴趣、可信度、行为、位置或行踪，而对个人数据进行的任何形式的自动化处理和利用。正如有学者所言，数字画像这一概念被普遍认为能够覆盖目前大多数利用个人数据的大数据分析和营销活动，如对个人偏好的分析。[1] GDPR 允许对成年人进行数字画像，并赋予了用户自主决定权。GDPR 第 22 条规定，若某个单独基于自动化处理作出的决定，包括数字画像，将对数据主体产生法律后果或类似重大影响，则数据主体

---

〔1〕 参见王融："《欧盟数据保护通用条例》详解"，载《大数据》2016 年第 4 期。

有权不受该决定的限制。同时，GDPR 禁止针对儿童的数字画像，序言第 38 条指出儿童值得特殊保护以避免营销和数字画像等数据处理活动；序言第 71 条则特别表明基于数字画像的自动决策不应包括儿童。为达到禁止针对儿童数字画像的目的，GDPR 要求网络服务提供者通过技术手段对儿童和成人进行识别。虽然利用现代画像和数据挖掘技术可以推断用户是否是儿童，但要可靠地辨别在线用户是成人或是儿童仍然非常困难。[1]假若严格落实禁止所有关于儿童的数字画像，网络服务提供者识别儿童的义务将非常繁重，并可能导致数据的过度收集，对儿童和成人的在线隐私会造成更大威胁。[2]因此，禁止所有关于儿童的数字画像存在一定的执行困难。

（2）设计和默认的数据保护（Data Protection by Design and by Default）。

GDPR 第 25 条规定，考虑到技术现状，执行成本，处理的性质、范围、目的以及处理给自然人权利和自由造成的风险，控制者在确定处理手段时或在处理过程中都应采取适当的技术和组织措施保护用户的个人数据，应确保在默认情况下不允许其他自然人访问个人数据。设计和默认的数据保护要求网络服务提供者将数据保护的理念融入产品和服务设计的最初阶段，该规定虽然也适用于未成年人，但是该规定尤其与儿童相关，各种儿童智能联网设备如果能做到这一点，将极大降低儿童的在线隐私风险。现实中，如何对网络服务提供者进行有效监管是实际应用中的难点，确保网络服务提供者采用隐私友好型的默认设置并在其违反该设置时实施相应的惩罚措施是监管部门需要努力解决的问题。

（3）父母同意（Parental Consent）。

GDPR 第 8 条规定：①适用第 6 条第 1 款（a）项规定，基于数据主体的同意向儿童提供信息社会服务的，对 16 周岁以上儿童的个人数据处理方

---

[1] See Simone Van Der Hof, "No Child's play: Online Data Protection for Children", 2014. In Simone Van Der Hof, Bibi Van Den Berg and Bart Schermer (eds), *Minding Minors Wandering the Web: Regulating Online Child Safety*, Springer, 2014, pp. 127–141.

[2] See M. Macenaite, "From Universal towards Child-specific Protection of the Right to Privacy Online: Dilemmas in the EU General Data Protection Regulation", *New Media & Society*, Vol. 19, 2017, No. 5.

为合法。在儿童未满16周岁时，当且仅当在取得该儿童监护人同意或授权的情形下，数据处理方为合法。各成员国可以以法律形式为前述目的设定更低的年龄界限，但不得低于13周岁。②在考虑到现有技术水平的前提下，控制者应当作出合理的努力以核实在此种情况下相关同意是否由相关儿童的监护人作出或授权。③本条第1款不应影响各成员国的一般合同法适用，如与儿童有关的合同效力或合同成立等。该条款明确了数据控制者在处理16周岁以下儿童的数据前须取得其父母同意，"旨在保护儿童，防止其在没有充分意识到后果的情况下分享数据"[1]。

GDPR以明确的年龄界限作为判断儿童是否有能力自我决策的标准，达到年龄界限的儿童被视为有能力同意处理他们的个人数据，低于年龄界限的儿童被视为缺乏同意处理其个人数据的能力，并由父母负责给予或拒绝同意。GDPR将需要父母同意的年龄门槛设定为16周岁，允许成员国设定更低的年龄界限，但不能低于13周岁。GDPR为了制定关于需要父母同意的年龄界限规定可谓一波三折：最初，议案与UNCRC一致，将需要获得父母同意的年龄门槛设置为18周岁，遭到网络社交媒体等行业代表的极大反对；Facebook等行业代表认为，将需要父母同意的年龄设置为18周岁明显过高，不利于数字市场的发展，而且违反了UNCRC关于儿童的参与权与自我决策权的相关规定，将严重限制青少年上网的权利；为此，欧盟委员会将需要父母同意的年龄界限修改为13周岁，与美国COPPA中关于需要父母同意的年龄界限一致；修改方案一出，受到互联网行业尤其是网络社交媒体行业的热烈欢迎，但批评者认为，GDPR对年龄界限的设定过于随意，有效仿美国之嫌，没有建立在实证调查和研究的基础上；最终，欧盟出人意料地将需要父母同意的年龄界限修改为目前的16周岁，并赋予成员国设定更低年龄界限的权力。[2]

父母同意是GDPR关于儿童数据保护最重要的规定，也是争论最大的一

---

[1] European Commission (EC), Stronger data protection rules for Europe, Fact sheet, 2015, http://europa.eu/rapid/press-release_MEMO-15-5170_en.htm, last modified Sep. 10, 2017.

[2] See Karen Mc Cullagh, "The General Data Protection Regulation: A Partial Success for Children on Social Network Sites?", *Social Science Electronic Publishing*, 2017.

项规定。首先,父母同意的适用范围非常广泛,所有类型的网络服务都需要得到家长的同意,过多的同意请求不仅会导致父母的"同意疲劳",[1]还会限制儿童的网络活动和发展机会。其次,GDPR 关于年龄界限的规定缺乏实证根据,没有建立在实证调研和影响评估的基础上,允许成员国设定更低的年龄界限具有明显的随意性,会增加网络运营商的合规负担,不利于数字化单一市场的发展。[2]最后,父母同意以年龄为分界线,没有考虑到儿童"不断发展的能力"和被倾听的权利,与 UNCRC 和《欧盟基本权利宪章》中关于认真听取和对待儿童意见的规定相悖。儿童对网络服务提供者的服务条款和法律术语往往缺乏理解力,对网络数据的持久性和数据的收集、分析、使用、销售等行为缺乏认识,对网络上很难删掉的 cookies 等网络浏览器的追踪插件更缺乏足够的警惕。[3]这些对于成年人来说难以做到的事情,对于儿童来说则更加困难。

二、欧盟对学生数据的法律保护

(一) 欧盟保护学生数据的相关立法

与美国分散的个人数据保护法相比,欧盟采用全面的年龄通用的法律规范方法对所有自然人的个人数据提供保护。虽然没有专门保护学生数据的专门立法,但年龄通用的个人数据保护法为学生数据的法律保护奠定了基础。在 GDPR 生效以前,欧盟保护学生数据的法律依据主要是《个人数据保护指令》和《电子隐私指令》,以及第 29 条数据保护工作组发布的关于儿童数据保护和学生数据保护的意见、指南或工作文件。在所有相关的法律规范性文件中,主要用于规范学生数据使用的是第 29 条数据保护工作

---

[1] See M. Macenaite, "From Universal towards Child-specific Protection of the Right to Privacy Online: Dilemmas in the EU General Data Protection Regulation", *New Media & Society*, Vol. 19, 2017, No. 5.

[2] 欧盟关于父母同意的年龄设定过程可参见 Karen Mc Cullagh, "The General Data Protection Regulation: A Partial Success for Children on Social Network Sites?", *Social Science Electronic Publishing*, 2017.

[3] See Gabriella Berman and Kerry Albright, "Children and the Data Cycle: Rights and Ethics in a Big Data World", *UNICEF Office of Research - Innocenti Working Paper*, 2017.

组《2/2009 号意见》。

(二)《2/2009 号意见》[1]

《2/2009 号意见》虽然适用于所有儿童,但第 29 条数据保护工作组专门以学生数据为例说明儿童个人数据保护需要注意的各方面内容。正如第 29 条数据保护工作组所指出的,一方面学生数据是儿童数据的重要组成部分,另一方面学生数据较其他儿童数据往往更为敏感和集中。[2]《2/2009 号意见》主要从学生档案及基本原则、学校生活中的学生数据以及学校统计和其他研究三个方面进行了较为详细的规定。学生的数据保护问题可能会在学生入学时就与学生档案有关,有些国家的立法允许学校当局要求填写包含个人数据的表格,以便创建学生档案。在这些表格上,应告知数据主体他们的个人数据出于何种目的被收集、数据控制者的相关情况、个人数据的披露对象,以及如何行使访问权、更正权等权利。

1. 学生数据保护的主要原则

《2/2009 号意见》确立了以下学生数据保护的基本原则:

(1) 目的限制原则。

个人数据必须仅包含在学生档案中,以满足学校所追求的合法目的,不得以与这些目的不相符的方式使用。

(2) 数据最小化原则。

不得收集过多的数据,例如,关于父母的学位、职业或劳动情况的数据,数据控制者必须认真考虑收集这些数据的必要性。

(3) 不歧视原则。

学校为了向某些需要特殊帮助的学生提供生活补助、减免学费或者特殊关注,往往会收集与家庭收入、种族、宗教、移民身份或身体情况(如

---

[1] 关于该意见的详细规定,参见 Article 29 Working Party, Opinion 2/2009 on the protection of children's personal data (General Guidelines and the special case of schools), https://ec.europa.eu/justice/article-29/documentation/opinion-recommendation/files/2009/wp160_en.pdf, last modified Nov. 13, 2018.

[2] Article 29 Working Party, Opinion 2/2009 on the protection of children's personal data (General Guidelines and the special case of schools), https://ec.europa.eu/justice/article-29/documentation/opinion-recommendation/files/2009/wp160_en.pdf, last modified Nov. 13, 2018.

患有残疾）有关的数据，这些数据可能会产生歧视。因此，应当谨慎对待此类数据的收集，学校应当证明收集此类数据的合理性，学生的最佳利益和严格的目的限制应成为处理此类信息的标准，且应采取安全措施保护可能产生歧视的所有数据。

（4）最终原则。

一是学校在某些情况下，通常会出于营销目的向第三方提供学生数据。例如，将学生数据发送给希望吸引学生客户的银行或保险公司，或者将学生数据传输给当地选民代表，而这些行为将构成违反最终原则，因为营销目的与学校目的不相容。学校向第三方提供学生数据须取得学生家长或符合条件学生的事先同意，且相关处理应始终以最少侵入性的方式进行。二是学校应对学生档案中的学生数据严格保密，严格限制除学生本人及其家长以外的人访问学生数据。尤其是关于学生的纪律处分、暴力案件记录、残疾人的特殊教育以及对贫困学生的社会援助等特殊数据的访问，应只限于学生及其父母、学校当局、学校检查员、执法机构等适格主体。三是学校在发布学生成绩方面，当前很多学校在网上公开发布学生的成绩信息，所有人都可以访问学生成绩。学校应当通过特殊保护措施限制对学生成绩的访问，例如，通过分配给学生或其家长访问密码，限制不相关的人访问学生的成绩信息。四是学校对学生数据的保存时间不应超出收集目的，在达到相应的收集目的后，应及时删除相关的学生数据。

2. 学校生活中产生的数据

学校生活中产生的生物识别数据、视频监控数据、健康状况数据、学校网站数据等相关数据是学校控制学生的手段，对学生具有重要意义。在采用这种控制手段之前，学校应始终在教师与家长之间进行彻底讨论，同时需要考虑所述目标和所提议方法的充分性。

（1）生物识别数据。

多年来，学校为了控制非本校学生进入学校，往往在学校入口处或教学楼、宿舍楼、图书馆的入口处进行生物识别，如指纹识别、虹膜识别、人脸识别等。这种手段可能与目标不成比例，比例原则应适用于这些生物识别手段的使用。建议学校通过校园卡等方式控制学生进入有关的校舍，而非采用生物识别技术。

(2) 视频监控数据。

一些学校出于安全原因安装了视频监控。视频监控的位置选择非常重要，如在学校的入口和出口等地安装视频监控有助于管理出入校园的人员。而在学校的大多数位置安装视频监控，如在教室、体育馆、更衣室等区域安装摄像头，可能会威胁学生的隐私以及教师的教学自由。学校应当谨慎安装视频监控，且视频监控的安装应始终是相关的、充分的和非过度的。学校当局应定期审查安装视频监控系统的理由和相关性，以确定是否有必要安装视频监控，且应通知学生的法定监护人。

(3) 健康状况数据。

有关学生健康状况的数据是敏感数据，这些数据只能由医生或直接"照顾"学生的人处理，如教师和其他受职业道德约束的学校工作人员在访问此类数据之前，应获得学生家长的同意。

(4) 学校网站。

越来越多的学校正在建立面向学生及其家庭的网站，这些学校应该认识到，在处理个人信息时，必须更加严格地遵守基本数据保护原则，特别是数据最小化和目的相称性，建议采取限制访问机制的措施，如通过用户ID和密码进行登录，以确保个人信息的保护。

(5) 学生照片。

学校经常在互联网上发布学生的照片，应审慎评估照片的类型、发布照片的相关性以及预期目的。如果学校计划发布已识别出具体儿童的个人照片，则必须事先征得其父母或其他法定监护人的同意。对于反映学校活动的集体照片，如果无法识别出具体学生，则无需父母的事先同意，然而，在这种情况下，学校必须告知学生及其家长照片的拍摄和使用情况，使他们有拒绝拍摄照片的机会。

(6) 学生卡。

一些学校利用学生卡来管理学校的访问极限，并监控学生的购买记录，而另一些学校则要求学生佩戴定位徽章，以便实时追踪学生的位置信息。上述控制方法严重侵犯学生的隐私和个人数据保护权，学校必须谨慎使用上述控制方法,尤其是在有其他风险更低的替代方法的情况下。

(7)学生的视频录制。

学生可能会在学校录制一些包含其他学生的视频,学校应当教育学生:视频、音频以及照片的无限制流通可能会严重侵犯数据主体的隐私权和个人数据保护权。

3.学校统计和其他研究

在大多数情况下,获取统计数据时不需要个人数据,但在特殊情况下,这些数据可能足以识别数据主体。收集这些数据应获得法定监护的授权(敏感数据尤其应当如此),并应告知研究的目的和接受对象。在研究过程中,对儿童身份的识别应严格限制在必要范围内,只要研究能够在不识别儿童的情况下开展,就不应对儿童进行身份识别。

第三节 欧美未成年人数据法律保护比较与评析

一、欧美未成年人数据法律保护之比较

第一,从立法模式来看,美国对未成年人数据的法律保护采用的是分散式、专门化的立法模式,而欧盟对未成年人数据的法律保护采用的是普遍适用的统一立法模式。美国的隐私法本质上都是部门性的,如 FERPA 仅保护学校记录的隐私,《健康保险流通与责任法案》(Health Insurance Portability and Accountability Act of 1996, HIPAA)仅保护医疗记录的隐私,《视频隐私保护法案》(Vide Privacy Protection Art, VPPA)只保护隐私视频租赁信息等,这些法律被批评为弱的或不完整的。[1]美国和欧盟对未成年人数据的立法模式与其各自的立法传统一脉相承。很多学者对这两种立法模式的利弊进行了较为充分的比较分析,在笔者看来,重要的不是立法模式,而是对未成年人数据的保护力度、保护范围以及具体规则的设计。

第二,从保护力度来看,欧盟对未成年人数据的保护力度要大于美国

---

[1] See Woodrow Hartzog, "The Value of Modest Privacy Protections in a Hyper Social World", Colo. Tech. L. J., Vol. 12, 2014.

对未成年人数据的保护力度。美国虽然早在 1998 年即制定了 COPPA，较早地为未成年人数据的法律保护提供了制度框架，但 COPPA 在其制定后的较长一段时间内都处于"休眠状态"，没有很好地起到预期的作用。这一方面原因在于 COPPA 制定于前大数据时代，无法有效满足大数据时代保护未成年人数据的法律需求；另一方面原因在于 COPPA 自制定以来在美国受到了诸多批评，认为对未成年人的隐私和数据权提供特殊保护会增加运营商的负担，违反商业自由，同时会限制成年人的言论自由。美国加利福尼亚州《第 568 号法案》虽然对美国而言具有一定进步意义，但是从比较法的角度来看，其对未成年人数据的保护仍然较为保守。正如上文所述，其只赋予了未成年人删除自己发布在网络上的个人信息的权利，对于他人发布的关于自己的个人信息则无权要求删除，不得不说这是一个很大的缺憾。欧盟虽然没有制定专门针对未成年人数据保护的法律，但其制定了"史上最严"的个人数据保护法，对所有自然人提供了高标准的数据保护规则，未成年人作为自然人的一部分也因此受益。而且，欧盟也同时考虑到了儿童的特殊性，在 GDPR 颁布之前，第 29 条数据保护工作组已专门发布了关于儿童数据法律保护的相关意见和工作文件。在 GDPR 法律条文的序言和正文中多次考虑到儿童的特殊需求。从整体上可以说，欧盟对未成年人数据的法律保护力度更大。

第三，从权利体系来看，欧盟未成年人数据的权利体系更为全面和完整。在欧盟，未成年人不仅享有所有自然人所共同享有的数据透明权、数据访问权、数据告知权、被遗忘权、数据更正权、数据可携权等诸多年龄通用型数据权利，还享有专门适用于未成年人的父母同意规则、设计和默认的数据保护规则以及禁止针对未成年人的自动化决策和禁止数字画像规则。相较而言，美国对未成年人数据的法律保护主要是围绕着未成年人父母的知情同意进行的制度设计，基于上文所分析的知情同意模式在大数据时代的失范，其有效性必将面临现实的考验。

第四，从父母同意规则的具体设计方面，美国相关规则的设计与欧盟的规定相比更为周详。例如，在父母同意的验证方面不仅列举了几种可供运营商选择的验证方法，还允许运营商向 FTC 申请可行的父母同意验证方法。欧盟 GDPR 关于父母同意的年龄界限等规定，很明显是从美国 COPPA 吸取了经验教训，但 GDPR 没有对父母同意的验证等细节方面进行规定，仍有待欧盟的数据保护机构发布更为细致和具有可操作性的意见或指南。

第五，在学生数据法律保护方面，美国通过联邦和各州颁布学生数据保护法案，构建起了较为强大的学生数据隐私和安全法规体系，以及较为清晰的学生数据治理框架，但仍然存在学校与网络服务提供者之间职责不清等问题。欧盟没有关于学生数据保护的专门立法，但欧盟数据保护机构以普遍适用于所有自然人的数据保护规则为基础，考虑到学生数据的特殊性，发布了保护学生数据的相关意见，然而对于如何将适用于所有自然人的 GDPR 适用于教学环境仍然不甚明晰。在校园人脸识别技术的应用方面，无论是美国还是欧盟，都持非常审慎的态度。美国纽约州等多个州通过法案，明确禁止学校使用人脸识别和其他生物特征识别技术。欧盟发布的人工智能技术监管法规草案，人脸识别技术在公共场合的应用被高度禁止，欧盟成员国瑞典依据 GDPR，认定一所采用人脸识别技术的高中违法并处以罚款。

第六，欧盟和美国看似采用的是两种完全不同的保护方式和风格，但实际上美国和欧盟都密切关注对方的法律动态，并把对方的最新立法作为制度实验，试图从中吸取经验教训。正因如此，欧盟和美国在保持各自立法传统的同时，也保持法律制度的开放态度和活力，持续向世界上其他国家或地区输送着各自的制度影响力。2018 年发生 Facebook 数据泄露丑闻后，一向注重言论自由的美国社会各界开始密切关注个人数据和隐私的保护问题，积极推进联邦层面的统一隐私立法已经成为共识。2018 年，美国加利福尼亚州通过了《消费者隐私保护法案》，成为美国目前最严格的隐私立法。美国加利福尼亚州《第 568 号法案》也是受到欧盟 GDPR "被遗忘权"的制度影响而制定的。因此，应当正确看待欧盟和美国在保护未成年人数据方面的制度差异，综合考量其立法传统和文化背景，作出正确的价值判断和制度选择。

二、美国未成年人数据法律保护评析

(一) 美国未成年人数据法律保护面临的困境

第一,美国未成年人数据法律保护面临的首要问题是未成年人数据与言论自由的持久冲突。正如前文所述,美国的隐私权概念是在言论自由的阴影下发展起来的。美国国会一直在努力创设法律保护互联网上的儿童,但因其与《美国宪法第一修正案》的言论自由存在冲突,在法院的适用中屡遭挑战,被法院认定为违宪而无效。1996年,美国国会颁布了《通信规范法》,以控制互联网上的色情内容,保护儿童免受互联网色情内容的影响。《通信规范法》颁布后,遭到了法律界和相关组织的强烈抵制,在Reno v. ACLU案中,最高法院认为《通信规范法》违宪,因为它过于宽泛而违反了《美国宪法第一修正案》所赋予的自由权。[1]1998年,美国国会颁布了《儿童在线保护法》,旨在限制未成年人获取在线色情内容。然而,《儿童在线保护法》被最高法院认定为无效,因为政府未能证明该法案是阻止未成年人访问互联网上有害资料的限制最少的手段。[2]1998年,国会颁布的旨在保护儿童的在线隐私和数据权利的COPPA,虽未像《通信规范法》与《儿童在线保护法》一样被认定为无效,但也遭到了自由主义者的批评和反对,导致COPPA的司法适用也在一定程度上遭遇阻力。《通信规范法》与《儿童在线保护法》的失效,以及COPPA适用遭遇的阻力,充分说明在美国保护儿童数据权利将面临与言论自由的持久冲突。如何缓解这一冲突并使儿童数据权利得以发展,是美国儿童数据权利法律保护面临的首要困境。

第二,美国的COPPA主要是以父母的知情同意为中心进行的制度设计,然而,正如上文所述,父母对儿童个人数据的控制受制于数据控制者的通信空间设计和隐私设计方案,知情同意模式无法使父母真正地控制儿

---

[1] See Reno v. ACLU, 521 U.S. 844, 879 (1997). In Jessica Ronay, "Adults Post the Darndest Things: [CRTL + SHIFT] Freedom of Speech to [ESC] Our Past", U. Tol. L. Rev, Vol. 46, 2014.

[2] See Jessica Ronay, "Adults Post the Darndest Things: [CRTL + SHIFT] Freedom of Speech to [ESC] Our Past", U. Tol. L. Rev, Vol. 46, 2014.

童的个人数据。相较于欧盟 GDPR 儿童数据权利的体系性，COPPA 实际上并未赋予儿童及其父母诸多数据权利，因此美国未成年人的数据权利实际上是非常有限的。

第三，在父母同意的验证机制方面，COPPA 列举了几种验证父母同意的方式，但是这些方式都在某种程度上面临着一定的困局，其中一些方法要么容易被冒用，要么会给运营商带来经济和技术负担。一是关于电子邮件的父母同意验证方式。电子邮件方式虽然简单易行，但是却很容易被儿童冒用，儿童可能会伪装成父母的身份进行同意授权，因此，许多支持使用电子邮件的评论员承认，有必要采取额外措施，以增加父母同意验证的有效性。[1]二是邮寄或传真的父母同意验证方式。邮寄和传真虽然较难被儿童伪造，但这种方式费用较高，且这种验证方式的低效性严重违背大数据时代即时高效的基本特征。三是提供信用卡信息的父母同意验证方式。这种方式也很难被儿童伪造或冒用，因为13周岁以下的儿童没有资格申请信用卡，但许多父母因为害怕自己的隐私遭泄露而不愿意使用信用卡信息。[2]四是拨打电话的父母同意验证方式。这种方式也较难被儿童伪造，但这种方式要求运营商雇用专门人员拨打或接听电话，会增加运营商的负担。五是数字签名的父母同意验证方式。数字签名和其他电子方法虽然可能是有前途的替代方案，但技术尚未成熟，未得到广泛使用。[3]因此，需要继续探寻适宜的父母同意验证方式。

第四，在年龄验证机制方面，美国主要采用的是自我验证机制。运营商在用户使用其网站或应用程序前，通过询问用户的年龄来决定是否提供

---

[1] See Dorothy A. Hertzel, "Note: Don't Talk to Strangers: An Analysis of Government and Industry Efforts to Protect a Child's Privacy Online", *Fed. Comm. L. J.*, Vol. 52, 2000. In Joshua Warmund, "Can COPPA Work – An Analysis of the Parental Consent Measures in the Children's Online Privacy Protection Act", *Fordham Intell. Prop. Medis & Ent. L. J.*, Vol. 11, 2000.

[2] See Dorothy A. Hertzel, "Note: Don't Talk to Strangers: An Analysis of Government and Industry Efforts to Protect a Child's Privacy Online", *Fed. Comm. L. J.*, Vol. 52, 2000. In Joshua Warmund, "Can COPPA Work – An Analysis of the Parental Consent Measures in the Children's Online Privacy Protection Act", *Fordham Intell. Prop. Media & Ent. L. J.*, Vol. 11, 2000.

[3] See Joshua Warmund, "Can COPPA Work – An Analysis of the Parental Consent Measures in the Children's Online Privacy Protection Act", *Fordham Intell. Prop. Media & Ent. L. J.*, Vol. 11, 2000.

服务或者提供服务的内容，在这种情况下，只要儿童谎报年龄，填入高于特定年龄门槛的年龄即可轻松规避该年龄验证。这种年龄验证方式虽然简单易行，但很容易被儿童规避，这使美国 COPPA 的有效性大打折扣，COPPA 也因此招致诸多批评。

第五，美国的 COPPA 主要适用于 13 周岁以下的未成年人，13 周岁以上的未成年人无法通过 COPPA 规则获得保护。然而 13 周岁以上的青少年正处于身体、生理和心理发展的关键期，其上网的需求和频率也远远大于 13 周岁以下的儿童，面临的诱惑也更多，并且特别容易受到行为广告和数字化营销的影响。因此，对于 13 周岁以上的未成年人也应提供特殊保护，这无疑是 COPPA 的一大缺憾。

（二）美国学生数据法律保护的欠缺与不足

首先，在数字技术融入课堂教育的时代趋势下，FERPA 与大数据时代学生数据的保护需求脱节。FERPA 最初制定于 20 世纪 70 年代，主要目的在于规范学生教育记录的使用权限，虽然 2008 年和 2011 年相继对 FERPA 进行了适当修订，但均未解决实际问题。FERPA 与大数据时代学生数据保护需求的脱节主要表现在以下几个方面：一是 FERPA 对学生数据的保护仍然局限于学校收集和保存的教育记录。大数据时代由运营商收集和处理的学生数据可能比传统的教育记录涉及的内容更为全面，对学生未来发展的影响也更大，因此，学生数据除包括传统意义上的教育记录以外，还应包括与学校开展合作的运营商所收集的任何学生数据。二是大数据时代，学校与网络技术运营商广泛合作，学校依赖运营商的数字技术服务改善课堂体验，制定个性化的学习方案，提升教育效果。在这种情况下，FERPA 依然要求学校承担保护学生数据的主要责任，运营商作为学生数据的实际控制者却无须承担保护学生数据的法律责任，凸显了 FERPA 的保守性与滞后性。三是 FERPA 适用的诸多"例外"极大削弱了对学生数据的保护效力。如学校可以不经父母同意向具有合法教育利益的学校官员，为学校或代表学校进行研究的组织以及美国总审计长的授权代表发布学生记录。"学校官员"和"授权代表"后来被解释为向教育机构提供网络技术服务的运营商，这意味着学校可以不经父母同意，向运营商提供学生数据，严重削弱了大数据时代父母对学生数据的控制权。[1]四是 FERPA 只赋予了父母向教育部门申诉的权利，并没有赋予父母私人诉讼权。FERPA 唯一为父母提供的选择退出的权利是选择退出"目录"信息的权利。父母纠正有关其子女的数据中的错误，或完全选择退出数据收集的机会将受到限制。五是 FERPA 经常被学校用来拒绝公开学生的相关记录，在美国被指责违背公众知情权，与公开记录法相冲突。六是教育机构实际上很难因违反 FERPA 而受处罚。美国最高法院曾在相关案件中指出，独立事件不会引起 FERPA 的财务处罚，截至目前，没有任何机构因违反 FERPA 而失去联邦资金。[2]因此，正如有学者所言，"FERPA 是如此过时，以至于当遇到可以收集和使用大数据的技术时，法规实际上已经破裂"。[3]

其次，PPRA 要求学校在学生参与涉及收集、披露或使用个人信息用于营销目的的商业活动之前，向学生或其父母发出通知，获得父母的书面同意，并向父母提供选择退出机会。尽管如此，如果运营商将学生数据用于开发、评估或向学生或学校提供教育产品或服务，则不适用。[4]这意味着 PPRA 亦无法规范运营商在为学校提供教育产品等数字技术服务时对学生数据的收集和使用。此外，与 FERPA 一样，PPRA 亦未向父母提供私人诉讼权。

再次，其他联邦学生数据保护法的不足。一是 PSPA 仅适用于学校官方的"教育记录"，不适用于学校在与运营商合作时，运营商收集的学生数据。PSPA 没有对可以获取学生数据的外部各方施加合规负担，而是对

---

［1］ See Alex Molnar and Faith Boninger, "On the Block: Student Data and Privacy in the Digital Age-The Seventeenth Annual Report on Schoolhouse Commercializing Trends 2013-2014", *National Education Policy Center*, 2015.

［2］ See Teressa L. Elliott, Darius Fatemi and Sonia Wasan, "Student Privacy Rights – History, Owasso, and FERPA", *Journal of Higher Education Theory & Practice*, Vol. 14, 2014, No. 4.

［3］ ELise Young. "Educational privacy in the online classroom: FERPA, MOOCS, and the big data conundrum", *Harvard Journal of Law & Technology*, Vol. 28, 2015, No. 2.

［4］ See Yoni Har Carmel, "Regulating Big Data Education in Europe: Lessons Learned from the US", *Internet Policy Review*, Vol. 5, 2016, No. 1.

那些缺乏足够资源和专业知识的机构进行监督和执法。[1]二是 SDPPRA 在学校与第三方共享个人数据之前不需要向任何的家长通知或取得家长的同意，允许运营商将广告定位到学生并继续收集和分享大量高度敏感的学生信息。[2]虽然目前尚不清楚 PSPA 与 SDPPRA 何时会被制定，但可以预测，待定的美国联邦学生数据保护法案将不会平息或减少营利性公司在教育中不断扩大的作用及其应当承担责任的相关辩论，家长和隐私权倡导者已经充分表达了相关法案不足以保护学生数据权利的担忧。[3]

最后，美国各州关于学生数据保护的法案，一般只限于由教育机构保存的学生教育记录，对于网络服务运营商收集和保存的学生数据则很少涉及。只有少数州明确禁止与学校合作的运营商使用学生数据，或让运营商对违反学生隐私或数据安全负有法律责任。仅有加利福尼亚州和科罗拉多州的学生数据保护法可能涵盖由提供教育技术的网站和应用程序的公司。如果没有明确运营商的责任，运营商的利润动机可能会克服他们保护学生隐私的动机。简单地要求学校透明度或将责任归咎于学校而不是供应商的立法不太可能有效地保护学生数据，并保护学生免受商业剥削。[4]

三、欧盟未成年人数据法律保护评析

（一）欧盟未成年人数据法律保护面临的困境

欧盟《个人数据保护指令》制定于 1995 年，当时的网络环境对个人数据的收集和利用没有如今这么普遍，因此该指令没有针对儿童数据保护

---

[1] See Alex Molnar and Faith Boninger, "On the Block: Student Data and Privacy in the Digital Age-The Seventeenth Annual Report on Schoolhouse Commercializing Trends 2013-2014", *National Education Policy Center*, 2015.

[2] See Yoni Har Carmel, "Regulating Big Data Education in Europe: Lessons Learned from the US", *Internet Policy Review*, Vol. 5, 2016, No. 1.

[3] See Yoni Har Carmel, "Regulating Big Data Education in Europe: Lessons Learned from the US", *Internet Policy Review*, Vol. 5, 2016, No. 1.

[4] See Alex Molnar and Faith Boninger, "On the Block: Student Data and Privacy in the Digital Age-The Seventeenth Annual Report on Schoolhouse Commercializing Trends 2013-2014", *National Education Policy Center*, 2015.

第二章　域外经验：欧美未成年人数据法律保护考评

的特殊规定。大数据时代，网络服务提供者为了商业目的，采用追踪儿童轨迹、对儿童进行数字画像、精准广告等方式挖掘和利用儿童的商业价值，使儿童的数据和隐私保护问题变得更加突出。欧盟充分认识到大数据时代保护儿童数据权利的迫切性，虽然欧盟于2016年通过了GDPR，为解决大数据时代儿童数据法律保护的两大困境作出了努力，具有一定的进步意义，但仍存在诸多争议，并面临一定的实施挑战。

第一，从表面来看，GDPR的赋权性规定很多，保护性规定很少，仔细研究却发现，GDPR中赋权性规定的所有条款普遍适用于所有年龄的自然人，只有保护性规定才专门适用于儿童。GDPR第8条明确了严格的父母同意规则，但GDPR未区分服务类型，导致所有类型的网络服务都需要得到父母同意，过多的同意请求会导致父母的"同意疲劳"。也没有明确父母决策时儿童意见的权重，可能演变为父母"保护霸权"，破坏"赋权"与"保护"之间的平衡。[1]由于潜在隐私风险的不同，儿童行使自我决策权也应该根据隐私风险等级区别对待。例如，儿童发送即时通信的邮件和消息等可能不需要父母同意，而创建社交媒体账户则需要父母同意。

第二，GDPR保护性规定的实施还依赖于家长的数字素养，虽然GDPR规定了提高父母和儿童数字素养的措施，但实践效果如何还有待观察。数据和资料显示很多父母的数字素养不如自己的孩子，有的父母自身都不能理解专业化的服务条款和法律术语，让此类父母决定孩子是否可以上网意义不大。[2]而且，父母和孩子可能存在关于社交媒体作用和风险的分歧，成年人并不总能理解技术与年轻人之间积极和复杂的相互作用。[3]

---

〔1〕 See M. Macenaite, "From Universal towards Child-specific Protection of the Right to Privacy Online: Dilemmas in the EU General Data Protection Regulation", *New Media & Society*, Vol. 19, 2017, No. 5.

〔2〕 通过一份关于欧盟成员国成人的欧洲晴雨表调查发现，56%的网络用户根本不会读服务条款的具体内容，另有18%的用户虽然读了服务条款，但是根本不考虑条款的具体意义。See Karen Mc Cullagh, "The General Data Protection Regulation: A Partial Success for Children on Social Network Sites?", *Social Science Electronic Publishing*, 2017.

〔3〕 See M. Macenaite, "From Universal towards Child-specific Protection of the Right to Privacy Online: Dilemmas in the EU General Data Protection Regulation", *New Media & Society*, Vol. 19, 2017, No. 5.

父母的"晒娃"等行为还可能侵犯孩子的隐私。有批评者认为，GDPR 将父母作为给予同意的唯一责任人过于狭窄，欧盟范围内的一些父母或父母责任持有者没有足够的知识、经验或计算机技能来行使这一权利，在数字技术融入学校教育的大数据时代，应考虑将从事学校教育的合格人员纳入给予同意的主体范围。[1]

第三，GDPR 关于年龄界限的设定存在的问题。一是年龄界限的设定没有足够的先行分析。该领域从业人员的大多数批评都指出，第 8 条的门槛年龄从 13 周岁提高到 16 周岁，是出乎意料的。这项规定的可疑问题是各项变更没有事先与利益相关方协商，也没有对此事进行分析，意味着对所采用的年龄门槛没有明显的理由或论据，结果是这种核心儿童条款缺乏合法性。[2]可以说，GDPR 设定的年龄界限过于随意，没有建立在实证调研和影响评估的基础上。立法者应从社会科学和行为科学领域收集证据来验证给定的年龄限制，不同的数据收集实践和年龄跨度可能需要进行详细的测试和研究。[3]二是 16 周岁的年龄界限明显过高，会忽略儿童的个性化发展，限制年龄较大的青少年的参与权和自我决策权，也不利于相关数字市场的发展。三是允许各成员国设定更低的年龄门槛意味着跨越欧盟各国之间的网络协调和监管将不再统一和简化，会增加跨国公司的合规负担，不利于欧盟数字化单一市场的建立。

第四，GDPR 关于年龄验证面临的问题。正如有学者所言，"父母同意的规定能否成功实施取决于能否开发出低成本的年龄验证程序"。[4]GDPR 规定数据控制者在处理 16 周岁以下儿童的数据前须取得父母同意方合法，

---

[1] See Dorde Krivokapic, Jelena Adamovic, "Impact of General Data Protection Regulation on Children's Rights in Digital Environment", *Annals Fac. L. Belgrade Int' Led*, 2016.

[2] See John Carr on the GDPR: Poor process, bad outcomes, https://www.betterinternetforkids.eu/web/portal/news/detail?articleId=687465, last modified Nov. 17, 2018. In Dorde Krivokapic, Jelena Adamovic, "Impact of General Data Protection Regulation on Children's Rights in Digital Environment", *Annals Fac. L. Belgrade Int' Led*, 2016, p. 207.

[3] See M. Macenaite, "From Universal towards Child-specific Protection of the Right to Privacy Online: Dilemmas in the EU General Data Protection Regulation", *New Media & Society*, Vol. 19, 2017, No. 5.

[4] Karen Mc Cullagh, "The General Data Protection Regulation: A Partial Success for Children on Social Network Sites?", *Social Science Electronic Publishing*, 2017.

第二章 域外经验：欧美未成年人数据法律保护考评

未达到年龄的儿童给予的同意将是无效的，而当前大多数网络服务提供者采用的年龄验证机制都是自我验证，很容易被儿童规避，导致很多网络服务提供者对儿童的数据处理行为涉嫌违法。

第五，GDPR 没有关于"儿童"的定义。对 GDPR 中的"儿童"概念有两种解释，一种解释是由于所有欧盟成员国都是 UNCRC 的缔约国，因此可以合理地得出结论，GDPR 中的"儿童"亦指不满 18 周岁的任何自然人。另一种解释是由于欧盟不是 UNCRC 的缔约国，而且 GDPR 也未提到 UNCRC，因此，似乎也可以得出结论，GDPR 第 8 条规定的年龄阈值即是对儿童的定义。如果成员国应该使用 UNCRC 的定义，这意味着 GDPR 实际上有两条关于儿童的规则，所有提到儿童的规定适用于 18 周岁以下的未成年人，而第 8 条是关于儿童的父母同意规则属于例外情形，这种关于儿童的规则的二元性可能会引起 GDPR 适用的一些误解。[1]

（二）欧盟学生数据法律保护的欠缺与不足

首先，欧盟没有关于学生数据保护的专门立法，教育工作者对于如何将适用于所有自然人的 GDPR 适用于教学环境仍然不甚明晰。鉴于学生数据对于学生未来发展的重要性和敏感性，欧盟至少应当发布旨在将 GDPR 适用在学校领域，专门针对学生数据保护的应用指南。其次，GDPR 不保护匿名数据，因此曾在匿名状态的学生数据即使被重新识别也无法受到相应的保护。然而，所谓的匿名数据只是相对的，当有合适的关联信息时可以很容易地再次识别为学生数据。最后，父母可能存在"被迫"同意的风险，选择退出运营商有关的学生数据收集和使用，往往意味着退出相关的教育服务，在大数据教育时代，父母为了子女能够享受到相应的教育服务，除了同意几乎别无选择。应当给予父母选择基于特定目的、同意分享哪些个人数据的权利，而不必使孩子们脱离大数据教育。[2]

---

[1] See Dorde Krivokapic, Jelena Adamovic, "Impact of General Data Protection Regulation on Children's Rights in Digital Environment", *Annals Fac. L. Belgrade Int' Led*, 2016.

[2] See Yoni Har Carmel, "Regulating Big Data Education in Europe: Lessons Learned from the US", *Internet Policy Review*, Vol. 5, 2016, No. 1.

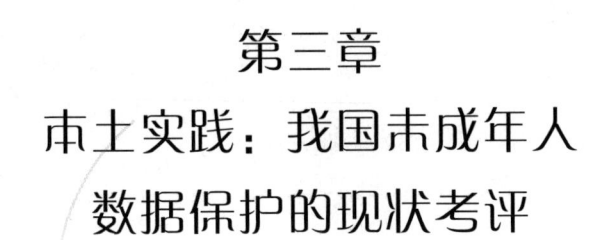

第三章
本土实践：我国未成年人数据保护的现状考评

第一节　我国未成年人数据法律保护现状考评

我国对未成年人数据采用的是通用型数据保护与专门型数据保护并重的法律保护模式，形成了以宪法保护为基础，公法（刑法等）和私法（民法等）的双重保护进路。[1]一方面，我国对未成年个人数据通过年龄通用的法律规范进行与成年人同等程度的保护，如个人信息的宪法保护、刑法保护、民法保护、行政法保护等；另一方面，我国的政策制定者也逐渐认识到大数据时代构建未成年人健康网络环境以及保护未成年人个人数据的必要性，致力于制定专门适用未成年人的网络保护和数据保护法律规范。年龄通用的个人信息保护法律规范，虽然不是专门针对未成年的特殊性制定的，但是同样为未成年人个人数据提供了相应的制度保障，对未成年人数据保护而言，是不可或缺的组成部分。专门针对未成年人制定的网络保护规范和个人信息保护规范，是在通用型数据保护规范基础上结合未成年人的特殊性制定的，是健全未成年人数据法律保护的必然要求。未成年人数据的法律保护体系有赖于通用型个人数据保护规范和未成人专有型数据保护规范的共同构建。

一、通用型数据保护模式及相关法规

自2000年《全国人民代表大会常务委员会关于维护互联网安全的决定》的发布，到2020年《民法典》的颁布，再到2021年8月通过的《个人信息保护法》，我国个人信息的法律保护制度经历了20余年的发展历程。长期以来，我国关于个人信息的法律保护呈现立法碎片化、保护利益不清、表达不明确，多数规范性文件位阶较低，缺乏可操作性以及相关执

---

[1] 已经有学者提出全面支持个人信息权，构建以公法为依托，私法为主干，社会法为补充的权利话语体系。参见程关松："个人信息保护的中国权利话语"，载《法学家》2019年第5期。

法部门的定位权限不明确的特征。[1]直到2020年《民法典》的颁布，我国首次从民事基本法的层面对个人信息进行法律保护，对于个人信息的法律保护具有重大的历史意义和现实意义。2018年9月，第十三届全国人大常委会将《个人信息保护法》列入第一序列立法计划；2021年4月26日，《个人信息保护法（草案）》提请第十三届全国人大常委会二次审议；2021年8月20日，第十三届全国人大常委会第三十二次会议通过了《个人信息保护法》，该法的通过与施行为个人信息提供更为全面的法律保护。可以说，我国已经形成一套以《宪法》为基础，横跨《民法典》《刑法》《行政处罚法》等部门法的规范体系。鉴于我国关于个人信息保护的法律规范非常之多，出于研究目的，本书仅对其中比较重要的几个法律规范进行举要分析。

（一）个人信息的宪法保护

数字时代，个人信息的宪法保护已成为一种国际趋势，世界各国和国际组织的个人数据保护法均源于对公民基本权利的保护。从比较法来看，个人信息的宪法保护主要通过宪法肯认（Constitutional Entrenchment）和宪法解释（Constitutional Interpretation）两种方式为个人信息提供宪法保护。[2]许多国家或地区的宪法明文规定个人信息受法律保护。例如，《欧盟基本权利宪章》第8条和《欧盟运行条约》第16条均规定，人人享有保护个人数据的权利；欧盟2016年生效的GDPR开篇序言第1条即开宗明义地指出"自然人在其个人数据处理过程中获得保护是其拥有的一项基本权利"。《阿尔及利亚宪法》第46条规定："所有人在其个人信息被处理时受到保护是法律保障的一项基本权利。"由于宪法的最高权威性和修改程序的烦琐性，以美国为典型代表，大多数国家选择以宪法解释的方式将个人信息保护纳入基本权利范围。美国对个人信息权的保护涵括在隐私权之下，通

---

[1] 参见张新宝："从隐私到个人信息：利益再衡量的理论与制度安排"，载《中国法学》2015年第3期。

[2] 参见王锡锌、彭錞："个人信息保护法律体系的宪法基础"，载《清华法学》2021年第3期。

过对隐私权的扩大解释将个人信息涵纳进来,而隐私权被美国联邦最高法院认定是宪法上未列明的基本权利。我国现行宪法尚未明确规定个人信息的基本权利属性和地位,但可通过宪法解释的方式,实现个人信息的宪法保护。

具体而言,我国《宪法》第38条规定:"中华人民共和国公民的人格尊严不受侵犯。禁止用任何方法对公民进行侮辱、诽谤和诬告陷害。"数字时代,对个人信息的保护是公民人格尊严的当代内涵,可通过对《宪法》第38条的宪法解释,实现对个人信息的宪法保护。数字时代,应当全面确立个人信息权,以宪法上作为基本权利的个人信息权为基础,形成公法和私法的双重保护进路。第一,作为基本权利的个人信息权,具有主观权利与客观规范双重属性。一方面,作为主观防御权利,在于确保公民个人信息权免受国家公权力的侵害,此乃基于人民消极身份所生的基本权利防御功能;另一方面,基于现代法治国家的发展以及现代公民的积极身份,基本权利具有客观规范内容,要求公权力的运作必须自觉遵守客观价值秩序,为基本权利的实现创造条件。第二,作为私法权利的个人信息权,与作为基本权利的个人信息权具有不同的权利性质和规范对象,作为私法权利的个人信息权主要是调整个人与企业平台等私主体之间的个人信息权益关系。第三,作为基本权利的个人信息权可通过间接第三人效力理论和符合基本权利的相关解释作用于私法。我国《宪法》没有可诉性,这就要求充分发挥作为基本权利的个人信息权的客观价值秩序功能,以基本权利的客观价值秩序为基础,实现公法权利与私法权利的统一与互动。无论是作为基本权利的个人信息权,还是作为私法权利的个人信息权,其价值基础均在于人的尊严与自主性。个人信息权的保护是整个法秩序的共同使命,需要公法和私法、立法和司法的分工与协力,参见图3-1。

```
人的尊严与自主性          个人信息权的保护范围
     ↕                主观防御权利  个人信息权的限制
   宪法人格权                      个人信息权限制的限制
     ↕
作为基本权利的个人信息权
间接第三人效力 │ 符合基本权利解释   客观规范价值体系："国家"立法保护义务
   扩散于私法
     ↕
作为私法权利的个人信息权
```

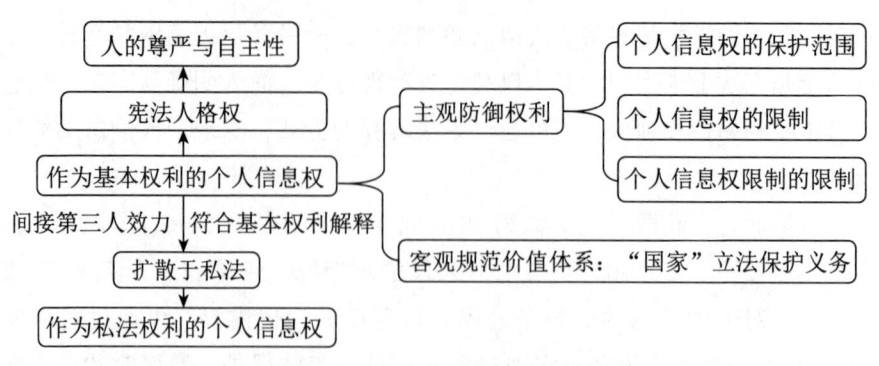

图 3-1　个人信息权的构造层次直观图

"经验告诉我们，基本权利一般最好还是往扩张与调整的方向移动，而非限缩或停滞不前。"[1]作为基本权利的个人信息权对公权力的侵害具有防御功能，单纯的"私权模式不足以防范国家对个人信息的侵犯"[2]。数字时代，国家治理机构为了把握数字治理机遇，积极推进智慧法院、智慧检务、智慧公安、智慧法律服务建设，人工智能成为推动法治工作质量、效率、动力变革的新引擎。[3]政法系统提出，"打造万物互联、全球一体的数字'天网'，对海量数据具有超级算力的'天算'和具有超级智能控制的'天智'，"[4]这些都是以个人信息的收集和使用为基础的。国家公权力机关"长期存在着因获得实质利益而隐忍个人隐私或相关权益被侵犯的情形"[5]。在实现国家治理利益与公民个人信息权之间存在明显的紧张关系，因此，"保障个人信息权应借鉴基本权利模式，平衡相关权利与权力间的法权结构"[6]。对此，周汉华教授指出，个人信息保护法应确

---

[1] [美]艾伦·德肖维茨：《你的权利从哪里来？》，黄煜文译，北京大学出版社 2014 年版，第 10 页。

[2] 张新宝："我国个人信息保护法立法主要矛盾研讨"，载《吉林大学社会科学学报》2018 年第 5 期。

[3] 参见黄文艺："新时代中国法理研究方法论"，载《法学》2020 年第 4 期。

[4] 孟建柱："拥抱现代科技 促进深度融合 推动政法工作实现跨越式发展"，载 http://www.xinhuanet.com/politics/2017-06/09/c_1121118372.htm，最后访问日期：2021 年 1 月 24 日。

[5] 胡敏洁："社会保障行政中的个人信息利用及其边界"，载《华东政法大学学报》2019 年第 5 期。

[6] 孙平："系统构筑个人信息保护立法的基本权利模式"，载《法学》2016 年第 4 期。

认信息主体在公法上的个人信息控制权,不能也不应回避个人信息的基本权利话语。[1]

(二) 个人信息的民法保护

为了顺应时代发展和社会需求,作为《民法典》重要组成部分的"总则编"和"人格权编"均对个人信息的法律保护进行了规定。首先,关于"总则编"中对个人信息保护的规定。"总则篇"第五章第111条对个人信息的民法保护进行了规定,[2]奠定了个人信息保护的民法基础。此外,《民法典》将无民事行为能力人的法定年龄由10周岁降到了8周岁,原因在于政策制定者认为如今的孩子懂事较早,下调无民事行为能力人的年龄界限,可以使未成年人自主参与更多的社会活动。其次,"人格权编"对个人信息保护的规定。2020年5月28日,第十三届全国人大三次会议表决通过了《民法典》,单独设立了"人格权编"。"人格权编"第1034条至第1039条对个人信息进行了概念界定,规定了收集、使用自然人个人信息应当遵循的基本原则和条件,自然人享有的数据访问权、数据更正权和被遗忘权,数据控制者承担责任的例外情形,以及数据控制者的安全保障义务和信息泄露通知义务。"人格权编"为接下来制定的《个人信息保护法》留下了衔接空间,对于大数据时代个人信息的保护具有重要意义。

民法学者在民法教义学的框架内通过解释论论证了确立个人信息权为一项私法权利的合理性。[3]王利明教授以其一贯的态度主张,尽管实践中对个人信息采用刑法、行政法等多重保护机制,但并不能影响或改变个人

---

[1] 参见周汉华:"探索激励相容的个人数据治理之道——中国个人信息保护法的立法方向",载《法学研究》2018年第2期。

[2] 《民法典》第111条规定:"自然人的个人信息受法律保护。任何组织或者个人需要获取他人个人信息的,应当依法取得并确保信息安全,不得非法收集、使用、加工、传输他人个人信息,不得非法买卖、提供或者公开他人个人信息。"

[3] 参见杨立新:"个人信息:法益抑或民事权利——对《民法总则》第111条规定的'个人信息'之解读",载《法学论坛》2018年第1期;叶名怡:"论个人信息权的基本范畴",载《清华法学》2018年第5期;宋亚辉:"个人信息的私法保护模式研究——《民法总则》第111条的解释论",载《比较法研究》2019年第2期。

信息权为民事权利的基本属性。[1]只有对个人信息提供充分的私权保护,才有利于从根本上保护公共利益,政府对个人信息的管理是必要的,但不能代替权利人自身的保护,且政府的管理资源是有限的。[2]权利化保护模式才能为数据主体提供更为全面的保护,个人信息权是具有弹性的、开放的概念,随着数字科技发展可以通过法律解释不断更新其权利边界,有效弥补行为规制模式的不足,可以使人们在科技面前,守住人的尊严底线。正如有学者所指出的,否认个人信息的私权属性或仅承认主体具有防御权能的观点,折射出对主体信息自决和客观交易现实的误解与漠视,考虑到个人信息的人格法益属性,应建构以信息自决为核心内容的主体权利制度,承认主体享有积极利用权能,并采用可撤回之同意作为行权模式。[3]

个人信息权私法化是基本权利客观法属性的要求。基本权利的客观规范功能是德国联邦宪法法院及其学说所创设的理论,认为基本权利乃客观的价值判断和体系,基本权利的整体具有客观规范的功能,应放射其作用及于整个法秩序,而体现国家保护义务与基本权利第三人效力。[4]我国《宪法》第33条、第38条和第39条都体现了基本权利的客观价值秩序功能,即国家机关在行使公权力的一切活动中必须尊重和保护公民的基本权利。[5]因此,就客观价值秩序而言,国家负有形成私法上保护个人信息权的义务,使个人信息权不受他人侵害,并于受侵害时得到相应的救济。但基本权利的客观价值属性不能直接作用于私法领域,不能直接作为私法请求权的基础,需要立法机关履行国家保护义务,通过《民法典》和《个人信息保护法》确立并保护个人信息权。在私法中将个人信息权利化,既落实了人的尊严和人权保障的宪法要求,也确定了政府和信息业者的行动边

---

〔1〕参见王利明:"论个人信息权在人格权法中的地位",载《苏州大学学报(哲学社会科学版)》2012年第6期。

〔2〕参见王利明:"论个人信息权的法律保护——以个人信息权与隐私权的界分为中心",载《现代法学》2013年第4期。

〔3〕参见郑观:"个人信息对价化及其基本制度构建",载《中外法学》2019年第2期。

〔4〕参见王泽鉴:《人格权法 法释义学、比较法、案例研究》,北京大学出版社2013年版,第91页。

〔5〕参见叶名怡:"论个人信息权的基本范畴",载《清华法学》2018年第5期。

界，便于与统一立法相衔接。[1]

个人信息权私法化并非承认权利的排他占有，不会影响反对者所担心的社会利益。反对将个人信息权私权化的高富平教授指出，各个国家尤其是欧盟成员国对于数据处理中个人权利的保护并不是通过赋予个人以私权利，也不是通过个人主动维权来实现的，而是通过"行为规制"模式实现的。[2]此处有两点误读，第一，上文已述，各个国家大多都是通过"个人信息权"＋"行为规制"模式来保护个人信息权的，而不是单独依靠行为规制模式；第二，欧盟GDPR虽然绝大部分篇幅都是对数据控制者的行为规制，但同时赋予了个人通过诉讼实现个人信息权救济的权利。[3]

当然，任何权利都不是绝对的，个人信息权亦不例外。我国《宪法》第51条规定，"中华人民共和国公民在行使自由和权利的时候，不得损害国家的、社会的、集体的利益和其他公民的合法的自由和权利"。这涉及个人信息权基本权利的限制，以及"基本权利限制的限制"问题。首先，对个人信息权基本权利的限制，需要合理界定个人信息权的权利范围。对个人信息权的保护范围越大，国家权力与个人信息权的冲突越激烈，国家行为被认定为侵权的可能性越大；相反，冲突越少，国家行为被认定为侵权的可能性越小。其次，对个人信息权基本权利的限制，亦应有所限制。这种限制可以是形式阻却事由，即立法，也可以是实质阻却事由，即符合比例原则。[4]个人信息权与公共利益之间的衡量，须符合比例原则，防止损益失衡，手段过当，如对人脸识别信息的过度收集和使用问题，即可能

---

[1] 参见王利明："论个人信息权的法律保护——以个人信息权与隐私权的界分为中心"，载《现代法学》2013年第4期。

[2] 原文是："行业行为准则＋法律强制性规范""数据控制者自律＋政府数据监管机构的监督管理"的双重规范和管理体系以贯彻监督数据保护相关法律而实施，本书将其概括为"行为规制"模式。参见高富平主编：《个人数据保护和利用国际规则：源流与趋势》，法律出版社2016年版，序言第5页。

[3] 参见欧盟GDPR第79条"针对控制者或处理者获得有效司法救济的权利"。

[4] 参见王泽鉴：《人格权法 法释义学、比较法、案例研究》，北京大学出版社2013年版，第74~75页。

存在比例失衡问题。[1]权利的概念不必然意味着，当尊重权利与产生更多的善发生冲突时，尊重权利总是优先于善，牺牲的善越多，该权利的严格性就越大。[2]这就需要合理界定个人信息权的保护范围，并根据具体情境，按照比例原则进行实质判断。

(三) 个人信息的刑法保护

在个人信息保护方面，我国《刑法》一直处于前沿位置，为个人信息的法律保护提供了强有力的保障和坚强的后盾。2005年2月，《刑法修正案（五）》规定了"窃取、收买、非法提供信用卡信息罪"。2009年2月，《刑法修正案（七）》第7条对出售、非法提供公民个人信息与非法获取公民个人信息进行了规定；《刑法修正案（七）》第9条对非法获取计算机系统中存储、处理或传输的数据进行了规定。在个人数据买卖的灰黑产业链中，由于公民个人信息数量庞大、价格低廉，[3]却承载着巨大的利益诱惑，[4]因此实践中发生了很多与出售、非法提供公民个人信息及非法获取公民个人信息相关的案例。

---

[1] 参见王利明："人脸信息是敏感信息和核心隐私应该强化保护"，载《新京报》2020年1月26日，第B08版。

[2] See F. M. Kamm, "Rights", in Coleman and Shapiro (ed.), *The Oxford Handbook of Jurisprudence & Philosophy of Law*, Oxford University Press, 2002, pp. 476-513.

[3] 以2015年武汉警方查获的一起重大高考信息泄露案为例，2015年8月，武汉警方在一民房内清查出约5公斤重的纸质高考生信息，包括考生姓名、高考考分、学校、详细家庭地址和联系电话等重要内容，这些信息涉及10万名考生，遍及四川、湖北等13个省（区、市）。犯罪分子将这些纸质信息电子化，挂在网上肆意出售，10万条信息标价仅1万元，平均每一条信息价格为0.1元。这些信息被一些不法分子购买后用来进行招生诈骗，也就是常说的"低分高录"。参见"2015年国内网络信息安全泄露事件盘点（全）"，载 http://www.leagsoft.com/doc/artile/1390.html.，最后访问日期：2018年9月23日。

[4] 在2014年上海市静安区检察机关在办理的两起"非法获取公民个人信息案"中，崔某，一位保险代理人，将其从保险公司员工手中购得的信息提供给下属进行产品推销，自己则每月能拿到10万余元提成；周某，一家金融服务公司的推销经理，多次购买数万条潜在客户的电话号码，并将潜在客户的电话信息导入外呼系统，让业务员开发客户，2014年年初，周某大概提供了10万多条信息，使公司每月收入上升数百万元。参见"信息买卖黑产业链：每月可提成十万"，载 http://tech.sina.com.cn/i/2014-11-27/doc-icesifvw8940770.shtml.，最后访问日期：2019年5月23日。

（四）《网络安全法》的个人信息保护

2016 年 11 月，我国正式公布了《网络安全法》，首次在法律层面对个人信息保护进行较为系统的规定，对于个人信息保护具有重要意义，自此之后，我国对个人信息的法律保护立法进入加速期。《网络安全法》第四章第 40 条到第 50 条，共 11 个法律条文，集中对网络信息安全进行了专门规定。根据《网络安全法》，网络运营者在收集、使用和保存个人信息时，应遵循合法、正当、必要原则，目的限制原则以及透明度原则，履行个人信息严格保密和安全保障义务。该法赋予了用户删除和更正个人信息的权利。除此之外，该法第 13 条明确对未成年人网络保护进行了规定，[1]第 21 条要求网络运营者按照网络安全等级保护制度的要求履行安全保护义务。

为了保障《网络安全法》的落地实施，2017 年 12 月，全国信息安全标准化技术委员会（SAC/TC260）发布了《信息安全技术 个人信息安全规范》。该规范改对个人信息进行了类型化区分，分为普通个人信息和个人敏感信息，对个人信息处理的安全基本原则、个人信息的流转以及个人信息的安全事件处置等进行了体系性规定。从该规范的条文中可以明显地看到其从欧盟 GDPR 中借鉴了经验。虽然该规范不属于强制性国家标准，不具有强制实施的法律效力，但是该规范为网络运营者保护个人信息提供了明确的指引。因此，该规范可作为《网络安全法》信息安全部分落地实施的重要参考文件。规范的第五部分关于个人信息的收集，明确规定在收集年满 14 周岁的未成年人的个人信息前，应征得未成年人或其监护人的明示同意；不满 14 周岁的，应征得其监护人的明示同意。该规定为未成年人个人信息的法律保护奠定了一定的法律基础。

（五）《电子商务法》的个人信息保护

2018 年 8 月，我国正式通过了《电子商务法》。《电子商务法》第 18

---

[1] 《网络安全法》第 13 条规定："国家支持研究开发有利于未成年人健康成长的网络产品和服务，依法惩治利用网络从事危害未成年人身心健康的活动，为未成年人提供安全、健康的网络环境。"

条确认了消费者选择拒绝数字画像的权利；第 24 条规定，电子商务经营者应当明示用户信息查询、更正、删除以及用户注销的方式、程序，不得对用户信息查询、更正、删除以及用户注销设置不合理条件；第 76 条对违反上述规定的电子商务经营者，规定了最高一万元的罚款；第 87 条规定了电子商务监管部门工作人员泄露、出售或者非法向他人提供在履行职责中所知悉的个人信息的法律责任。尤其是与未成年人相关的第 48 条，"在电子商务中推定当事人具有相应的民事行为能力"，有相反证据推翻的除外。根据该规定，电子商务经营者没有验证用户是否是未成年人的在先义务，只有在有明显的证据证明用户是未成年人时才会采取进一步的行动。

（六）《数据安全法》的个人信息保护

2021 年 6 月 10 日，第十三届全国人民代表大会常务委员会第二十九次会议通过了《数据安全法》，自 2021 年 9 月 1 日起施行。《数据安全法》作为国家规范数据处理活动的基本法，旨在保障数据安全，促进数据开发利用，保护个人、组织的合法权益，维护国家主权、安全和发展利益。在国内外网络安全态势异常严峻，大规模数据泄露事件频发、损失重大的总体情势下，保障数据安全成为数字经济发展和实现数字强国的必然要求。《数据安全法》除去对静态的数据安全提出了管理要求，同时也对动态的数据安全划出了界限。《数据安全法》第 3 条明确列举了数据处理类型，包括数据的收集、存储、使用、加工、传输、提供、公开等。关于数据处理，《数据安全法》第 8 条规定，应当遵守法律、法规，尊重社会公德和伦理，遵守商业道德和职业道德，诚实守信，履行数据安全保护义务，承担社会责任，不得危害国家安全、公共利益，不得损害个人、组织的合法权益。可以说，《数据安全法》揭开了我国数据立法的序幕，对个人数据安全具有重要意义，与《网络安全法》一样，亟待后续相关配套法律法规的出台。

（七）《个人信息保护法》的个人信息保护

2021 年 8 月 20 日，第十三届全国人民代表大会常务委员会第三十次会议表决通过《个人信息保护法》，自 2021 年 11 月 1 日起施行。《个人信息保护法》是对个人信息保护的专门立法,既是对数字时代个人信息保护时代需求的回应,也是对个人信息保护国际立法趋势的回应,对我国个人信息保护具有里程碑意义。《个人信息保护法》第31条规定:"个人信息处理者处理不满十四周岁未成年人个人信息的,应当取得未成年人的父母或者其他监护人的同意。个人信息处理者处理不满十四周岁未成年人个人信息的,应当制定专门的个人信息处理规则。"该条规定以14周岁作为年龄分界线,从基本法的层面确立了未成年人信息保护的父母同意原则,同时规定了个人信息处理者制定专门未成年人信息的处理规则,为未成年人个人信息的法律保护奠定了法律基础。

(八)《征信业管理条例》的个人信息保护

2013年1月,为规范征信活动,保护当事人合法权益,国务院公布了《征信业管理条例》。《征信业管理条例》第三章征信业务规则部分,对征信机构采集个人信息进行了较为详细的规定:采集个人信息应当经信息主体本人同意;禁止采集个人的宗教信仰、生物信息、医疗信息、收入信息等敏感信息;信息提供者向征信机构提供的个人不良信息,应当事先告知信息主体本人;对个人不良信息的保存期限,自不良行为或者事件终止之日起为5年,超过后应当删除;应当按照与信息主体约定的用途使用个人信息;不得未经个人信息主体同意向第三方提供;建立保障信息安全的规章制度,并采取有效技术措施保障信息安全;采取合理措施,保障其提供信息的准确性。《征信业管理条例》确认了信息主体查询自身信息,每年两次免费获取本人的信用报告的权利,以及向征信机构提出异议,要求更正的权利。未成年人身心尚未成熟,对未成年人的征信记录可能对未成年人的未来就业和发展产生不利影响,征信机构在采集和使用未成年人个人信息时应当更加慎重。

除上述法律规范外,为了治理App违法违规收集个人信息的乱象,国家互联网信息办公室秘书局、工业和信息化部办公厅、公安部办公厅、国家市场监督管理总局办公厅于2019年11月28日联合印发《App违法违规收集使用个人信息行为认定方法》(以下简称《认定方法》)。《认定方法》分别对"未公开收集使用规则""未明示收集使用个人信息的目的、方式和范围""未经用户同意收集使用个人信息""违反必要原则,收集与其提供的服务无关的个人信息""未经同意向他人提供个人信息"以及"未按法律规定提供删除或更正个人信息功能"或"未公布投诉、举报方式等信息"六项实践中的认定难题进行了规定,旨在为监督管理部门认定 App 违法违规收集使用个人信息行为提供参考,为 App 运营者自查自纠和网民社会监督提供指引。具体而言,根据《认定方法》的规定,第一,以下行为可被认定为"未公开收集使用规则":一是在 App 中没有隐私政策,或者隐私政策中没有收集使用个人信息规则;二是难以访问在 App 首次运行时未通过弹窗等明显方式提示用户阅读隐私政策等收集使用规则;三是难以访问隐私政策等收集使用规则,如进入 App 主界面后,需多于 4 次点击等操作才能访问;四是难以阅读隐私政策等收集使用规则,如文字过小过密、颜色过淡、模糊不清,或未提供简体中文版等。第二,以下行为可被认定为"未明示收集使用个人信息的目的、方式和范围":一是未逐一列出 App(包括委托的第三方或嵌入的第三方代码、插件)收集使用个人信息的目的、方式、范围等;二是收集使用个人信息的目的、方式、范围发生变化时,未以适当方式通知用户,适当方式包括更新隐私政策等收集使用规则并提醒用户阅读等;三是在申请打开可收集个人信息的权限,或申请收集用户身份证号、银行账号、行踪轨迹等个人敏感信息时,未同步告知用户其目的,或者目的不明确、难以理解;四是有关收集使用规则的内容晦涩难懂、冗长烦琐,如使用大量专业术语等。第三,以下行为可被认定为"未经用户同意收集使用个人信息":一是征得用户同意前就开始收集个人信息或打开可收集个人信息的权限;二是用户明确表示不同意后,仍收集个人信息或打开可收集个人信息的权限,或频繁征求用户同意、干扰用户正常使用;三是实际收集的个人信息或打开的可收集个人信息权限超出用户授权范围;四是以默认选择同意隐私政策等非明示方式征求用户同意;五是未经用户同意更改其设置的可收集个人信息权限状态,如 App 更新时自动将用户设置的权限恢复到默认状态;六是利用用户个人信息和算法定向推送信息,未提供非定向推送信息的选项;七是以欺诈、诱骗等不正当方式误导用户同意收集个人信息或打开可收集个人信息的权限，如故意欺瞒、掩饰收集使用个人信息的真实目的；八是未向用户提供撤回同意收集个人信息的途径、方式；九是违反其所声明的收集使用规则，收集使用个人信息。第四，以下行为可被认定为"违反必要原则，收集与其提供的服务无关的个人信息"：一是收集的个人信息类型或打开的可收集个人信息权限与现有业务功能无关；二是因用户不同意收集非必要个人信息或打开非必要权限，而拒绝提供业务功能；三是 App 新增业务功能申请收集的个人信息超出用户原有同意范围，若用户不同意，则拒绝提供原有业务功能，新增业务功能取代原有业务功能的除外；四是收集个人信息的频度等超出业务功能实际需要；五是仅以改善服务质量、提升用户体验、定向推送信息、研发新产品等为由，强制要求用户同意收集个人信息；六是要求用户一次性同意打开多个可收集个人信息的权限，用户不同意则无法使用。第五，以下行为可被认定为"未经同意向他人提供个人信息"：一是既未经用户同意，也未做匿名化处理，App 客户端直接向第三方提供个人信息，包括通过客户端嵌入的第三方代码、插件等方式向第三方提供个人信息；二是既未经用户同意，也未做匿名化处理，数据传输至 App 后台服务器后，向第三方提供其收集的个人信息；三是 App 接入第三方应用，未经用户同意，向第三方应用提供个人信息。第六，以下行为可被认定为"未按法律规定提供删除或更正个人信息功能"或"未公布投诉、举报方式等信息"：一是未提供有效的更正、删除个人信息及注销用户账号功能；二是为更正、删除个人信息或注销用户账号设置不必要或不合理条件；三是虽提供了更正、删除个人信息及注销用户账号功能，但未及时响应用户相应操作，需人工处理的，未在承诺时限内（承诺时限不得超过 15 个工作日，无承诺时限的，以 15 个工作日为限）完成核查和处理；四是更正、删除个人信息或注销用户账号等用户操作已执行完毕，但 App 后台并未完成的；五是未建立并公布个人信息安全投诉、举报渠道，或未在承诺时限内（承诺时限不得超过 15 个工作日，无承诺时限的，以 15 个工作日为限）受理并处理的。

二、专门适用于未成年人的相关法规

（一）《未成年人保护法》

我国《未成年人保护法》制定于1991年，于2006年、2020年分别进行了修订，于2012年进行了修正，该法是UNCRC在我国的具体体现。2020年修订的《未成年人保护法》，除承前对未成年人的家庭保护、学校保护、社会保护、司法保护的角度进行了相应修改和规定外，应时代发展和需要，增设"网络保护"专章。该法第72条规定："信息处理者通过网络处理未成年人个人信息的，应当遵循合法、正当和必要的原则。处理不满十四周岁未成年人个人信息的，应当征得未成年人的父母或者其他监护人同意，但法律、行政法规另有规定的除外。未成年人、父母或者其他监护人要求信息处理者更正、删除未成年人个人信息的，信息处理者应当及时采取措施予以更正、删除，但法律、行政法规另有规定的除外。"该条主要从以下几点对未成年人个人信息进行了规定：（1）信息处理者在处理未成年人个人信息时应遵循的基本原则，即"合法、正当和必要"原则；（2）"父母同意"原则，划定的年龄界限是14周岁，即"处理不满十四周岁未成年人个人信息的，应当征得未成年人的父母或者其他监护人同意"；（3）赋予了未成年人父母及符合条件的未成年人关于个人信息的更正权和删除权，并且并未设置行使该权利的其他实质条件，这意味着除法律规定的特殊情形外，未成年人父母及符合条件的未成年人享有自由决定是否更正、删除未成年个人信息的权利。《未成年人保护法》首次从基本法的层面对未成年人个人信息进行了保护，对未成年人个人信息保护实践具有重要的现实意义，为后续制定未成年人个人信息保护的相关规定和细则奠定了制度基础。

考虑到未成年人心智尚未成熟、尚不能完全清楚某些行为的意义，《未成年人保护法》第73条规定："网络服务提供者发现未成年人通过网络发布私密信息的，应当及时提示，并采取必要的保护措施。"此外，《未成年人保护法》还在"司法保护"专章中特别规定了公安机关、人民检察院、人民法院、司法行政部门不得披露未成年人个人信息的法定义务。《未成年人保护法》第103条规定："公安机关、人民检察院、人民法院、司法行政部门以及其他组织和个人不得披露有关案件中未成年人的姓名、影像、住所、就读学校以及其他可能识别出其身份的信息，但查找失踪、被拐卖未成年人等情形除外。"可以说，《未成年人保护法》为制定未成年人的互联网治理政策和个人数据保护政策提供了宝贵的制度框架。

（二）《预防未成年人犯罪法》

与未成年人个人信息相关的一个刑事法律规范是1999年制定的《预防未成年人犯罪法》，2020年12月26日，《预防未成年人犯罪法》由第十三届全国人民代表大会常务委员会第二十四次会议修订通过，自2021年6月1日起施行。《预防未成年人犯罪法》第3条规定："开展预防未成年人犯罪工作，应当尊重未成年人人格尊严，保护未成年人的名誉权、隐私权和个人信息等合法权益。"该法第59条规定："未成年人的犯罪记录依法被封存的，公安机关、人民检察院、人民法院和司法行政部门不得向任何单位或者个人提供，但司法机关因办案需要或者有关单位根据国家有关规定进行查询的除外。依法进行查询的单位和个人应当对相关记录信息予以保密。未成年人接受专门矫治教育、专门教育的记录，以及被行政处罚、采取刑事强制措施和不起诉的记录，适用前款规定。"应当说，该法对未成年犯罪人的个人信息进行了应有的保护。

（三）《未成年人学校保护规定》

保护未成年人是全社会共同的责任使命，也是学校的法定义务。2021年6月1日，时任教育部部长陈宝生签署中华人民共和国教育部令第50号，公布《未成年人学校保护规定》（以下简称《规定》），自2021年9月1日起施行。《规定》遵循全面保护的原则，依据宪法、民法典、未成年人保护法、教育法等法律，系统规定了学校应当保护的未成年人基本权利，包括平等权、生命健康与自由、人格权、隐私权、受教育权、休息权、财产权、肖像权和知识产权、参与权、申诉权等权利。与未成年学生数据保护直接相关的是《规定》第10条和第38条。《规定》第10条规定:"学校采集学生个人信息,应当告知学生及其家长,并对所获得的学生及其家庭信息负有管理、保密义务,不得毁弃以及非法删除、泄露、公开、买卖。学校在奖励、资助、申请贫困救助等工作中,不得泄露学生个人及其家庭隐私;学生的考试成绩、名次等学业信息,学校应当便利学生本人和家长知晓,但不得公开,不得宣传升学情况;除因法定事由,不得查阅学生的信件、日记、电子邮件或者其他网络通讯内容。"该条禁止学校、教师公开学生的考试成绩和排名等信息,并且禁止学校在奖励、资助、申请贫困救助等工作中,泄露学生个人及其家庭隐私。《规定》第38条第5项规定:"学校及教职工不得……非法提供、泄露学生信息或者利用所掌握的学生信息牟取利益",规定了学校及教职工的数据管理义务。

三、未成年人数据保护法规的出现

2019年8月22日,国家互联网信息办公室公布《儿童个人信息网络保护规定》(以下简称《保护规定》),是我国首部专门针对儿童个人信息保护的法律规范,对未成年个人信息的保护具有意义。2022年3月,国家互联网信息办公室发布《未成年人网络保护条例(征求意见稿)》(以下简称《条例(征求意见稿)》)公开征求意见,顺应了国际互联网治理的总体趋势和通行做法,也代表了我国网络监管体制的一次转变。[1]

(一)《儿童个人信息网络保护规定》

国家互联网信息办公室于2019年8月22日正式公布了《保护规定》,已于2019年10月1日起施行。《保护规定》是我国首部专门针对儿童个人信息保护的法律规范,具有一定的积极意义。一是《保护规定》首次在网络环境下对"儿童"进行了法律定义,"本规定所称儿童,是指不满十四周岁的未成年人";二是《保护规定》明确了收集和处理个人信息的一般原则,要求网络运营者收集、存储、使用、转移、披露儿童个人信息的,

---

[1] 参见申卫星:"[专家谈]申卫星:未成年人网络保护立法营造风清气正网络空间",载http://news.cnr.cn/comment/sp/20171204/t20171204_524049118.shtml,最后访问日期:2020年5月29日。

应当遵循正当必要、知情同意、目的明确、安全保障、依法利用的原则；三是《保护规定》提出网络运营者应当设置专门的儿童个人信息保护规则和用户协议，并指定专人负责儿童个人信息保护，对企业提出了全新的要求；四是确立了国家互联网信息办公室的监管职权；五是对处理儿童数据的父母同意进行了规定，同时赋予了儿童或其监护人更正和删除相关信息的权利；六是《规定》要求网络运营者在委托第三方处理儿童个人信息以及向第三方转移儿童个人信息时应当对受委托的第三方进行安全评估，对于治理网络运营商向第三方共享和转移儿童个人信息的乱象具有重要意义。

（二）《条例（征求意见稿）》

为了保障未成年人网络空间安全，保护未成年人合法网络权益，促进未成年人健康成长，2017年1月，国务院法制办公室就《未成年人网络保护条例（送审稿）》公开征求意见，2022年3月，国家互联网信息办公室发布《条例（征求意见稿）》，距离《未成年人网络保护条例》的正式出台更近一步。一方面，《条例（征求意见稿）》主要通过对未成年人网络信息内容建设的规范，保护未成年人免受网络违法信息侵害，避免未成年人接触不适宜其接触的信息；另一方面，《条例（征求意见稿）》在送审稿的基础上增设第四章"个人信息保护"，既是对送审稿的完善，也是对《个人信息保护法》在未成年人个人信息保护领域的贯彻落实。《未成年人网络保护条例》的出台将有助于塑造良好的未成年人网络环境，强化未成年人的个人信息保护。

四、我国数字化教育的发展现状与历史进程考评

党的十九大报告明确提出，优先发展教育，加快教育现代化，办好人民满意的教育。教育信息化是教育现代化的基本内涵和显著特征，是推动教育现代化的有力抓手。2018年、2021年教育部相继发布《中小学数字校园建设规范（试行）》《高等学校数字校园建设规范（试行）》，我国的数字校园建设和智能化教育建设正在全面推进和展开。受新冠疫情影

响,2020 年春季学期,国内约 2.7 亿[1]在校生"停课不停学",全部居家上网课,唤醒了全民在线教育的强烈需求,数字化教育迎来了历史性的发展机遇期。

在数字化教育全面推进的同时,凸显了学生数据法律保护的滞后与缺失。各种教育学习类应用软件层出不穷、良莠不齐,相关责任主体不明、职责不清,学生数据泄露案件频发,校园人脸识别应用无序扩张等问题,引发了对学生数据隐私、监视、歧视等问题的深度隐忧。2021 年 6 月 10 日审议通过的《数据安全法》是数据安全领域的基础性法律。《数据安全法》第 6 条规定:"各地区、各部门对本地区、本部门工作中收集和产生的数据及数据安全负责。工业、电信、交通、金融、自然资源、卫生健康、教育、科技等主管部门承担本行业、本领域数据安全监管职责。"教育领域的学生数据保护亟待专门立法。

在学生数据方面,2018 年 12 月,教育部办公厅发布了《关于严禁有害 APP 进入中小学校园的通知》,要求各地严格审查进入校园的学习类 App,建立学校及其上级教育主管部门的"双审查"责任制。针对教育市场上的学习类 App 良莠不齐的乱象,2019 年 5 月,广东省发布了《关于印发〈广东省面向中小学生校园学习类 App 管理暂行办法〉的通知》,要求学习类 App 保障用户信息数据安全。[2]鼓励校园学习类 App 根据公安部《信息安全等级保护管理办法》规定,主动申请并通过信息系统安全等级

---

[1] 根据中国互联网络信息中心发布的第 45 次《中国互联网络发展状况统计报告》,截至 2020 年 3 月,我国在线教育用户规模达 4.2 亿,较 2018 年年底增长 110.2%,其中学生用户约达到 2.7 亿。参见"CNNIC 发布第 45 次《中国互联网络发展状况统计报告》",载 http://www.cac.gov.cn/2020-04/28/c_1589619527364495.htm,最后访问日期:2020 年 4 月 28 日。

[2] 根据《关于印发〈广东省面向中小学生校园学习类 App 管理暂行办法〉的通知》,校园学习类 App 须遵守《网络安全法》《通信网络安全防护管理办法》《电信和互联网用户个人信息保护规定》各项要求。各学习类 App 主办者收集、使用个人信息,应当遵循合法、正当、必要的原则,公开收集、使用规则,明示收集、使用信息的目的、方式和范围,并经用户同意。各学习类 App 不得调用和学习相关功能无关的隐私权限,不得征集与使用本 App 功能无关的学生和家长个人信息。校园学习类 App 主办者对用户账号、密码、注册手机号码等信息负有保密的义务,不得泄露、出售,保障学生和家长的信息安全。校园学习类 App 主办者在用户终止使用其 App 服务后,应当停止对用户个人信息的收集和使用,并为用户提供注销账号的服务。

保护（二级或以上）测评与备案。[1]2019年7月17日，广东省教育厅根据《广东省面向中小学生校园学习类App管理暂行办法》，公布了中小学校园学习类App第二批审查情况，两批共100款App通过审查。但审查的主要内容是产品设计是否科学，能否体现素质教育要求，是否存在强制或恶意扣费，是否有护眼功能以及是否有客服、问题反馈渠道等。[2]遗憾的是，对学生数据权方面却涉及较少。

我国的数字化教育事业已经经历了40余年的发展历程。从20世纪八九十年代的多媒体课件、计算机展示以及部分学校的在线教育试点，到21世纪00年代基于PC互联网的远程教育的兴起，以及10年代基于移动互联网在线教育资源的日益丰富，再到近几年以大数据、云计算、人工智能等技术为基础的智能化教育，数字化教育整体上经历了从"互联网教育"向"智能化教育"的转变。我国顶层设计一直非常注重推动教育领域的智能化与现代化，伴随大数据、人工智能与教育领域的深入融合，相关教育政策也从"教育信息化1.0时代"迈向了"教育信息化2.0时代"。

法国著名历史学家布罗代尔把历史时间区分为地理时间、社会时间、个体时间三类，[3]其中，社会时间主要是指各个民族国家对历史时间所作的划分。本书依据我国有关改革开放等权威性社会时间的界定以及数字化教育领域出台关键政策的时间节点，把数字化教育发展历程划分为四个阶段，即第一阶段（1978—2000年）的初步规划期、第二阶段（2000—2012年）的稳步发展期、第三阶段（2012—2018年）全面推进期、第四阶段（2018年至今）的蓬勃发展期。

（一）第一阶段（1978—2000年）：初步规划期

邓小平同志早在40年前就提出了"教育要面向世界，面向未来，面

---

[1] 参见"关于印发《广东省面向中小学生校园学习类APP管理暂行办法》的通知"，载http://edu.gd.gov.cn/zwgknew/gsgg/content/post_3428577.html，最后访问日期：2019年7月24日。

[2] 参见"广东省教育厅已公布同步学等100款校园学习类APP白名单"，载http://www.donews.com/news/detail/4/3054426.html，最后访问日期：2019年7月24日。

[3] 参见［法］费尔南·布罗代尔：《菲利普二世时代的地中海和地中海世界》（上卷），唐家龙、曾培耿等译，商务印书馆1996年版，第10页。

向现代化""计算机的普及要从娃娃做起""开发信息资源,服务四化建设"等重要论断。1995年党的十四届五中全会提出了"加快国民经济信息化进程"的战略任务,1996年第八届人大四次会议把推进信息化纳入国民经济和社会发展"九五"计划和2010年远景目标纲要。从邓小平同志的论断到中央的战略部署,都明确指明和绘制了教育信息化发展的目标和基本蓝图。

从信息技术与教育的融合发展来看,1978—2000年的初步规划期又可分为两个阶段。一是1978—1990年阶段,这一时期主要是传统教育与内容信息化的融合,主要表现为函授、广播/电视讲座、录音带/录像带、幻灯/投影。二是1990—2000年阶段,这一时期主要是PC互联网教育的初步发展期,主要表现为多媒体课件、计算机展示,以及20世纪90年代末开始在部分学校开展在线教育试点。总体来看,自改革开放至20世纪末这段时期,教育信息化的发展受限于信息技术的发展和普及,主要表现为传统教育与电化教育的初步融合。

(二)第二阶段(2000—2012年):稳步发展期

2000年以后,我国的数字化教育进入了稳步发展期。2002年,教育部发布《教育信息化"十五"发展规划(纲要)》,明确指明和绘制了教育信息化发展的目标和基本蓝图。2007年,教育部发布《国家教育事业发展"十一五"规划纲要》,提出加快教育信息化步伐。2010年,中共中央、国务院发布《国家中长期教育改革和发展规划纲要(2010—2020年)》(以下简称《规划纲要(2010—2020年)》),这是中国进入21世纪之后的第一个教育规划,是此后一个时期指导全国教育改革和发展的纲领性文件。《规划纲要(2010—2020年)》第十九章专章规定"加快教育信息化进程",包括"加快教育信息基础设施建设""加强优质教育资源开发与应用""构建国家教育管理信息系统"等内容。2012年,教育部发布《教育信息化十年发展规划(2011—2020年)》,提出用10年左右的时间初步建成具有中国特色的教育信息化体系,使我国教育信息化整体上接近国际先进水平,推进教育事业的科学发展,以教育信息化带动教育现代化。此阶段的重要政策规范性文件见表3-1。

表3-1 快速发展期（2000—2012年）的相关政策

发布时间	发布单位	相关政策
2002年	教育部	《教育信息化"十五"发展规划（纲要）》
2007年	教育部	《国家教育事业发展"十一五"规划纲要》
2010年	中共中央、国务院	《国家中长期教育改革和发展规划纲要（2010—2020年）》
2012年	教育部	《教育信息化十年发展规划（2011—2020年）》

从信息技术与教育的融合发展来看，2000—2012年这一时期是PC互联网教育的快速发展期。这一时期互联网、PC开始普及，新东方在线、沪江网校等远程教育兴起。教育信息化的快速发展期为下一阶段教育信息化的全面推进期奠定了一定的政策环境和软硬件基础。

（三）第三阶段（2012—2018年）：全面推进期

2012—2018年是全面推进数字化教育的关键时期。党的十八大以来，我国高度重视教育信息化对教育现代化的推动作用，2016年，教育部印发《教育信息化"十三五"规划》，提出要以建设好"三通两平台"为抓手，实现"宽带网络校校通""优质资源班班通""网络学习空间人人通"，建设教育资源公共服务平台和教育管理公共服务平台。2015年、2016年、2017年，教育部连续3年发布本年度《教育信息化工作要点》，持续推进教育信息化工作。2015年，教育部发布《职业院校数字校园建设规范》，专项推进职业院校的数字校园建设。2015年，习近平主席在致首届国际教育信息化大会的贺信中"积极推动信息技术与教育融合创新发展""坚持不懈推进教育信息化，努力以信息化为手段扩大优质教育资源覆盖面""通过教育信息化，逐步缩小区域、城乡数字差距，大力促进教育公平，让亿万孩子同在蓝天下共享优质教育、通过知识改变命运"的论述指明了教育信息化今后工作的目标、方向和途径。2017年，党的十九大报告明确提出，优先发展教育事业，"建设教育强国是中华民族伟大复兴的基础工程，必须把教育事业放在优先位置，深化教育改革，加快教育现代化，办好人民满意的教育。"2017 年，国务院印发《国家教育事业发展"十三五"规划》，确定了"十三五"时期教育改革发展的指导思想、主要目标、战略任务和保障措施，是当时一段时期我国教育改革发展的行动纲领和指导性文件。同年，教育部发布《关于数字教育资源公共服务体系建设与应用的指导意见》，推进数字教育资源公共服务体系常态化建设。此阶段的重要政策规范性文件见表 3-2。

表 3-2　全面推进期（2012—2018 年）的相关政策

发布时间	发布单位	相关政策
2012 年	教育部	《国家教育事业发展第十二个五年规划》
2015 年	教育部	《职业教育与继续教育 2015 年工作要点》
2015 年	教育部	《2015 年教育信息化工作要点》
2015 年	教育部	《职业院校数字校园建设规范》
2015 年	教育部	《职业院校管理水平提升行动计划（2015-2018 年）》
2016 年	教育部	《教育信息化"十三五"发展规划》
2016 年	教育部	《2016 年教育信息化工作要点》
2017 年	国务院	《国家教育事业发展"十三五"规划》
2017 年	教育部	《2017 年教育信息化工作要点》
2017 年	教育部	《关于数字教育资源公共服务体系建设与应用的指导意见》

从信息技术与教育的融合发展来看，第三阶段（2012—2018 年）是教育信息化的全面推进期。这一阶段是 3G、4G、Wi-Fi 快速发展期，进入移动互联网教育时代，更多优质在线资源开始涌现，如 MOOC、作业帮、流利说等。这一阶段，校园的数字化建设逐步展开，教师和学生的数字化素养不断提升。以上政策指明了数字化教育未来的发展方向，为数字化教育的发展奠定了政策基础。

（四）第四阶段（2018 年至今）：蓬勃发展期

2018 年是教育信息化发展的关键一年。在这一年，教育部印发《教育信息化 2.0 行动计划》，加快教育现代化和教育强国建设，推进新时代教育信息化发展，培育创新驱动发展新引擎，结合国家"互联网+"、大数据、新一代人工智能等重大战略进行任务安排。《教育信息化 2.0 行动计划》提出，到 2022 年我国要基本实现"三全两高一大"，即教学应用覆盖全体教师、学习应用覆盖全体适龄学生、数字校园建设覆盖全体学校，信息化应用水平和师生信息素养普遍提高，建成"互联网+教育"大平台的发展目标，"AI+教育"成为教育行业新的发展方向。在此之后，中共中央、国务院、教育部等部门密集出台了一系列文件。2019 年，中共中央、国务院印发了《中国教育现代化 2035》《加快推进教育现代化实施方案（2018—2022 年）》，提出创新信息时代教育治理新模式，开展大数据支撑下的教育治理能力优化行动，推动以互联网等信息化手段服务教育教学全过程。教育部分别在 2018 年、2021 年相继发布《中小学数字校园建设规范（试行）》《高等学校数字校园建设规范（试行）》，全面推进中小学和高校的数字校园建设。针对教育移动互联网应用和在线教育质量的良莠不齐，2019 年，教育部与其他部门联合发布《关于引导规范教育移动互联网应用有序健康发展的意见》《关于促进在线教育健康发展的指导意见》。此阶段的重要政策规范性文件见表 3-3。

表 3-3　蓬勃发展期（2018 年至今）的相关政策

发布时间	发布单位	相关政策
2018 年 4 月	教育部	《教育信息化 2.0 行动计划》
2018 年 4 月	教育部	《中小学数字校园建设规范（试行）》
2018 年 12 月	教育部	《教育部关于加强网络学习空间建设与应用的指导意见》
2019 年 2 月	中共中央、国务院	《中国教育现代化 2035》
2019 年 2 月	中共中央、国务院	《加快推进教育现代化实施方案（2018-2022 年）》
2019 年 2 月	教育部	《2019 年教育信息化和网络安全工作要点》
2019 年 4 月	教育部、财政部	《中国特色高水平高职学校和专业建设计划项目遴选管理办法（试行）》

续表

发布时间	发布单位	相关政策
2019年8月	教育部等八部门	《关于引导规范教育移动互联网应用有序健康发展的意见》
2019年9月	教育部等十一部门	《关于促进在线教育健康发展的指导意见》
2019年10月	教育部	《关于开展2019年度网络学习空间应用普及活动的通知》
2020年2月	教育部、工信部	《关于中小学延期开学期间"停课不停学"有关工作安排的通知》
2021年3月	教育部	《高等学校数字校园建设规范（试行）》

此阶段还有一个非常重要的意外因素，那就是2020年突如其来的新冠疫情，成为推动数字化教育落地实施的催化剂。疫情期间，所有学生"停课不停学"居家上网课，全面激活在线教育。不仅原有的线下教育培训机构转移到线上，各大互联网巨头公司也竞相抢占在线教育领域的高地，更有各种小型创业公司力图跻身在线教育领域获得一席之位。在政策、技术、市场等因素的多重驱动下，在线教育市场越发活跃，刺激了在线教育企业的快速增长，各类企业密集谋求融资抢占市场，形成了激烈的竞争格局，推动着教育领域的革新以及教育治理体系和治理能力现代化。网经社《2019在线教育融资数据榜》显示，2019年在线教育融资总金额达115.6亿元人民币，艾媒网预测，2020年中国在线教育市场规模可达4538亿，而这一市场的规模仍在继续扩大。[1]

从信息技术与教育的融合发展来看，第四阶段逐步实现了信息技术与教育的深度融合。这一时期，结合大数据、人工智能、云计算等技术的发展，我国教育信息化产业发展迅速，已形成从技术支持、内容提供、内容平台、营销推广到用户的一条完整的B2B2C产业链。在技术支持方面，云计算、网络通信、工具开发等技术更新迭代加快，为在线教育平台提供了

---

[1] 参见徐玲玲、徐牧："在线教育调研洞察报告"，载https://www-file.huawei.com/-/media/corporate/pdf/ilab/2020/online-edu-insights-report.pdf，最后访问日期：2020年4月28日。

第三章 本土实践：我国未成年人数据保护的现状考评

有力的技术支撑；在内容提供方面，目前以教育培训机构和个人生产为主，但存在内容同质化问题，优质内容欠缺；在教育平台方面，逐渐涌现出一些综合实力较强的平台，品牌效应与用户流量成正比；在营销推广方面，线上与线下同步推广，营销渠道多样化，随着 AI 与大数据技术的发展，转向更为精准的营销。

当前的在线教育行业可分为三大行业子类：内容类、工具类、平台类。内容类主要分为学科辅导（如学而思网校、猿辅导）、英语教育（如 VIPKid、51Talk）、职业教育（如华图教育）等；工具类主要分为教育信息化（如 101 智慧课堂、全课云）、答疑搜题工具（如作业帮、小猿搜题）、词典单词工具（如百词斩、有道）、志愿填报工具（如立思辰、高招帮）等；平台类分为综合教育平台（如腾讯课堂、智慧树）和网络公开课（如网易公开课、慕课）等。经过一段时间的发展，从在线教育平台和内容的授课形式来看，目前有以下几种类别：(1) 一对多直播：一位教师面向多位学生，通过共享（如 PPT 课件或视频+语音）的方式进行直播，具备一定互动性，且支持回看，目前是普遍应用且颇受欢迎的在线教育方式。(2) 一对一互动：相当于线下的一对一家教转成了线上，多用于对教学效果和互动效果要求较高的课程，如英语口语、乐器训练等在线课程，互动性和时效性强。(3) 直播+面授：多为线下大班教学的一种补充方式，通过现场教学和名师远程直播结合的方式，使名师资源可以充分共享。(4) 录播：多适用于对一些具备共性和针对性的知识点进行学习和巩固，采用录播的方式授课，可以方便用户随时随地学习和巩固。

数字化教育，尤其是数据驱动的智能化教育是推动教育领域革新、推进教育现代化与教育治理能力现代化的有力抓手。然而，学生数据现在是一门"大生意"。[1]我国学生数量非常庞大，教育信息化具有巨大的市场潜力和发展空间，越来越多的教育机构投入教育信息化新模式的探索中，

---

[1] See Alex Molnar and Faith Boninger, "On the Block: Student Data and Privacy in the Digital Age-The Seventeenth Annual Report on Schoolhouse Commercializing Trends 2013-2014", *National Education Policy Center*, 2015.

方兴未艾的信息化教育亦暴露出诸多现实问题。学生数据治理乱象凸显，各种教育学习类应用数目繁多、良莠不齐，学生数据泄露案件频发，人脸识别应用扩张，相关责任主体不明、职责不清，引发了关于学生数据隐私、言论自由以及新的歧视形式等问题的深度隐忧，学生数据法律保护面临多重困境。

第二节　我国未成年人数据行业保护实践考评

一、Tik Tok 美国罚款案再探

再看 Tik Tok 美国罚款案，美国 FTC 早在 2016 年即已启动对 Musical.ly 的儿童数据合规情况的相关调查，2017 年 11 月"字节跳动"收购 Musical.ly，2018 年 8 月 Tik Tok 与 Musical.ly 的应用程序完成合并，FTC 的调查以及加利福尼亚州中区法院的民事处罚令事实上都是针对 Musical.ly 及其子公司作出的，该案真实被告是 Musical.ly 及其子公司。[1]如此来看，该案件似乎和母公司"字节跳动"没有什么关系，然而，事实恰好相反。虽然从收购的角度来看，Tik Tok 确实替 Musical.ly"背了锅"，但 Tik Tok 的行为并非无可指摘，其在收购 Musical.ly 之前是否做了足够的尽职调查和风险防范姑且不论，其在收购 Musical.ly 后一年多的时间里，并未依据 COPPA 对 Musical.ly 应用程序的儿童数据合规作出相应的调整和改进。从这个角度来看，Tik Tok 是难辞其咎的，其在国际业务迅速扩张的同时，没有守住保护儿童数据的底线。[2]

回到该案的真实被告 Musical.ly 身上，公开资料显示，Musical.ly 这家对于中国短视频用户有些陌生的公司，实际上是一家主营业地在上海的中

---

[1] 参见"抖音海外版被开 570 万罚单？字节跳动总裁亲自回应"，载 http://www.sohu.com/a/298375813_120057891，最后访问日期：2019 年 5 月 4 日。

[2] 参见"抖音被罚 3800 万！成美国史上侵犯儿童隐私案最重罚款"，载 http://www.sohu.com/a/298230718_100059106，最后访问日期：2019 年 5 月 4 日；"抖音海外版被控侵犯儿童隐私　被开 570 万美元罚单"，载 http://news.sina.com.cn/s/2019-02-28/doc-ihrfqzka9887496.shtml，最后访问日期：2019 年 5 月 4 日。

国公司。Musical.ly 是由上海闻学网络科技有限公司推出，在开曼群岛注册，在上海和美国加利福尼亚州设有办事处，主要运营位于海外的短视频社交平台。[1]用户通过 Musical.ly 应用程序，可以创建时长 15 秒的短视频，可为之同步音乐剪辑，与其他用户分享自己的歌声、舞蹈、有趣视频、生活方式等。Musical.ly 自 2014 年上线后，在北美发展迅猛，数据显示，该平台在全球已拥有超 2 亿用户，美国就有 6500 万用户，就连美国流行音乐天后 Talor Swift 也是该平台的忠实用户。Musical.ly 不仅为用户提供了一个创建、发布和公开分享视频的平台，还为用户提供了一个与其他用户建立联系和交互的平台。用户注册 Musical.ly，需要提供姓名、电话号码、电子邮件地址、用户名、个人简介和个人资料图片；用户账号的默认设置是公开可见，其他用户可以搜索到用户的个人简介、用户名、图片和视频等个人信息；当用户将其账号设置为"私密"后，其他用户将无法查看其发布的短视频，但用户名和个人资料简介仍然是公开的，可供其他用户搜索。近年来，许多新闻文章都报道了 Musical.ly 这款 App 在青少年和年幼儿童中的受欢迎程度，引起了许多家长的关注，特别是在新闻报道了成年人恋童癖者利用该应用程序联系儿童之后。[2]

Tik Tok 的美国罚款案，为我国的短视频平台在国外的迅速扩张敲响了警钟。国内的粗放式"野蛮生长"，使在国内"风生水起"的短视频在国外遭遇了"水土不服"，多次碰壁。据报道，Tik Tok 在东南亚的一些国家中也遭到了批评、质疑甚至封禁。[3]国内对短视频监管的缺位以及儿童数据法律保护的缺失，也引起了国内媒体、学界、政策制定者的共同关注，短视频平台开始积极探索"青少年模式"，致力为儿童打造环境良好的内容呈现平台。

---

[1] 参见商业关系查询平台"天眼查"，载 https://www.tianyancha.com/company/1099767968，也可参见相关报道，"抖音国际版在美国被罚 3800 万？抖音最新回应来了"，载 http://news.zhicheng.com/n/20190228/250297_2.html，最后访问日期：2019 年 5 月 4 日。

[2] 参见"抖音国际版被罚 570 万美元 未经父母同意非法收集儿童信息"，载 http://www.myzaker.com/article/5c774cf277ac6460866de836/，最后访问日期：2019 年 5 月 28 日。

[3] 参见"抖音海外版先是在印尼被禁，现在因涉嫌违法被美国罚款约 3800 万元"，载 http://dy.163.com/v2/article/detail/E94C3I4C05461BQX.html，最后访问日期：2019 年 5 月 28 日。

二、短视频 App 的"青少年模式"

艺术领袖安迪·沃霍尔曾说:"每个人都可能在 15 分钟内出名",然而,在移动互联网时代,一个人成名只要 15 秒。[1]自 2017 年以来,短视频广为流行,根据第 43 次《中国互联网络发展状况统计报告》,截至 2018 年 12 月,短视频用户规模达 6.48 亿,用户使用率为 78.2%。2018 年 8 月短视频平台活跃用户数排行榜中,位居榜单前两名的快手、抖音纷纷突破 2 亿活跃用户。[2]短视频深受未成年人的欢迎,短视频的未成年人用户非常庞大,在各类短视频平台上都可以看到未成年人的身影,既有父母或其他人拍摄上传的,也有未成年人自己拍摄上传的。2018 年 6 月,团中央和腾讯联合发布报告指出,"中国青少年对游戏的热情已经低于短视频"。[3]短视频的默认设置是对所有用户公开,存在较大的数据保护风险。

国家网信办认识到短视频对未成年人的不良影响和使用风险,指导抖音、快手等短视频平台试点上线"青少年模式",为父母及其他法定监护人管理未成年人使用短视频的情形提供了技术渠道和便捷。以短视频 App 抖音为例,打开 App 进入用户界面时,会弹出一个类似的询问窗口对用户进行提示:"为呵护未成人健康成长,平台特别推出青少年模式,该模式下部分功能无法正常使用。请监护人主动选择,并设置监护密码。"在此提示下,有一个"进入青少年模式"的选项,点击进入可以进行相应的设置。在"进入青少年模式"的下面有一个"我知道了"的选项,点击后可以不受此"青少年模式"的限制,继续使用该短视频。点击"进入青少年模式"后,有"时间锁""青少年模式""亲子平台"三个选项。"时间锁"可以设置一个触发时间,开启"时间锁"需先设立独立密码,"时间

---

[1] 参见"短视频发展简史:从 20 分钟到 15 秒的新秩序",载 https://baijiahao.baidu.com/s?id=1602306822476573847,最后访问日期:2019 年 7 月 22 日。

[2] 参见"2018 年 8 月中国短视频市场分析:快手活跃用户数位居榜首(图)",载 http://www.askci.com/news/chanye/20180930/1429401133337.shtml,最后访问日期:2019 年 7 月 22 日。

[3] "未成年人'玩'短视频应该警惕",载 https://news.china.com/domesticgd/10000159/20180619/32553088_2.html,最后访问日期:2019 年 7 月 22 日。

锁"开启后，单日使用时长超过触发时间，需输入密码才能继续使用。抖音设置了 40 分钟、60 分钟、90 分钟、120 分钟 4 个档位的"时间锁"触发时间。抖音在其"青少年模式"中声明：在"青少年模式"中，精选了一批教育类、知识类内容呈现在首页，且无法进行充值打赏等操作，每日晚 22 时至次日早 6 时无法使用抖音；开启青少年模式后，将自动开启"时间锁"，时间锁默认设置为 40 分钟，单日使用时长超过触发时间，需输入密码才能继续使用。"青少年模式"是抖音为促进青少年健康成长作出的一次尝试，优先对核心场景进行了优化，也将继续致力于优化更多场景。"亲子平台"为父母管理孩子的使用行为提供了便捷，父母在开启"亲子平台"前，需同意《抖音亲子平台服务协议》，依照服务流程进行申请。父母及其他未成年人的监护人可通过抖音账号登录"亲子平台"，并使用手机号码进行绑定，该手机号码将成为使用"亲子平台"的唯一身份信息，一个抖音账号最多可以绑定 3 名未成年人的抖音账号。

三、未成年人数据保护的腾讯经验

在未成年人数据保护的行业实践方面，2018 年 4 月，快手上线"家长控制模式"，只提供适合未成年人的内容，无法打赏、充值、提现和直播视频。2018 年 11 月，三星、华为、Vivo、OPPO、小米和腾讯等启动共建未成年人保护生态工作，倡导行业自律，形成业界良好氛围。[1]腾讯因其平台特性及推出的产品属性，积累了大量未成年人用户，近年来，腾讯持续加大未成年人网络保护的技术研发力度，作出了大量技术化治理探索，在未成年人的相关保护方面走在全国前列。本书以腾讯为例，探究其保护未成年人的具体细节，描绘我国未成年人数据保护行业实践的基本轮廓。

(一) 腾讯的技术化治理探索

2019 年 4 月 2 日，腾讯发布了《未成年人上网保护白皮书》，介绍了腾讯近年来在未成年人安全上网保护方面的系统性探索。以游戏领域为

---

[1] 参见 "2019 年两会，马化腾提了这 7 份建议案 | 12 万字全文版"，载 https://mp.weixin.qq.com/s/yb6OyuIvHQjImcNMJsJYSw，最后访问日期：2019 年 7 月 22 日。

例，腾讯近两年在游戏领域构建了覆盖事前、事中、事后的涵盖游戏行为全环节的未成年人健康上网保护体系，并通过"公安权威数据平台强化实名校验""金融级别人脸识别验证""基于自然人合并计算多账号总游戏时长"等一批新技术、新功能，对这一体系不断完善与强化。[1]

首先，事前设置。2017年2月，腾讯推出了防止未成年人网络沉迷和乱消费的"成长守护平台"。"成长守护平台"由"家庭守护"（家长端功能）、"星星守护"（教师端功能）和"自我管理"（孩子端功能）三个部分组成。"家庭守护"向家长推送消息，使家长事前绑定账号，设置游戏时长和消费限额，让未成年人在父母监护下有节制地玩，有助于未成年人培养规则意识和时间管理能力。"家庭守护"还通过家长学院和互动内容，使家长了解亲子沟通的科学方式。数据显示，截至2018年2月16日，受"家庭守护"的孩子，相比守护前一个月平均游戏时长下降25%，充值额度最高下降37%。[2]"星星守护"使教师可以查询学生的游戏行为。"自我管理"可使孩子自行管理并设置游戏时间。

其次，事中管理。2017年6月，腾讯上线了游戏防沉迷的"健康系统"，由"实名认证""时长控制"和"人脸识别"三个部分组成。"实名认证"接入公安权威数据平台，严格校验身份证号码与姓名的真实性是否匹配；"时长控制"是未满13周岁的未成年人每天限玩1小时，且每日21时至次日8时禁玩，13周岁及以上未成年人每天限玩2小时；"人脸识别"是对异常账号人脸识别，与实名信息进行比对，即当出现虽然实名认证为成年人，但游戏内的表现行为疑似未成年人的用户，启用人脸识别验证。截至2019年4月，该"健康系统"已覆盖53款热门手机游戏和11款电脑端游戏。

最后，事后服务。2018年6月，腾讯发布了"少年灯塔主动服务工程"，主要分为三个步骤：第一步，筛选、告知，由于未成年人往往使用

---

[1] 参见"腾讯保护未成年人健康上网新尝试：将启动'16+'试点"，载https://tech.qq.com/a/20190422/006548.htm，最后访问日期：2019年6月28日。

[2] "腾讯成长守护平台及一周年：充值额度最高下降37%"，微信公众号"游戏观察"，2018年2月26日，最后访问日期：2019年6月28日。

成年人账号进行付款行为,因此客服会根据这些账号的异动情况,对支付账号持有者进行消费提醒。第二步,在线互动,排除被外人盗刷情况后,如果家长在第一步中表示对孩子消费行为"不知情""不知道",或者在交流过程中表示需要,那么客服会将一个专用的小程序推送给家长。这个小程序,不仅定期推送月报让家长了解自己孩子的游戏时长和消费情况,而且还有专人负责运营家长专栏,推送各类与网络素养相关的教育知识文章,帮助家长了解如何正确引导孩子行为。第三步,教育辅导,在实际操作中,团队发现孩子游戏消费的背后可能包含更深层次的家庭和教育问题,而家长对孩子的教育引导能力相对欠缺,为此,未成年主动服务团队将主动服务进一步纵深,设立健康游戏家长专线,组建有相关专业资质的客服团队为家长提供咨询、答疑和建议服务。[1]可以说,"腾讯为家长提供的不只是为家长解决孩子非理性消费的处理通道,还是一次为解决未成年人不良上网习惯的深层次沟通"。[2]2018年6月以来,腾讯已拨出300万余次外呼,为1300多个家庭提供了1对1深度辅导服务。目前,已有76%的未成年人游戏账号消费得到有效控制,62%的账号时长有所下降,113例极端个案通过平台得到专家的介入支持。

2019年以来,腾讯在游戏领域还做了一些新探索,如"儿童锁"测试和"16+"试点。"儿童锁"测试增设"准入确认"环节,13周岁以下未成年人需家长先"开锁"才能玩游戏;"16+"试点即根据健康系统的公安实名校验结果,年满16周岁的用户才可以获得系统授权,而且仍然会受到健康系统防沉迷规则的管理,每天限玩2小时。[3]腾讯还通过全新的"账号时长共享"功能,将未成年人名下多个游戏账号的游戏时长合并计算,

---

[1] 参见"客服拨出200万通电话,只为避免孩子打游戏太久",载https://mp.weixin.qq.com/s/Jkx4l8ncyhnBJ528hHGsvg,最后访问日期:2019年7月22日。

[2] 参见"客服拨出200万通电话,只为避免孩子打游戏太久",载https://mp.weixin.qq.com/s/Jkx4l8ncyhnBJ528hHGsvg,最后访问日期:2019年7月22日。

[3] 参见"腾讯保护未成年人健康上网新尝试:将启动'16+'试点",载https://tech.qq.com/a/20190422/006548.htm,最后访问日期:2019年6月28日。

进行总时长限制,有效解决"开小号"逃避管理的问题。[1]

(二) 促进利益相关方的共同协作

腾讯凭借其平台和业务优势,搭建起以研究教育、产品促进、平台治理为基础,以促进社会协同保护为机制的未成年人安全上网保护体系架构,[2]在促进各利益相关方的共同协作与对话方面起着积极的推动作用。2018年8月,腾讯研究院联合未成年游戏服务部门在成都举办《数字时代留守儿童守护模式调研座谈会》,邀请国内来自人类学、教育学、法学、游戏学、互联网协会以及妈妈评审团的专家和代表实地调研未成年人主动服务项目,并就如何守护好未成年人展开了一次激烈的跨界研讨。[3]此次研讨会探究了未成年人不良上网习惯的原因,表面看来是网络世界、网络游戏"过于精彩"使人沉迷,但深层次原因在于未成年人的成长情况不乐观,往往是亲子关系和家庭教育出现了一些问题,尤其是父母长期不在身边的留守儿童,因此,保护未成年人健康上网的最终路径在于"回归家庭"。除此之外,此次会议,还探究了保护未成年人健康安全上网的企业的边界问题。与会的专家学者充分肯定了腾讯在构建未成年人健康上网体系方面所做的努力和探索,同时也提出了比较尖锐的问题,如北京大学中国社会与发展研究中心主任、教授邱泽奇认为,腾讯在促进未成年人健康方面很有担当,但腾讯作为一家游戏企业,其首要职责是把游戏做好、做得安全和健康,如果介入家庭教育内部,扛起解决家庭矛盾的职能,即超出了企业责任的边界。[4]2018年11月,腾讯启动未成年人守护生态的塑

---

[1] 该功能上线后,有32%的未成年用户被系统识别出使用小号,进而被纳入游戏总时长的限制。参见"腾讯未成年人网络保护体系'星星守护'正式上线",载 https://www.ithome.com/0/415/927.htm,最后访问日期:2019年6月28日。

[2] 参见"腾讯发布未成年人上网保护白皮书 触网低龄化更需要社会协同共建生态",载 https://baijiahao.baidu.com/s?id=1629755280261663063&wfr=spider&for=pc,最后访问日期:2019年6月28日。

[3] 参见"客服拨出200万通电话,只为避免孩子打游戏太久",载 https://mp.weixin.qq.com/s/Jkx4l8ncyhnBJ528hHGsvg,最后访问日期:2019年7月22日。

[4] 参见"客服拨出200万通电话,只为避免孩子打游戏太久",载 https://mp.weixin.qq.com/s/Jkx4l8ncyhnBJ528hHGsvg,最后访问日期:2019年7月22日。

造,将部分有影响力的手机生产商、数字内容厂商以及第三方游戏厂商纳入生态体系。在平台治理和社会协同领域,腾讯大力推进不良信息的防控治理,积极配合执法机关打击涉未成年人网络违法犯罪,并开设腾讯安全课,以课堂、视频教学等形式,开展针对未成年人的网络安全教育,提升未成年人的网络素养。[1]

四、互联网行业自律公约

2019年7月,在第十八届中国互联网大会的个人信息保护论坛上,中国互联网协会发布了《用户个人信息收集使用自律公约》(以下简称《自律公约》),并举行了《自律公约》签约仪式。中国电信、中国移动、中国联通、阿里巴巴、腾讯、百度、京东等28家企业签署了《自律公约》。《自律公约》共21个条文,其主要内容基本上延续了《网络安全法》《个人信息保护安全规范》等相关法律法规和国家标准的规定。例如,关于个人信息的定义,收集用户信息前的告知用户并征得用户同意的义务,允许并告知用户可以撤回同意或退出个性化推荐,以及关于个人信息的存储、删除等。互联网从业单位自愿加入《自律公约》,自觉遵守《自律公约》的各项规定。中国互联网协会个人信息保护工作委员会是《自律公约》的执行机构,负责组织本公约签署和实施,定期公布签署单位名单,向签署单位宣传国家相关法律、法规和政策。结合自查和公众监督举报情况,执行机构在查证核实后,对违反本公约的签署单位进行指导和督促整改,必要时予以警告、通报或公开谴责,发现违法违规线索,交相关部门处理。《自律公约》是国内首个关于个人信息保护的行业自律性公约,开启了个人信息保护行业自律的序幕,体现了互联网行业的责任和担当,对个人信息保护具有重要意义。

我国未成年人数据保护的行业实践进行了很多有意义的探索,在很多

---

〔1〕 参见"腾讯发布未成年人上网保护白皮书 触网低龄化更需要社会协同共建生态",载https://baijiahao.baidu.com/s? id = 1629755280261663063&wfr = spide, &for = pc,最后访问日期:2019年6月28日。

方面、在世界范围内都属于首创，值得肯定和鼓励。但是仍然存在重视未成年人网络内容的治理、轻视未成年人个人数据保护，"隐私增强技术"市场有待激发，行业自律不足，企业责任边界模糊等问题，有待进一步完善。

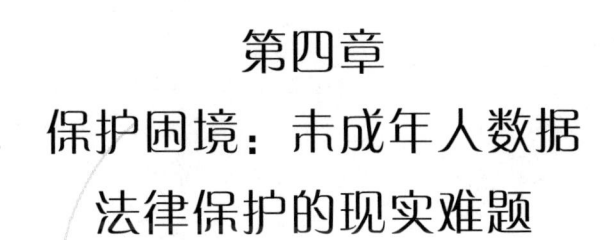

第四章
保护困境：未成年人数据法律保护的现实难题

第一节　权利冲突困境：平衡权利内外关系之难

一、未成年人权利的内部冲突

（一）未成年人权利的类型化：保护性权利与赋权性权利

按照不同的标准，可以对未成年人权利进行不同的分类。英国学者卡尔·罗杰斯认为儿童权利主要有两种理论取向，一种是受抚养权的取向，另一种是自决权取向，前者是"给予儿童对他们有益的事物"，后者是"给予儿童决定什么是对他们有益的事物"。[1]索尼娅·利文斯通将儿童权利分为受保护权（Protection）、提供权（Provision）和参与权（Participation），受保护权是保护儿童免受伤害的权利，提供权是儿童享有的受教育权等促进其生理、心理、精神、道德和社会发展的生活水平的权利，参与权是儿童参与社会、文化和政治的权利等。[2]芭芭拉·伍德豪斯认为儿童具有自主性和依赖性双重属性，提出以需求为基础的权利和以自治为基础的权利，以平衡儿童自主性与依赖性之间的紧张关系。[3]综合学者们对儿童权利的分类，可将儿童权利概括为两类：保护性权利和赋权性权利。[4]保护性权利是针对儿童的脆弱性、依赖成年人和需要身心照顾等特点，旨在满足儿童成长的基本需求，保护儿童免受不法侵害，而对儿童的行为进

---

[1] See Carl Rogers and Lawrence Wrightsman, "Attitudes Toward Children's Rights: Nurturance or Self-determination", *Journal of Social Issues*, 34 (2), 1978, pp. 59-68.

[2] See Sonia Livingstone and Brian O'Neill, "Children's Rights Online: Challenges, Dilemmas and Emerging Directions", in *Minding Minors Wandering the Web: Regulating Online Child Safety*, T. M. C. Asser Press, 2014, pp. 19-38.

[3] See Barbara Bennett Woodhouse, *Hidden in Plain Sight: The Tragedy of Children's Rights from Ben Franklin to Lionel Tate*, Princeton University Press, 2008.

[4] 一般而言，赋权也是保护的一种方式，立法者往往通过赋权来保护公民的各项利益，但本书中的"赋权"（Empower）专指赋予儿童提供权（Provision）与参与权（Participation）等相关性权利，而"保护"（Protection）则专指法律对儿童的保护性规定。

行干预的保护性规定，如国家干预、父母干预等；赋权性权利是鉴于儿童具有"不断发展的能力"（the Involving Capacity），随着未成年人的理解力和成熟度的逐渐提高，需要尊重儿童的意见，赋予儿童自我决策与参与的权利，如自由表达思想和发表言论等接近成年人的权利。[1]

（二）未成年人数据权与赋权性权利的冲突

未成年人的保护性权利与赋权性权利之间存在一定的冲突关系。未成年人的保护性权利与赋权性权利之间的冲突体现在 UNCRC 的保护性条款与赋权性条款之间的紧张关系中。UNCRC 不仅旨在保护儿童免受伤害的权利，而且同样强调儿童的社会、文化和政治参与权利。UNCRC 的保护性权利包括儿童有权享受法律保护，不受任何形式的歧视或惩罚（第 2 条），确保儿童享有其幸福所必需的保护和照料（第 3 条），儿童的隐私、家庭、住宅或通信不受非法干涉，其荣誉和名誉不受非法攻击（第 16 条）等。儿童的赋权性权利包括在所有影响他们的事项中咨询其意见的权利，并根据儿童的年龄和成熟程度适当考虑儿童的意见（第 12 条），还包括自由发表言论的权利（第 13 条）、思想、信仰和宗教自由的权利（第 14 条）和结社自由及和平集会自由的权利（第 15 条）等。UNCRC 第 2 条规定的不受任何形式的歧视以及第 16 条规定的儿童的隐私、通信等不受非法干涉与大数据时代未成年人数据的保护尤其相关；UNCRC 第 13 条规定的儿童言论自由权利以及第 15 条提到的结社自由也与大数据时代未成年人的成长发展特别相关，互联网使儿童得以"寻求、接受和传递各种信息和思想的自由"，可以在网上与任何人约定在任何地方会面。[2] 保护性权利与赋权性权利的冲突表现在，如果保护性规定过多，则可能限制未成年人的参与权等赋权性权利；如果赋权性权利过多，未成年人的保护需求也随之增加，可能导

---

[1] See M. Macenaite, "From Universal towards Child-specific Protection of the Right to Privacy Online: Dilemmas in the EU General Data Protection Regulation", *New Media & Society*, Vol. 19, 2017, No. 5.

[2] See Sonia Livingstone and Brian O'Neill, "Children's Rights Online: Challenges, Dilemmas and Emerging Directions", in *Minding Minors Wandering the Web: Regulating Online Child Safety*, T. M. C. Asser Press, 2014, pp. 19-38.

致对未成年人的保护不力。

大数据时代,未成年人的保护性权利与赋权性权利之间的冲突形势更为复杂和严峻。大数据时代给未成年人带来的风险和利益同步增加,但由于未成年人知识水平和认知能力尚有局限,往往对风险缺乏足够的认识。一方面,大数据时代的未成年人面临着数字身份失控、隐私风险增加和潜在歧视倾向等问题,亟须对未成年人的数据权利进行保护。另一方面,网络生活已成为未成年人日常生活必不可少的一部分,他们通过网络获取各种各样的信息,不断学习成长,有必要赋予未成年人上网和决策相关事务的权利。而且未成年人作为一个非常庞大的网络用户群体,潜藏着巨大的经济价值,赋予未成年人权利有助于释放未成年人数据的经济价值,促进数字经济中的创新和经济机会。[1]未成年人数据旨在保护未成年人的数据和在线隐私免受不法侵害和非法处理,主要是一种保护性权利,保护未成年人数据会与未成年人的参与权等赋权性权利相冲突。过度强调未成年人数据的保护,会不可避免地限制未成年人的参与权等赋权性权利,进而阻碍未成年人的成长和发展。未成年人数据保护与赋权性权利之间的冲突不能被彻底消除,只能在两者之间寻求一定的平衡。如何平衡两者之间的关系,在给予未成年人充分保护的同时避免过度保护,是未成年人数据保护法面临的首要挑战。

二、未成年人数据权与成年人权利的外部冲突

大数据时代对未成年人权利进行特殊保护并非完全意义上的新问题,在20世纪90年代初的媒体技术发展历程中,也曾出现因未成年人独特的脆弱性而对其提供特殊保护的争论,反对的观点认为,对未成年人的特殊保护会产生限制成年人权利的后果。[2]虽然大数据时代重新提出了对未成

---

[1] See Joseph Savirimuthu, "Networked Children, Commercial Profiling and the EU Data Protection Reform Agenda: in the Child's Best Interests?", *The EU as a Children's Rights Actor: Law, Policy and Structural Dimensions*, Barbara Budrich Publishers, 2016, pp. 221-257.

[2] See Sonia Livingstone, "Regulating the internet in the interests of children: Emerging European and international approaches", *The handbook on global media and communication policy*, 2011.

年人数据的特殊保护，但仍然遭到了自由主义者的批评和反对。在2008年的互联网治理论坛（Internet Grovernance Forum，IGF）上，推动儿童的在线保护被认为是对成年人隐私和言论自由的威胁，"似乎为了促进成年人自由，政策可以最大限度地减少对儿童利益的关注"。[1]

（一）未成年人数据权与成年人隐私权的冲突

对未成年人数据进行专门保护，意味着首先需要对用户进行识别，判断用户是否是未成年人。用户识别势必需要收集更多的用户信息，对成年人而言，这将违反数据最小化原则。因此，有反对者认为，未成年人数据与成年人的个人数据权和隐私权相冲突，保护未成年人数据会对成年人的个人数据权和隐私权造成一定的威胁。

（二）未成年人数据权与成年人言论自由的冲突

未成年人数据权的反对者担心国家以保护未成年人为由，阻止、过滤或监测公共互联网接入或访问，从而为国家权力对互联网的内容审查打开方便之门。[2]保护未成年人数据与成年人的权利相冲突的观点使未成年人和成年人相互对立，这导致了未成年人的需求与成年人的需求发生冲突，只要为未成年人提供特殊保护就会侵犯成年人的权利，在这种弱势群体与强者的对抗中，未成年人注定会失败。[3]

第二节　成熟度评估困境：平衡共性与特性之难

为确定关于未成年人的数据处理是否需取得父母同意，需要对未成年人的成熟度进行评估，以判断未成年人是否具备同意相关数据处理的法律能力。达到一定成熟度的未成年人可以自行决定是否同意数据处理行为，

---

〔1〕 Sonia Livingstone, "Regulating the internet in the interests of children: Emerging European and international approaches", *The handbook on global media and communication policy*, 2011.

〔2〕 See Sonia Livingstone and Monica Bulger, "A global research agenda for children's rights in the digital age", *Journal of Children and Media*, Vol. 8, 2014, No. 4.

〔3〕 See Sonia Livingstone, "Regulating the internet in the interests of children: Emerging European and international approaches", *The handbook on global media and communication policy*, 2011.

未达到一定成熟度的未成年人则需要父母同意。由于未成年人的理解能力和成熟度不仅会随着年龄变化，还会因先天因素或后天成长环境的不同而存在差异。因此，以什么为标准对未成年人的成熟度进行评估是未成年人数据保护法面临的重要挑战之一。未成年人的成熟度评估可以帮助解决"赋权与保护"困境面临的部分问题，对达到一定成熟度的未成年人赋予其自我决策的权利，对未达到一定成熟度的未成年人给予一定的保护，避免"一刀切"造成"保护"或"赋权"的两极分化。当前对未成年人进行成熟度评估主要存在两种模式，一种是明确的年龄界限模式（Bright-line Rule），另一种是基于能力的个性化评估模式。

一、未成年人成熟度评估的两种模式

（一）明确的年龄界限模式

对未成年人的成熟度评估不仅是未成年人数据保护法面临的难题，也是传统法律，如民法、刑法等面临的共同难题。传统法律为了降低法律适用成本，不同法律部门基于职能的不同，设定了不同的责任年龄门槛。例如，我国《民法典》规定不满18周岁的自然人为未成年人，并以8周岁为年龄界限，将未成年人分为无行为能力人与限制行为能力人。我国《刑法》将刑事责任年龄规定为16周岁，"已满十六周岁的人犯罪，应当负刑事责任"，并规定已满14周岁的未成年人犯故意杀人等八类重罪也应当负刑事责任。

正如传统法律领域大多以明确的年龄界限来界定未成年人的责任年龄，大多数国家或地区的未成年人数据保护法也通过划定明确的年龄界限，要求收集未达到年龄界限的未成年人个人数据须取得父母同意。那些未在数据保护法中设定明确年龄界限的国家，通常会在案例法、法律学说或数据保护指南中给予一定的建议。美国COPPA适用于不满13周岁的未成年人；欧盟GDPR将年龄界限设定为16周岁，成员国可以设定低于16周岁，但不低于13周岁的年龄界限；英国1998年《数据保护法》虽未直接提及年龄界限，但信息专员办公室建议12周岁以下未成年人的数据收集和处理应取得父母同意；[1]《西班牙个人数据保护法》第13条规定，有关14周岁以上数据主体的数据处理可以征得他们自身的同意，除非法律要求父母或监护人协助；《荷兰数据保护法》第5条规定，如果数据主体是尚未达到16周岁的未成年人，必须获得其法定代理人的同意；《匈牙利隐私法》第6条规定，16周岁以上未成年人的同意声明应视为有效，不需其法定代理人的许可或批准。[2]

还有一些国家未明确规定需要父母同意的年龄界限，而是选择了"类比监管"模式。"类比监管"模式，是指并不专门规定处理未成年人个人数据的具体规则，而是依赖法律能力的一般规则来确定未成年人是否有理解并同意数据处理的能力。比如，在巴西和立陶宛，只依赖于法律能力的一般规则，而不是处理未成年人个人数据的具体规则。[3]这种"类比监管"模式实际上是将其他法律中明确的年龄界限类比应用于数据保护法领域，实质上仍然是明确的年龄界限模式。

（二）基于能力的个性化评估模式

还有一些国家的数据保护法并未规定明确的年龄界限，而是根据儿童最佳利益的一般标准，根据儿童的年龄、数据处理的目的、涉及的儿童数据的类型等因素，对儿童的道德和心理发展水平、理解给予同意和评估具体情况后果的能力进行个性化评估。[4]在个性化评估中，年龄作为参考因素之一，但不作为唯一决定性因素，还需要考虑数据的性质、数据处理行为等因素。正如英国信息委员会办公室（Information Commissioner's Office，ICO）曾指出的，"评估儿童的理解能力，而不仅仅是确定年龄，是确保收

---

[1] See Mario Viola de Azevedo Cunha, "Child Privacy in the Age of Web 2.0 and 3.0: Challenges and Opportunities for Policy", *UNICEF Office of Research-Innocenti Discussion Paper*, 2017.

[2] See Milda Macenaite and Eleni Kosta, "Consent for processing children's personal data in the EU: following in US footsteps?", *Information & Communications Technology Law*, Vol. 26, 2017, No. 2.

[3] See Mario Viola de Azevedo Cunha, "Child Privacy in the Age of Web 2.0 and 3.0: Challenges and Opportunities for Policy", *UNICEF Office of Research-Innocenti Discussion Paper*, 2017.

[4] See Milda Macenaite and Eleni Kosta, "Consent for processing children's personal data in the EU: following in US footsteps?", Information & Communications Technology Law, Vol. 26, 2017, No. 2.

集和公平使用有关儿童个人数据的关键"。[1]

几乎没有证据表明当孩子满 13 岁（或 16 岁）时会出现质的飞跃，16 岁的孩子实际上同 13 岁的孩子并无实质区别，均是缺乏足够数字素养的未成年网络用户，因此几乎没有理由将年龄阈值设定为"明线规则"（Brightline Rule）。[2]英国"数字未来的育儿项目"关于父母认为自己的孩子在什么年龄可以自行决定使用网站或应用程序的调查结果显示：0~17 岁的儿童，父母选择的平均年龄为 13 岁，但最常见的答案为 16 岁；幼儿的父母认为 13 岁是一个合理的年龄，但年龄较大的青少年（13~17 岁）的父母却认为 13 岁年龄太小；79%的父母认为他们的孩子应该至少到 14 岁，同意的平均理想年龄为 15 岁；具有数字技能的父母，如能够自己创建网站或视频的父母以及有负面在线体验的父母，也赞成设定更高的年龄界限。[3]人类学家玛丽·道格拉斯也认为："为了满足社会对清晰度和一致性的要求，人们经常努力划定一条年龄界限以确定孩子是否具有完全法律能力，然而这通常是人为的和武断的。"[4]事实上，即使是相同年龄的儿童，由于先天和后天环境等因素的影响，各方面能力的差异往往很大。因此，对每个儿童进行个性化评估可以更好地照顾到能力较强的儿童从事相关活动的需求。

二、个性化评估与明确年龄界限的两难抉择

一方面，从法律适用的角度来看，采用明确的年龄界限可以限制司法者的自由裁量权且执行起来更为容易，但也容易造成"一刀切"，忽视儿

---

[1] See Milda Macenaite and Eleni Kosta, "Consent for processing children's personal data in the EU: following in US footsteps?", Information & Communications Technology Law, Vol. 26, 2017, No. 2.

[2] See Sonia Livingstone, "Children: a special case for privacy?", Intermedia, Vol. 46, 2018, No. 2.

[3] See Sonia Livingstone, "Children: a special case for privacy?", Intermedia, Vol. 46, 2018, No. 2.

[4] Mary Douglas, Rules and Meanings, Routledge Press, 2003, p. 113. In M. Macenaite, "From Universal towards Child-specific Protection of the Right to Privacy Online: Dilemmas in the EU General Data Protection Regulation", New Media & Society, Vol. 19, 2017, No. 5.

童的个体差异。另一方面，对每个儿童进行个性化评估可以更好地照顾到儿童的个性化差异，但可能会给网络服务提供者造成过度的负担，执行起来会比较困难。[1] 较高的同意年龄界限有利于对未成年人个人数据的保护，而较低的年龄界限则有利于未成年人的赋权性权利，利益相关方在确定年龄界限以及如何达到最佳平衡方面存在分歧。[2] 因此，未成年人数据的法律保护，还面临着在"个性化评估"与"明确的年龄界限"之间的艰难抉择。

三、未成年人的年龄验证困境

如果以明确的年龄界限作为未成年人的成熟度评估标准（这也是当前被采用最多的方式），则需要对用户进行年龄验证，以确定用户是否是未成年人。专门开展针对儿童的网络服务的运营商，不需要进行年龄验证，收集所有用户的个人数据均需要取得父母同意。而对于并非专门针对儿童的通用型网络服务，则需要对用户的年龄进行验证，以确定用户是否是儿童以及儿童的真实年龄。年龄验证主要面临两个现实难题：一是年龄验证与数据最小化原则相抵牾，年龄验证需要收集所有用户的年龄信息，导致个人数据收集不成比例，增加用户的隐私风险，也会对网络匿名、言论和表达自由造成不利影响；二是目前尚未找到简便、高效的年龄验证机制，年龄验证问题是各个国家的数据保护监管机构面临的共同难题。[3]

目前，关于未成年人的年龄验证机制，主要有自我验证机制、自动分析机制、评审机制、生物识别验证机制等。首先，最简单也是最广泛采用的年龄验证方法是自我验证机制。自我验证机制要求用户在首次注册时提供年龄信息，达到特定年龄的用户被允许使用或访问相关应用程序或网

---

[1] See M. Macenaite, "From Universal towards Child-specific Protection of the Right to Privacy Online: Dilemmas in the EU General Data Protection Regulation", *New Media & Society*, Vol. 19, 2017, No. 5.

[2] See Sonia Livingstone, "Children: a special case for privacy?", *Intermedia*, Vol. 46, 2018, No. 2.

[3] See Milda Macenaite and Eleni Kosta, "Consent for processing children's personal data in the EU: following in US footsteps?", *Information & Communications Technology Law*, Vol. 26, 2017, No. 2.

站，未达到特定年龄则被禁止使用或访问相关应用程序或网站。自我验证机制虽然简单易行，但也最容易被规避。实证研究表明，不仅儿童会谎报年龄，而且很多父母会帮助自己的孩子填入虚假的年龄以通过验证。[1]其次，自动分析机制基于自动分析用户配置文件的语义来推断用户的年龄。这种方法很难规避，但是实施起来较为复杂，且技术尚不成熟，容易出错，而且自动分析机制只能确定用户的大致年龄段，不能确定用户的确切年龄。[2]再次，评审机制是将用户资料或其他渠道获取的资料放在一起分析，可以通过创建多个配置文件进行规避。最后，基于生物识别技术的年龄验证机制，利用用户的独特特征（如指纹或虹膜图案）来识别用户的真实身份。这种年龄验证机制是可靠的并且很难规避，但披露此类敏感个人数据会引发道德和隐私问题。欧盟数据保护机构第29条数据保护工作组多次要求在这方面谨慎对待，强调生物识别技术的使用可能对幼儿的尊严、隐私和数据保护权产生重大影响。而且，未成年人正处于生长发育的阶段，其生物特征数据处于不断变化的过程中，生物识别技术所采用的未成年人生物特征数据必须持续更新，否则将很可能无法有效识别未成年人。

第三节 父母同意困境：平衡家庭保护与侵权之难

一般而言，父母被视为未成年人最佳利益的天然保护者和代言人，在关于未成年人的诸多事务中取得父母同意有着悠久的历史，反映了父母控制和塑造子女生活权利的强大传统。在儿童的个人数据保护方面，美国1974年通过的旨在保护未成年人和家庭隐私的FERPA规定，接受联邦资助的教育机构发布未满18周岁学生的教育记录，须首先取得父母同意。自

---

[1] See Danah Boyd, et al., "Why parents help their children lie to Facebook about age: Unintended consequences of the 'Children's Online Privacy Protection Act'", *First Monday*, Vol. 16, 2011, No. 11.

[2] See Milda Macenaite and Eleni Kosta, "Consent for processing children's personal data in the EU: following in US footsteps?", *Information & Communications Technology Law*, Vol. 26, 2017, No. 2.

此之后,世界各地为解决未成年人隐私和数据保护问题而采用的法律和国际法规大多沿用此方法,以"父母同意"为核心进行制度设计,达到年龄界限的未成年人被视为有能力同意个人数据的处理,未达到年龄界限的未成年人需要父母同意。然而,现实中"父母同意"面临着多重困境。

一、父母权力的演变与亲子冲突的来源

(一)父母权力的源流与演变

父母对未成年子女的权力最早源于"父权"的概念。"父权"又被称作"父亲的威权"或"作为父亲的权力",是一种神圣的、不可变更的主权,一个父亲对于他的儿女的生命、自由和财产享有绝对的、专断的、无限和不受限制的权力。[1]这种"父权"的概念,旨在巩固当时由一人统治的君主政体。洛克对"父权"这一概念进行了批判,指出"父权似乎将父母对儿童的权力完全归属父亲,好像母亲是没有份的,带有绝对统治权和王权的名义,因此,将父母对儿女的绝对权力被称作亲权,更为符合实际"。[2]从"父权"到"亲权"的概念和观念的转变,不仅改变了家庭内部父母和子女之间的权力关系,而且动摇了专断的君主体制。

父母对未成年子女的权力源于未成年人的特殊脆弱性,以及由此产生的父母对子女的抚养和教育。洛克指出:"父母所享有的对于他们的儿女的权力,是由他们应尽的义务产生的,他们有义务在儿童没有成长的期间管教他们。儿女所需要的和父母应该做到的,是培养儿女的心智并管理他们在未成年期间的行动,直到理性取而代之并解除他们的辛苦为止。"[3]功利主义哲学家边沁也曾指出,处于幼年期的人,其智力、知识或理性方面存在明显的缺陷,尚未达到能够指导自己追求幸福之意愿的程度,因此

---

[1] 参见[英]洛克:《政府论》(上篇),叶启芳、瞿菊农译,商务印书馆1982年版,第4~8页。

[2] [英]洛克:《政府论》(下篇),叶启芳、瞿菊农译,商务印书馆1964年版,第33~34页。

[3] [英]洛克:《政府论》(下篇),叶启芳、瞿菊农译,商务印书馆1964年版,第36页。

第四章　保护困境：未成年人数据法律保护的现实难题

处于他人的保护之下是有好处的。[1]人依照自己的意志行动的自由，是以他具有理性为基础的，在他具有理性来指导他的行动之前放任他享有无限制的自由，并不是让他得到本性自由的特权，而是把他投入野兽之中的不幸状态，这是使父母有权管理未成年儿女的根源。[2]

（二）家庭内部亲子关系冲突的来源

"人类创制这家庭的基本结构，目的是在解决孩子的抚育问题，使每个孩子能靠着这个社会结构长大，成为可以在社会中生活的分子。"[3]而亲子间的冲突往往发生在抚育作用的本身。[4]对孩子的抚育分为生理上的抚育和社会性的抚育，前者引起亲密性的感情，后者常要改变孩子本性的行为，容易引起不愉快的感情，甚至是仇恨的敌意，因为社会规则和孩子的人类本性经常发生冲突。[5]在一个抚育是父母的责任的社会中，父母代表社会来征服孩子不合于社会的本性，因此，孩子在社会化的过程中发生的个人和社会的冲突，成为施教者和被教者之间的冲突，进而演变成亲方和孩子的对立，这成为家庭亲子间发生摩擦的根源。[6]

在未成年人数据保护的过程中，父母与子女的冲突往往源于以下几点表现：首先，父母并不总是能够完全掌握孩子的最佳利益，父母的数字素养可能不如孩子，要求父母在关于未成年人数据使用中作决定，可能超出了父母的能力范围。其次，很多父母为了避免孩子受到伤害或不良影响，往往采取一味的限制策略，然而，自上而下的限制与现代民主家庭的价值观相冲突，父母和子女应在信任而非控制下建立关系。[7]最后，未成年人

---

[1] 参见［英］杰里米·边沁：《论道德与立法的原则》，程文显、宇文利译，陕西人民出版社2009年版，第199页。

[2] 参见［英］洛克：《政府论》（下篇），叶启芳、瞿菊农译，商务印书馆1964年版，第36~40页。

[3] 费孝通：《生育制度》，生活·读书·新知三联书店2014年版，第138页。

[4] 参见［英］洛克：《政府论》（下篇），叶启芳、瞿菊农译，商务印书馆1964年版，第34页。

[5] 参见费孝通：《生育制度》，生活·读书·新知三联书店2014年版，第137页。

[6] 参见费孝通：《生育制度》，生活·读书·新知三联书店2014年版，第137页。

[7] See Sonia Livingstone and Brian O'Neill, "Children's Rights Online: Challenges, Dilemmas and Emerging Directions", in *Minding Minors Wandering the Web: Regulating Online Child Safety*, T. M. C. Asser Press, 2014, pp.19-38.

的智力能力处于不断成长发展的过程中,尤其对于年龄较大的青少年而言,他们往往有自己的想法和主见,父母如果不能在决策中适当地听取未成年人自身的意见,很可能造成父母和子女之间的意见相左和冲突。

政策制定者总是倾向于关注未成年人数据所面临的来自家庭外部环境的威胁,认为父母是未成年人利益的最佳代理人,却往往忽略来自家庭内部存在的冲突和矛盾。然而,一旦我们打开家庭的"黑匣子",便会发现,在父母和政策制定者的眼中,未成年人的网络活动被认为是充满风险的。[1]这种亲子关系的冲突,还有地域和国家的差异。美国更愿意将保护儿童权利的最终责任置于父母肩上。在美国,父母有权作出与子女有关的决定,并判断何为儿童的最大利益,而且,相较于欧洲父母,美国父母似乎更容易接受检查孩子的社交网络活动、手机通信及对话的行为。这可能是美国至今未批准 UNCRC 的原因之一,因为根据 UNCRC,在所有与未成年人有关的事项中都应以儿童的最大利益作为主要考虑因素,即便在未成年人与父母的权利或利益发生冲突时,父母并不享有绝对的决定权。[2]

二、父母同意规则面临的现实困境

(一)父母"同意"演变为父母"控制"

未成年人对社交媒体和其他网络技术的广泛运用,引发了社会对其在上网时可能遭遇安全隐患的深切忧虑,包括被陌生人伤害的风险,接触色情或暴力内容,遭受网络欺凌或欺诈的潜在威胁。这些担忧常常转化为父母心中的恐惧和焦虑,进而促进父母采取措施控制或限制未成年人网络使用。[3]例如,限制未成年人的网络使用时间、安装未成年人过滤软件、禁

---

[1] See Sonia Livingstone, "Children's privacy online: experimenting with boundaries within and beyond the family", in *Computers, Phones, and the Internet: Domesticating Information Technology*, ed. Kraut, Robert, Brynin, Malcolm and Kiesler, Sara, Oxford University Press, 2006, pp. 145-167.

[2] See Sonia Livingstone and Brian O'Neill, "Children's Rights Online: Challenges, Dilemmas and Emerging Directions", in *Minding Minors Wandering the Web: Regulating Online Child Safety*, T. M. C. Asser Press, 2014, pp. 19-38.

[3] See Danah boyd and Eszter Hargittai, "Connected and concerned: Variation in parents' online safety concerns", *Policy & Internet*, Vol. 5, 2013, No. 3.

第四章　保护困境：未成年人数据法律保护的现实难题

止或限制某些网络活动等。通过对未成年人的实证调查发现，未成年人是非常注重个人隐私的，经常更改隐私设置，被称为隐私界缘处的高超"舞者"。[1]一款名叫Snapchat的社交软件，具有"阅后即焚"的功能，在青少年间广受欢迎。未成年人特别反感父母或老师侵犯自己的隐私，经常采用各种策略来逃避父母或学校的监控和控制，例如，清空历史浏览记录、隐藏文件夹等。[2]父母基于监护权对未成年人网络活动的限制和控制，虽然可以在一定程度上使未成年人免受网络侵害，但也可能会对未成年人造成"过度保护"，使父母"同意"演变为父母"控制"，阻碍未成年人成长为熟练、自信和负责任的数字公民。

（二）父母"晒娃"对未成年人数据权的侵犯

当今时代，各种社交媒体都在激励着人们不断在线共享各种个人信息。从微博、微信等社交软件到各种短视频和直播平台，其网络空间的设计使个人信息的分享更为便捷。各国的未成年人数据保护法均规定了数据控制者在处理未达到特定年龄界限的未成年人数据之前须获得父母同意，因此，父母作为未成年人的监护人，被视为未成年人数据的法定代理人。然而，现实中的情况是，父母对未成年人的个人数据和隐私往往具有绝对的支配权和控制权，很多父母在网上大量共享其未成年子女的个人信息。父母"晒娃"在世界范围内已成为一个非常普遍的现象。在国内，无论是在熟人社交媒体平台（如微信），还是开放式社交媒体平台（如微博），抑或各种新兴的短视频平台（如快手、抖音、火山）上都可以看到各种各样父母"晒娃"的视频、照片等未成年人个人信息。可以毫不夸张地说，很多父母已成为"晒娃狂魔"，无时无刻都会在线分享孩子的各种信息。甚至有的孩子还未出生，其个人信息已经被父母披露在网上，很多父母会将胎儿的彩超、四维等影像发布在网络上。在国外，Facebook等社交媒体被誉为"现代婴儿书"，因为有66%~98%的家长会在Facebook上发布孩子

---

[1] 参见朱悦：" 听说这一届年轻人不关心隐私？| 腾讯识者"，载https://mp.weixin.qq.com/s/Ol-WcWK9QZQMbuPvdOTLQuw，最后访问日期：2019年6月8日。

[2] See Danah boyd and Eszter Hargittai, "Connected and concerned: Variation in parents' online safety concerns", *Policy & Internet*, Vol. 5, 2013, No. 3.

的照片。[1]据相关报告,在家庭内部,由于母亲承担对孩子的照料较多,母亲比父亲更容易热衷于记录孩子的美好或可爱瞬间,并将其在线共享给特定或不特定的在线用户。[2]

网络是个公共领域,在网络上任何关于儿童的信息,包括儿童本人及其父母等其他身边的人发布的儿童个人信息或留下的网络足迹,都可以被网络服务提供者、数据经纪人、监控机构等主体或个人所收集。将儿童的在线信息与儿童的某些离线信息相结合,可以创建详细的未成年人个人信息档案,该个人信息档案会伴随儿童的成长不断补充和完善。[3]关于父母在线共享未成年人个人信息的实证分析表明,利用已公布的未成年人信息和父母信息,如照片、视频、出生日期、姓名等,不仅可以较容易地识别未成年人,而且可以扩展到形成家庭成员的个人信息档案,获得关于未成年人的包括父母、兄弟姐妹、祖父母的姓名等附加信息,推断父母的宗教和政治关系以及地理位置信息,具有明显的潜在危险性。[4]可以说,父母并不总是未成年人数据和隐私的保护者,反而可能成为未成年人数据和隐私的披露者和侵犯者。

(三) 父母同意的验证困境

正如知情同意是个人信息保护法的"帝王条款"一样,父母同意是未成年人数据保护法的"帝王条款",因此,确保网络服务提供者从父母处获得真实、明确的同意至关重要。实践中,很多未成年人为了使用相关的应用程序或网站,往往冒充父母同意网络运营商的隐私和个人数据保护政

---

[1] See Tehila Minkus, Kelvin Liu and Keith W. Ross, "Children Seen But Not Heard: When Parents Compromise Children's Online Privacy", the 24th International Conference International World Wide Web Conferences Steering Committee, 2015.

[2] See Ammari T., Kumar P., Lampe C., et al., "Managing children's online identities: How parents decide what to disclose about their children online", Proceedings of the 33rd Annual ACM Conference on Human Factors in Computing Systems, ACM, 2015.

[3] See Stacey B. Steinberg, "Sharenting: Children's privacy in the age of social media", *Emory LJ*, Vol. 66, 2016.

[4] See Tehila Minkus, Kelvin Liu and Keith W. Ross, "Children Seen But Not Heard: When Parents Compromise Children's Online Privacy", the 24th International Conference International World Wide Web Conferences Steering Committee, 2015.

策条款，因此，如何简便、高效地证明同意是由父母作出的是一个现实难题。使用电子邮件的方式验证虽然简捷、高效，但这种方式仍然很有可能被未成年人冒用，从而使父母同意验证流于形式，失去意义。通过电话的方式验证，虽然较难被未成年人冒用，同时也较为明确高效，但这种验证方式无疑会增加网络服务提供者的运营负担和经营成本，因为电话验证要求网络服务提供者聘用专门的客服人员来进行父母同意验证。此外，还有信用卡验证、身份证件验证等父母同意的验证方式，这些方式往往顾此失彼，都不理想。目前为止，尚未找到一种兼具高效、准确、低成本的父母同意验证方式。

第四节　数据控制困境：平衡数据主体与数据控制者利益之难

一、未成年人个人数据的控制："通知和同意"模型

未成年人数据是未成年人对其个人数据的控制权，未成年人对其个人数据的控制权要求数据控制者在收集、处理未成年人数据之前，通知未成年人的父母，并取得父母同意，此乃所谓的"通知和同意"模型。"通知和同意"模型是世界各国或地区个人数据保护法的核心，其基本假设是通过"通知和同意"模型，用户可以实现对其个人数据的控制。为了确保"通知和同意"模型的有效性，世界各国或地区的个人数据保护法均对数据控制者"通知"并取得用户"同意"进行了较为详细的规定。欧盟数据保护机构第 29 条数据保护工作组专门发布《关于同意定义的意见 15/2011》（*Opinion 15/2011 on the definition of consent*），充分阐释了"同意"的内涵和意义。[1]美国为了确保父母同意是自愿作出的，要求数据控制者充分履行通知和透明度义务，如运营商必须作出合理努力，确保父母收到网站或在线服务收集、使用或披露其子女个人信息的通知。通知的内容必

---

〔1〕 See Article 29 Working Party, Opinion 15/2011 on the definition of consent, https://www.p-dpjournals.com/docs/88081.pdf, last modified Nov. 13, 2018.

须包含 COPPA 要求运营商在其隐私政策中披露的所有内容，还必须说明运营商意图收集的儿童信息和信息类型，信息收集的目的以及父母提供和撤销同意的方式等必要的内容。

二、"通知和同意"模型的失范与控制困境

现实中，未成年人个人数据保护的"通知和同意"模型基本处于失范的状态，甚至在一定程度上可以说，未成年人及其父母对未成年人个人数据的控制只是一种美好的幻想。

首先，丰富的文献指出了在数据控制者与用户权力失衡的情势下，"同意"只提供了控制个人数据的幻觉。[1]强调控制和同意作为处理个人数据的基础，理论上可能是合理的，但其应用和实施还面临诸多难题。[2]绝大多数网络服务提供者并未为用户提供可理解的隐私政策，而绝大多数用户实际上也并未阅读冗长而复杂的隐私声明，即使阅读了也未必能理解，即使理解了也别无选择，因为只要决定使用其服务就必须同意其数据收集和处理政策，否则将无法使用相关服务。正如有学者指出的，知情同意事实上是"成为信息处理者在法律上免责的手段，成为使收集利用个人信息的行为获得合法化的依据"。[3]与普通用户的通知同意条款相比，针对儿童的隐私政策更为冗长、复杂和隐晦，相关的隐私声明中使用的术语容易引起混淆，往往夸大个人对数据的"控制"，弱化对儿童数据的广泛收集和共享。这些条款可以授予网站不受限制地使用私人数据，儿童及其父母经常被迫做出选择，要么接受复杂的条款，要么完全放弃服务。用户

---

[1] 参见田野:"大数据时代知情同意原则的困境与出路——以生物资料库的个人信息保护为例"，载《法制与社会发展》2018 年第 6 期；王文祥:"知情同意作为个人信息处理正当性基础的局限与出路"，载《东南大学学报（哲学社会科学版）》2018 年第 A1 期；徐丽枝:"个人信息处理中同意原则适用的困境与破解思路"，载《图书情报知识》2017 年第 1 期；王籍慧:"个人信息处理中同意原则的正当性——基于同意原则双重困境的视角"，载《江西社会科学》2018 年第 6 期。

[2] See Joseph Savirimuthu, "Networked Children, Commercial Profiling and the EU Data Protection Reform Agenda: in the Child's Best Interests?", *The EU as a Children's Rights Actor: Law, Policy and Structural Dimensions* (Barbara Budrich Publishers, 2016), pp. 221-257.

[3] 田野:"大数据时代知情同意原则的困境与出路——以生物资料库的个人信息保护为例"，载《法制与社会发展》2018 年第 6 期。

一旦发布个人数据,便很难或根本无法控制其后续使用,个人数据经常被用于向用户提供服务以外的目的。各种移动应用程序对用户手机内存储资料和数据恣意读取和访问,以及在线跟踪、基于算法的内容和广告推送,每个数字足迹都被收集、存储和分析。这些显然是更有利于数据控制者的,并重新定义网络空间的隐私和数据规则,因此,控制和同意远不是自治和赋权的理想代理。[1]正如许多学者所证明的,加强同意不会导致用户对个人数据的控制力更高。[2]

其次,无论是父母还是儿童都无法实际控制儿童的个人数据并承担全部责任,因为他们的选择和数据管理的可能性是由网络服务提供者的产品设计和功能决定的。了解网络服务、应用程序的设计结构,对于理解个人数据权保护的同意的失范,以及消除由于同意的失范而产生的对控制个人数据实际是一场幻觉的不信感有着至关重要的影响。网络通信空间的设计嵌入了一种权力结构,通过这种权力结构,受众的期望被塑造和定义,以服务于追求经济目标。[3]在约瑟夫看来,个人数据保护的这种"控制"和"同意"实乃"自治陷阱",信息自我管理实践由技术功能定义,任何赋予儿童权利的可靠尝试都必须考虑到网络通信空间的设计所构建的信息共享行为规范。[4]这种"通知和同意"模式,未充分重视网络平台、应用程序及各种物联网设备的设计方式。我国很大一部分未成年人都有微博、微信、QQ等社交媒体账号,未成年人可以通过这些应用程序实时更新自己的个人资料,上传动态、共享位置,接收他人的状态更新,技术设计和支持构成了个人信息控制的规范。以微信为例,可供用户使用的隐私设置包

---

[1] See Joseph Savirimuthu, "Networked Children, Commercial Profiling and the EU Data Protection Reform Agenda: in the Child's Best Interests?", *The EU as a Children's Rights Actor: Law, Policy and Structural Dimensions*, Barbara Budrich Publishers, 2016, pp. 221-257.

[2] See Bert-Jaap Koops, "The trouble with European data protection law", *International Data Privacy Law*, Vol. 4, 2014, No. 4.

[3] See Turow J., *The Daily You: How the new advertising industry is defining your identity and your worth*, New Haven, Yale University Press, 2011, pp. 174-189.

[4] See Joseph Savirimuthu, "Networked Children, Commercial Profiling and the EU Data Protection Reform Agenda: in the Child's Best Interests?", *The EU as a Children's Rights Actor: Law, Policy and Structural Dimensions*, Barbara Budrich Publishers, 2016, pp. 221-257.

括设置好友分类列表,决定"朋友圈"内容对哪些朋友可见,设置允许朋友查看"朋友圈"的时间范围,如仅显示"最近三天""最近一个月""最近半年"的朋友圈内容。这些网络平台、应用程序及各种物联网设备都是从服务或设备提供者的利益角度出发,而不是从保护个人数据和隐私的角度出发进行设计的。虽然隐私和个人数据的保护越来越受到广大人民群众的重视,公司为了企业声誉和用户信任也开始重视对用户隐私和个人数据的保护,但不能忘记的是,商业利益是公司最永恒、最根本的追求,保护用户隐私和个人数据对于公司而言,只是企业逐利的手段而不是目的。因此,不能过度依赖企业的自我监管和自我调节,也不能高估"通知和同意"模型对个人信息的控制作用。

再次,信息控制一直很复杂且成本很高,但信息的本质即是要自由流动的,因此,获得信息的成本一直在变低。[1]在媒体和信息稀缺的时代,控制信息的传播已非易事,在万物互联的大数据时代,信息的控制就更加困难。信息时代特有的五种现象使个人信息变得极为复杂:[2](1)媒体和技术融合;(2)分散的分布式网络;(3)前所未有的网络通信规模;(4)对整体信息量的探索;(5)通过用户生成内容和自我披露数据来预测个人信息共享。如今几乎人手一部的智能手机成为强大的数据传感器和监控器,个人使用这些手机等智能联网设备记录他们自己和周围世界的音频和视频,并即时与他人共享数据。数据自我披露的流行,使我们不得不陷入"隐私悖论",一方面,我们非常重视自己的隐私;另一方面,为了融入和参与社会,我们又不得不创建、整理、编辑并发布关于我们的大量数据,从这个意义上可以说,不是政府监视所有公民,而是我们公民在监视我们自己。[3]

---

[1] See Roger Clarke, Information Wants to be Free, ROGERCLARKE.COM, http://www.rogerclarke.com/II/IWtbF.html. In Adam Thierer, "The Pursuit of Privacy in a World Where Information Control Is Failing", *Harv. J. L. & Pub. Pol'y*, 2013, 36 (2), p. 432.

[2] See Adam Thierer, "The Pursuit of Privacy in a World Where Information Control Is Failing", *Harv. J. L. & Pub. Pol'y*, Vol. 36, 2013, No. 2.

[3] See Cord Jefferson, Spies Like Us: We're All Big Brother Now, GIZ\IODO, http://gizmodo.com/5944980/spies-like-us-were-all-big-brother-now. In Adam Thierer, "The Pursuit of Privacy in a World Where Information Control Is Failing", *Harv. J. L. & Pub. Pol'y*, Vol. 36, 2013, No. 2.

最后，正如欧盟数据保护机构第 29 条数据保护工作组在 2011 年通过的《关于同意定义的意见（15/2011）》中指出的，"同意"虽然是个人数据处理的重要法律依据，但它并不是个人数据处理合法化的唯一法律依据。除用户同意外，基于订立的合同；数据控制者所负担的法律义务；为保护数据主体或另一自然人的重大利益；为执行公共利益或为行使被赋予的公务职权；以及为实现控制者或第三方的合法利益所必需，均可作为处理个人数据的合法依据。因此，如果除用户同意以外的个人数据处理的合法基础过于宽泛或使用不当，数据主体的同意和控制的效力无疑会大打折扣。[1]

第五节　未成年人数据保护的特殊领域：学生数据的法律保护困境

一、数据驱动教育的积极意义与深度隐忧

（一）数据驱动教育的积极意义

"教育强，则国强"，学生的教育关乎每个家庭和国家的未来。由学生数据驱动的教育具有传统教育无法比拟的独特优势，受到各国教育部门的高度重视。学生数据驱动的教育是数据驱动创新的重要领域，借助数据科学的发展实现教育的多元化、个性化与智能化，推动教育领域的革新，推进教育能力与教育治理能力的现代化。学生数据驱动的教育将互联网的即时性、互动性与教学相结合，可以弥补线下教育因地域、空间与时间而产生的资源不公问题，推动着传统教育观念和教学方式的革新，对整个教育行业来讲是一次跨越式的发展。[2]学生数据驱动的教育又称"智能化教育"，是"互联网教育"的升级版，两者可共同涵括于"数字化教育"之

---

[1] See Article 29 Working Party, Opinion 15/2011 on the definition of consent, adopted on 13 July 2011, https://www.pdpjournals.com/docs/88081.pdf, last modified Nov. 13, 2018.

[2] 参见"在线教育类 APP 百花齐放，阿卡索如何脱颖而出？"，载 http://www.chinaz.com/news/mt/2019/0722/1033221.shtml，最后访问日期：2019 年 6 月 8 日。

下。数字化教育至今经历了约30年的发展历程，从20世纪90年代的多媒体课件、计算机展示以及部分学校的在线教育试点，到21世纪00年代基于PC互联网的远程教育的兴起，以及10年代基于移动互联网在线教育资源的日益丰富，再到近几年以大数据、云计算、人工智能等技术为基础的智能化教育，数字化教育整体上经历了从"互联网教育"向"智能化教育"的转变。[1]这种"智能化教育"展现出独特优势和巨大发展潜力。

首先，学生数据驱动的"智能化教育"可以帮助教育部门制定更有效的教育政策，推动教育治理能力智能化。学生数据驱动的教育不仅可以推动教育教学自身能力的革新，还有助于实现教育治理能力的现代化。教育管理部门可以通过学生教育大数据评估相关教育政策对教育教学发展的实际作用或影响，进而调整教育治理策略，适应新时代学生的发展需求。

其次，学生数据驱动的"智能化教育"有助于解决长期困扰教育系统因教育资源不足导致无法实施"因材施教"的教育难题。学生数据驱动的教育学习过程还可以对学生的学习情况进行准确快速地评估、反馈和预测，开辟了一个学习方式的新世界。[2]国外某些高校已经开始使用学生数据来提高教育教学能力，改善学生的学习水平。例如，美国亚利桑那州立大学与一家学习分析公司合作，使用学生数据驱动的方法为学生设计个性化学习方案，合作第一年考试通过率即提高了10%，退学率降低了56%。[3]

最后，学生数据驱动的"智能化教育"对于破解教育资源分配不均难题具有重要价值。"智能化教育"不受时空、地域限制，可以实现优质教育资源的共享。我国是个教育大国，教育资源分配不均是长期困扰教育管理部门的治理难题，"智能化教育"使教育资源落后地区的学生也可以享

---

[1] 参见袁利平、陈川南："美国人工智能战略中的教育蓝图——基于三份国家级人工智能战略的文本分析"，载《比较教育研究》2020年第2期。

[2] See Yoni Har Carmel, "Regulating Big Data Education in Europe: Lessons Learned from the US", *Internet Policy Review*, Vol. 5, 2016, No. 1.

[3] See Knewton, Technology Helped More Arizona State University Students Succeed, http://www.knewton.com/assets-v2/downloads/asu-case-study.pdf, last modified Nov. 17, 2018.

第四章 保护困境：未成年人数据法律保护的现实难题

受到与经济发达地区学生相同的优质教育资源，具有重大的现实意义。

（二）数据驱动教育的深度隐忧

1. 教育学习类应用良莠不齐，学生数据泄露案件频发

据报道，在苹果 App Store 上架的教育类 App 已超 20 万个。[1]从 2018 年开始，教育学习类应用的负面新闻屡见报端，许多教育类应用内置了游戏、小说和交友等与学习无关的功能。针对教育市场上的这种乱象，2019 年年初教育部办公厅发布了《关于严禁有害 APP 进入中小学校园的通知》，要求各地严格审查进入校园的学习类 App，建立学校及其上级教育主管部门的"双审查"责任制。2019 年 5 月，广东省发布了《关于印发〈广东省面向中小学生校园学习类 APP 管理暂行办法〉的通知》，要求学习类应用保障用户信息的数据安全，鼓励校园学习类应用根据公安部《信息安全等级保护管理办法》的规定，主动申请并通过信息系统安全等级保护（二级或以上）的测评与备案。[2]2019 年 7 月，广东省教育厅公布了中小学校园学习类 App 第二批审查情况，两批共 100 款 App 通过审查。遗憾的是，审查的主要内容是产品设计是否科学，能否体现素质教育要求，是否存在强制或恶意扣费，是否有护眼功能以及是否有客服、问题反馈渠道等，对于学生数据保护方面涉及较少。[3]

近年来，教育机构及其工作人员侵犯学生数据现象多发，学生数据隐私隐患不断被曝光。2016 年，令人扼腕惋惜的"徐玉玉案"即典型的因学生数据泄露而引发的人间惨案。同年，媒体曝出与学校合作的信息技术服务商的工作人员利用职务之便，泄露了 254 所学校、50 余万名学生包括姓

---

[1] 参见"20 万个！苹果 iOS 教育 App 数量公布"，载 http://www.sohu.com/a/226533699_114760，最后访问日期：2018 年 3 月 27 日。

[2] 参见印发《广东省面向中小学生校园学习类 APP 管理暂行办法》的通知"，载 http://www.heping.gov.cn/zfxxgkml/xjyj/gzwj/content/post_260403.html，最后访问日期：2019 年 5 月 29 日。

[3] 参见"广东省教育厅已公布同步学等 100 款校园学习类 APP 白名单"，载 https://www.sohu.com/a/328980621_100205222，最后访问日期：2019 年 7 月 24 日。

名、所在学校、班级、父母联系方式等非常详细的学生个人数据。[1]与此案类似,2018年,某学校教师与信息技术服务商利用职务之便非法获取学生数据,导致40万条学生个人数据遭泄露。[2]2020年,《中国青年报》和澎湃新闻等多家媒体报道了部分企业违法冒用在校大学生身份信息,虚假申报、偷税漏税,陕西、江苏、重庆等多地大学生"被入职",引起了社会各界的广泛关注,[3]凸显了保护学生数据的现实紧迫性。

国外也同样面临学生数据泄露的问题,以美国为例,美国格雷斯兰大学、俄勒冈州立大学和密苏里南方州立大学均发生过学生数据泄露事件,黑客未经授权访问了教职员工的电子邮件账户,获取了教职员工和学生的个人身份信息。[4]佐治亚理工学院因网络应用程序存在安全漏洞,导致130万名学生、教职员工的姓名、地址、社会安全号码、内部识别号、出生日期等隐私数据遭泄露。[5]相较而言,美国的学生数据泄露案件主要是黑客攻击系统漏洞而导致的,我国的学生数据泄露很大一部分是"内鬼"非法获取并出售学生数据导致的,这种差异揭示了我国对相关工作人员的制度约束明显不够,亟须规范学生数据的使用。

2. 由私人企业掌控大量的学生敏感数据,严重威胁学生及其家庭的隐私

我国数字校园及智能化教育正处于快速发展阶段,对学生数据的收集和分析正处于快速扩张时期。以南京信息工程大学为例,2019年该校发布消息称,该校正实施"云中信大"智慧校园三年行动计划及无卡化校园建设工程,该校利用大数据分析包括上网时长、时段及网站在内的学生上网

---

[1] 参见"浙江254所学校、50余万学生数据遭泄露!到底谁是幕后黑手,真相太惊人!",载 http://www.sohu.com/a/114415898_467919,最后访问日期:2016年9月15日。

[2] 参见"40万条学生个人信息被泄露 嫌疑人中有两名老师",载 http://news.ifeng.com/a/20180921/60077429_0.shtml,最后访问日期:2018年9月21日。

[3] 参见"学生'被入职'凸显信息保护紧迫性",载 http://news.sina.cn/2020-08-12/detail-iivhuipn8170837.d.html,最后访问日期:2020年8月12日。

[4] 参见"美国三所大学发生数据泄露事件……",载 http://www.mchz.com.cn/cn/about-us/industry-news/info_366_itemid_2401.html,最后访问日期:2019年6月19日。

[5] 参见"美国佐治亚理工学院发生数据泄露事件,130万人受影响",载 https://www.trustauth.cn/news/security-news/33073.html,最后访问日期:2019年4月8日。

行为数据，还将对学生消费数据、成绩数据、社群数据进行大数据分析。方案一出便引发热议，学校收集学生上网行为数据、学生消费数据等行为是否侵犯隐私？如何保证所收集数据的安全，防止数据向外泄露？

同样的问题，在国外也曾发生过。以美国学生数据存储机构 inBloom 为例，为了实现大数据驱动教育的个性化教学，2013 年美国盖茨基金会、卡内基公司等投资者共同创建了 K-12 学生数据存储机构 inBloom。该机构从不同年级和考勤数据库中收集了 400 多个类别的学生数据，包括但不限于学生姓名、地址、考勤、成绩、纪律处分、健康状况、家庭状况等，并把收集的学生数据存储到云处理器中。老师能够通过 inBloom 追踪每个学生的学习情况，并利用相应的软件实时为学生设计课程，与此同时，学校和老师也可以轻而易举地把这些学生数据分享给第三方供应商。然而 inBloom 引发了公众对学生数据隐私安全的担忧和抗议，最终 inBloom 在运行了短短 15 个月后宣告关闭。[1] inBloom 的巨大争议充分表露了美国民众对私营企业收集使用学生数据的深度忧虑。

3. 人脸识别应用扩张，关键问题和疑虑亟待解决

人脸识别比语音识别、指纹识别等生物识别技术更难被伪造，近年来，人脸识别技术的准确性大大提高，大量公共和私人组织使用人脸识别进行相关人员的登记和验证。人脸识别技术以其唯一和较少改变的特点较传统的身份认证技术更为准确、安全、可靠，已被广泛应用在铁路公交系统、煤矿工人考勤、员工管理系统监狱犯人管理、银行金库门禁、边境安检通关、军队安保系统、考生身份验证等现实领域。当然，教育领域也不例外。教育领域应用人脸识别主要基于两方面的原因，一是基于安全因素的管理需要，二是基于人脸识别的智能化教育的应用。2019 年，中国药科大学在校门、图书馆等安装了新的人脸识别门禁，教室内也装上了人脸识别系统，学生的行为和状态都能被识别到。

---

[1] See Andrea Alarcon and Elana Zeide, et al., "Corrine, Data & Civil Rights: Education Primer", Data & Civil Rights Conference, October 2014, https://ssrn.com/abstract=2542268, last modified July 5, 2019.

人脸识别技术虽然具有很多优势，但也存在潜在的道德和伦理风险，以及滥用和安全风险。欧盟数据保护机构认为，人脸识别技术允许对人员进行自动跟踪、追踪或剖析，因此它们对隐私和个人数据保护权的潜在影响很大。人脸识别技术与个人永久相关，必须保障人脸识别数据的安全性和完整性。区块链技术的分散模型与密码学相结合，可用于保障生物识别数据存储的安全和完整，但区块链技术的特点是一旦数据错误或丢失，便很难修改或替换。正因如此，欧洲数据保护机构建议人脸识别技术"仅应严格限制用途以验证用户的同意"。为了发挥人脸识别技术的积极作用，必须建立适当的法律和伦理框架，在设计任何基于人脸识别的系统或应用程序时，应默认应用设计隐私原则和相应的隐私增强技术以保护学生的隐私和数据免受侵犯和滥用，保障学生数据安全。

4. 对学生数据的持续监测，会对学生造成一种"监视效果"

在线监控在前大数据时代即已存在，但大数据时代使在线监控演变为数据监控（Dataveillance），监控更为隐秘和难以察觉。英国著名作家乔治·奥威尔创作的小说《一九八四》，在一个虚拟的国度里，人民处于党的完全监视之下，党的领袖就像"老大哥"一样，无处不在地监视其国民的行为，以防止国民的任何反叛行为或言论。大数据时代，政府和公司以前所未有的模式来跟踪、分析公民的行为，通过在线数据监控，可以为每一位公民建立一份包括教育、医疗、就业、宗教信仰等信息的完备数字化档案。在一定程度上可以说，"大数据就是老大哥"。[1]由数据监控决定的数据处理允许以自动数据配置的形式识别、分类和标识自然人，由此，"监视的人类行为者被一个计算机系统取代，该系统构建了公共可观察的自我，独立于我们现在的自我呈现"。[2]面对监视最常见的对策是对隐私的保护，但是隐私并不是监视的唯一问题，监视者还具有掌握和控制信息

---

[1] 参见涂子沛：《大数据》，广西师范大学出版社2015年版，第161页。

[2] Neil Selwyn, "Data entry: towards the critical study of digital data and education", *Learning, Media and Technology*, Vol. 40, 2015, No. 1.

的能力。[1]

监视的好处还被宣传为改善儿童的学习成绩,但是,即使是这一主张也应当慎重对待。教室里的面部识别通过对某些正常行为进行评价,并惩罚那些被识别为"溜号"的学生,可能会造成潜在的危害。该技术假定注意缺陷处于有意识的控制之下,但事实并非如此,心理学家发现在正常情况下,即使一个人专心致志,人的意识也会无意间徘徊。类似地,不表现眼神接触或不被算法所支持面部表情的孩子可能具有非神经性的学习方式,这并不意味着他们因缺乏眼神接触或不专注的面容就表现出"消极"行为或未学习;如果仅基于眼神交流和其他面部指标来表现,面部识别软件就无法区分有意和无意的"溜号",也不能解释非神经型儿童的表情。此外,"溜号"状态未必全然无益,与那些鲜少做白日梦的孩子相比,思想活跃的孩子实际上可能拥有更强大的工作记忆和更多的创造力。[2]正是在童年时期,专注和批判性思考的能力能得到巩固。因此,技术监视带来的心理伤害对儿童的影响可能比对成年人的影响更大、更持久,这是由于儿童"这一生命周期的许多社会生物学、认知和心理变化"。[3]实践中,这种数据监控在教育领域较为普遍,已经嵌入针对学生的数字化教学过程中,而这如果运用不当,将限制学生的言论自由、思想自由以及创造力。

5. 长期的学生数据跟踪、挖掘与算法自动化决策,会产生新的歧视形式

数据驱动的教育系统虽然看起来立场中立,但数据挖掘的技术过程会模糊对受保护成员有意或无意的差别处理,算法工程师可以通过操纵统计数据来支持或掩盖歧视倾向,算法分析的复杂性使得对偏见和歧视的检测

---

[1] See Nila Bala, "The Danger of Facial Recognition in Our Children's Classrooms", *DUKE L. & TECH. RE-V.* Vol. 18, 2020.

[2] See Nila Bala, "The Danger of Facial Recognition in Our Children's Classrooms", *DUKE L. & TECH. RE-V.* Vol. 18, 2020.

[3] Nila Bala, "The Danger of Facial Recognition in Our Children's Classrooms", *DUKE L. & TECH. RE-V.* Vol. 18, 2020.

变得更加困难。[1]对学生数字身份的知识建构被用于学生的行为预测,为相关机构提供决策支持,算法的非透明性导致这种预测很可能存在歧视倾向,并且很难被发现和评估。在信息不对称或数字鸿沟日益扩大的时代,采用不透明的算法、有偏见的分类及无代表性的数据均可能产生歧视或不公平待遇,[2]这种新的歧视形式会以非常隐蔽的方式加剧现有的不平等,影响学生的未来发展甚至人生际遇。

二、数字化教育下学生数据的法律保护困境

传统教育下,学生数据主要是指由学校收集并保存的教育记录,学校是收集、控制和管理学生数据的权力和责任机构。数据驱动的教育下,学生数据的范围正在由传统的教育记录扩大到由数据控制者收集和管理的学生数据,学生数据的实际控制权正在由学校逐渐转移到数据控制者。数字化教育下,学生数据范围的狭窄,学生数据法律保护责任主体的模糊,以及学生数据法律保护规范体系的缺失成为数据驱动教育下学生数据治理面临的现实困境,掣肘数据驱动教育的规范化发展。

(一) 学生数据范围较为狭窄

数字化教育模式下仍将学生数据囿于学校收集并保存的教育记录,忽视了数字时代学生数据范围本质上的转变。20世纪中叶,世界各国逐渐认识到教育的好处,开始大力修建学校,学校的种类和数量显著增加,公共当局为了方便管理,鼓励学校对学生的创造力、社会适应水平和智力潜能等早期指标加以记录,学生教育记录的创建也因此而生。[3]学生教育记录

---

[1] See Andrea Alarcon and Elana Zeide, et al. , "Corrine, Data & Civil Rights: Education Primer", Data& Civil Rights Conference, 2014, https://ssrn.com/abstract=2542268, last modified Jul. 5, 2019.

[2] See S. Barocas, "Data Mining and the Discourse on Discrimination", Proceedings of the Data Ethics Workshop: Conference on Knowledge Discovery and Data Mining, 2014, https://dataethics.github.io/proceedngs/DataMiningandtheDiscourseOnDiscrimination.pdf, last modified Nov. 13, 2018.

[3] See Stanton Wheeler, *On record: Files and dossiers in American life*, New York: Russell Sage Foundation, 1969. In Elliott, Teressa L. , Darius Fatemi and Sonia Wasan, "Student Privacy Rights-History, Owasso, and FERPA", *Journal of Higher Education Theory & Practice*, Vol. 14, 2014, No. 4.

对于政府制定教育政策,以及学校管理学生、了解学生的详细情况,创造适应不同学生学习能力的条件非常重要,计算机信息技术的发展使记录学生信息越来越方便,学校的学生教育记录越来越精细。大数据驱动的教育模式下,数据控制者从多个来源收集大量学生数据,远远超出教育记录的范围。在这样的背景下,是否应当扩大学生数据的涵摄范围,应当如何划定学生数据的边界,学生数据是否包括社交媒体等校外来源以及学生与教育数字平台互动的"数据痕迹"和元数据,[1]是在线教育背景下学生数据法律保护面临的首要困境。

(二) 从学校到数据控制者的权力转移与责任错位

数字化教育模式下控制和管理学生数据的实际权力正在逐渐由学校转移到数据控制者,但仍由学校承担保护学生数据的全部责任,与学生数据使用实践明显不符。长期以来,学校一直是学生数据的采集者和管理者,是控制和管理学生数据的权力和责任主体,但是自互联网时代到如今的大数据时代,控制和管理学生数据的实际权力正在逐渐从学校转移到数据控制者。互联网时代以来,学校为了实现对学生数据管理的现代化,逐渐与网络服务提供者合作,委托网络服务提供者开发并维护学生信息管理系统,网络服务提供者因此获得了收集、分析和管理学生数据的契机。大数据时代的到来,学生大数据的收集、分析和使用是解决当前诸多教育挑战和问题的法宝利器,很多教育改革者和学校开始探索应用大数据技术以进行学习分析和教育数据的挖掘。学校由于缺乏一定的技术能力,往往需要与大数据商业公司合作,进行学生数据的挖掘、收集、处理和分析,甚至让其参与应用数据驱动的决策过程。商业公司正在推动将学生数据聚合到分析工具中,以改进算法和预测质量,让大数据技术与教育领域的深度融合,正使控制学生数据的实际权力发生悄然转移。然而,学校在与大数据技术服务商等数据控制者进行合作时,对于学生数据的使用和管理往往缺乏明确的约定,授权商业公司履行学校的核心职能会侵害学生的数据和隐

---

〔1〕 See Ben Williamson, "Governing software: Networks, databases and algorithmic power in the digital governance of public education", *Learning, Media and Technology*, Vol. 40, 2015, No. 1.

私权利。[1]数字化教育时代,是否仍然坚持学校在管理学生数据方面的主体责任,还是将学校管理学生数据的部分责任转移到数据控制者身上,应当如何确定学生数据的责任主体及其相互之间的职责划分,是学生数据治理面临的重要挑战。

(三) 学生数据权利体系缺失

数字化教育模式下学生数据权利体系缺失,致使学生家长或符合条件的学生无法控制或决定学生数据的使用情况。较长一段时间内,学生教育记录对学生的未来发展具有重要意义,然而在自学校教育记录创建以来的较长一段时间内,学校授权外部机构使用学生记录,却拒绝家长或学生查阅教育记录。这意味着,一方面,父母需要对孩子的学业和未来作重大决定,却无法访问查阅这些与其决策相关的任何学生记录,更无法检查并更正这些记录中包含的任何主观的、误导性的、不正确的或不恰当的学生信息;另一方面,外部机构可以方便地使用这些记录作为对学生未来的就业和发展的决策依据。[2]这无疑会对学生的隐私和未来发展造成不利影响,严重违背学生的个人利益。数字化教育时代,应当赋予学生家长或符合条件的学生相应的数据权利。

(四) 学生数据分级分类保护制度尚付阙如

数字化教育模式下学生数据种类繁多、数量庞大,亟须对学生数据进行分级分类管理。学生数据种类庞杂,既有人脸识别数据等敏感数据,亦有学生的身份数据、学习数据、健康数据、家庭数据等,不同类型的学生数据应当设定不同的访问权限和保护措施,以保障学生的隐私和数据安全。由于当前关于人脸识别技术应用到教育教学环境的优势与弊端尚未达成共识,需要进一步研究并权衡人脸识别技术对校园安全和教育质量的促

---

[1] See Yoni Har Carmel, "Regulating Big Data Education in Europe: Lessons Learned from the US", *Internet Policy Review*, Vol. 5, 2016, No. 1.

[2] See R. Andersen, "Federal genesis of comprehensive protection of student educational record rights: The family educational rights and privacy act of 1974", *Iowa Law Review*, 1975. In Teressa L. Elliott, Darius Fatemi and Sonia Wasan, "Student Privacy Rights-History, Owasso, and FERPA", *Journal of Higher Education Theory & Practice*, Vol. 14, 2014, No. 4.

进作用及其对学生的数据隐私、自由、免受歧视、创造力的潜在威胁，对这类数据的收集、使用、存储、共享和处理应当严格限定其条件。

（五）学生数据的访问和共享控制机制缺失

数字化教育模式下为了保障学生数据安全，亟须建立学生数据的访问管理和共享控制机制。数字化教育能否持续健康发展，在一定程度上取决于能否确保学生数据安全。当前的学生数据存在一定的访问和共享乱象，尤其是学校与企业或者政府、司法机关共享数据，可能对学生未来发展产生深远影响。一方面，企业为学校的数字化管理和智能化教学提供技术支持，这在一定程度上方便了企业可以随时访问数据；另一方面，学校可能在未经学生或其父母知情同意的情况下，将学生数据与政府执法机构或司法机构共享，加剧人工智能算法的潜在偏见或歧视。

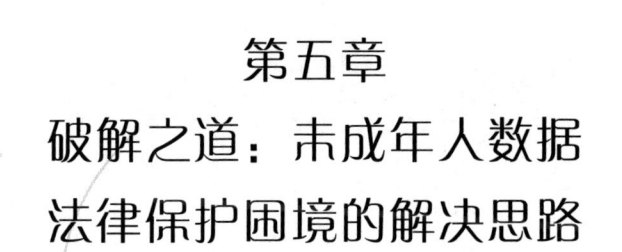

第五章
破解之道：未成年人数据法律保护困境的解决思路

第一节 权利冲突困境的破解之道

一、未成年人数据权与赋权性权利的平衡

基于未成年人保护性权利与赋权性权利之间的冲突关系，一方面，不能因过分注重保护未成年人数据，从而限制未成年人的赋权性权利。正如英国伦敦政治经济学院教授索尼娅·利文斯通所言，数字时代政策制定者总是习惯从风险的角度去看待对未成年人的影响，从而倾向于禁止或限制未成年人的活动。然而，在数字时代实施儿童权利，还需要注重赋予儿童参与的权利，从而培育儿童的创造力，促进创新和社会参与。[1]另一方面，当前的商业模式，将个人信息视为重要资产，重在商业利用，因此在强调赋予儿童参与权等赋权性权利时，应当注意与网络环境对未成年人个人数据的保护现实相匹配，使数字经济目标与保护未成年人的隐私权及个人数据保护的基本权利相协调。[2]应当避免任何以简单的方式使保护和赋权出现两极分化，保护未成年人数据，不能过分限制未成年人的参与权等赋权性权利。[3]

（一）基于不同风险等级的父母同意

对不同风险等级的所有网络场景都要求严格的父母同意，不仅会对儿童造成过度保护，而且会造成父母的"同意疲劳"，破坏"赋权"与"保

---

[1] See Sonia Livingstone and Monica Bulger, "A global research agenda for children's rights in the digital age", *Journal of Children and Media*, Vol. 8, 2014, No. 4.

[2] See Joseph Savirimuthu, "Networked Children, Commercial Profiling and the EU Data Protection Reform Agenda: in the Child's Best Interests?", *The EU as a Children's Rights Actor: Law, Policy and Structural Dimensions*, Barbara Budrich Publishers, 2016, p. 223.

[3] See UK Information Commissioner's Office, Personal Information Online Code of Practice, https://ico.org.uk/media/for-organisations/documents/1591/personal_information_online_cop.pdf, last modified Mar. 8, 2018.

护"之间的平衡。为实现儿童的最大利益，应根据不同网络场景下的不同隐私风险等级，对儿童数据采取差异化的父母同意方式。欧盟 GDPR 第 35 条对数据保护影响评估进行了规定，为可能引发高风险的数据处理行为设定了额外的附加义务，并豁免了低风险数据处理行为的部分义务。但该项规定只是"在传统的合法授权事由框架下提升了用户同意形式方面的要求，继续强化了传统知情同意框架",[1]并未从保护用户的角度，针对不同场景、不同隐私风险提出不同的保护标准。相较而言，美国的 COPPA 则认识到不是所有网络活动都需要严格的父母同意，通过对不同网络场景划分风险等级，规定了不同程度的父母同意方式。可借鉴美国 COPPA 的法律经验，最小风险的网络服务无须得到父母的同意，如没有互动或不共享儿童数据的网络服务；中等风险的网络服务则采用较宽松的同意形式，如网络服务商仅在内部使用儿童数据且不向第三方披露或公开时，可以向父母发送电子邮件，并在收到父母同意的回复后方可确认使用；最高风险等级的网络服务必须符合最严格的同意机制，如向第三方披露儿童数据、行为广告或儿童注册使用网络社交媒体时，网络服务提供者需要通过邮寄、传真或电子邮件等方式，要求父母填写并返还同意书，提供信用卡号码、验证身份的证明文件、免费电话或视频会议等方式验证父母同意。[2]这种基于不同风险等级的差异化父母同意，可在一定程度上避免对儿童的"过度保护"，并有助于减轻父母的"同意疲劳"。

(二) 基于未成年人不断发展能力的父母同意

由于为了避免对未成年人数据的过度保护，从而限制未成年人的参与权等赋权性权利，父母应当根据未成年人不断发展的能力，在做任何有关儿童数据权的决策时，充分考虑儿童的个人意见。可以通过单独咨询儿童意见、寻求儿童和父母的共同同意，或对于已具备相应成熟度的儿童，允许其自主同意，以此将儿童意见纳入决策之中，确保避免对有能力儿童表

---

[1] 范为："大数据时代个人信息保护的路径重构"，载《环球法律评论》2016 年第 5 期。

[2] See Dalia Topelson Ritvo, "Privacy and Student data: An Overview of Federal Laws Impacting Student Information Collected through Networked Technologies", *Berkman Center for Internet & Society*, 2016.

述意见的忽略。[1]

二、未成年人数据权与成年人权利冲突困境的破解之道

(一) 未成年人数据权与成年人权利冲突的平衡

对未成年人数据的特殊保护会被自由主义者视为对成年人言论自由的限制,然而,当一个社会群体的权利与另一部分社会群体的权利发生冲突时,对绝对权利的某些限定是不可避免的结果。[2]应当破除任何将儿童保护与成年人自由对抗起来的思维模式。在这种对抗的思维模式中,儿童的权利,无论是赋权性权利还是保护性权利,都很难得到支持。[3]虽然未成年人数据权与成年人权利之间的冲突可能会持久存在,但可以在两者之间寻求适当的平衡。对于未成年人数据权与成年人的隐私和个人数据权之间的权利冲突,可以通过数据最小化原则的贯彻适当减轻。数据控制者在对用户进行年龄验证或父母同意验证时,应严格遵守数据最小化原则,不得收集除年龄验证或父母同意验证目的以外的用户信息。

(二) 高标准的通用型数据保护模式

破解未成年人数据与成年人权利冲突困境的另一个解决思路是建立高标准的通用型数据保护模式,从而无须为儿童提供特殊保护,也能达到保护未成年人数据的目的。儿童权利专家索尼娅·利文斯通提出,为了避免出现为儿童作出特殊规定后,其他特殊群体也会要求特殊保护的问题,未来的数据控制者应更好地保护所有用户的权利,而不是试图识别儿童(和其他易受攻击的用户)以便对他们的数据进行不同的处理,尤其是因为识

---

[1] See Article 29 Working Party, Opinion 2/2009 on the Protection of Children's Personal Data (General Guidelines and the Special Case of Schools), http://ec.europa.eu/justice/article-29/documentation/opinion-recommendation/files/2009/wp160_en.pdf, last modified Mar. 8, 2018.

[2] See Sonia Livingstone, "Regulating the internet in the interests of children: Emerging European and international approaches", *The handbook on global media and communication policy*, 2011.

[3] See Sonia Livingstone, "Regulating the internet in the interests of children: Emerging European and international approaches," *The handbook on global media and communication policy*, 2011.

别儿童可能会破坏保护其隐私的数据最小化原则。[1]从长远来看，为未成年人数据提供的特殊保护，亦是保护成年人数据权最终努力的目标，与其先解决一部分人的数据保护需求，不如制定高标准的、适用于所有自然人的数据保护制度。

第二节 成熟度评估困境的破解之道

一、个性化评估与明确年龄界限的平衡

基于不同的网络应用场景，对每个儿童的成熟度进行个性化评估，以决定是否需要父母同意，这无疑是最有利于实现儿童利益最大化的方式。欧盟目前只有三个成员国（西班牙、匈牙利和荷兰）选择在国家数据保护法律中明确规定需要父母同意的年龄门槛。大多数成员国均要求数据控制者依据特定情境采取个性化的儿童能力测试，而不是统一的年龄标准。由于个性化的儿童能力测试容易造成过重的验证负担，大多数成员国通常要求数据控制者根据数据处理目的和使用的数据类型采用基于滑动比例法的风险验证方式。[2]然而，对所有儿童的全部网络场景进行个性化评估，无疑会增加网络服务提供者的合规负担和网络治理机构的执行成本，不符合利益平衡的立法理念。因此，对不同类型的数据处理行为划定一个明确的年龄界限仍然是必要的。可以在明确年龄界限的基础上，基于不同的数据类型和数据处理场景，对儿童进行个性化评估，规定不同程度的父母同意方式，以明确年龄界限基础上的个性化评估破解儿童的成熟度评估困境。

欧洲非政府组织"儿童在线安全联盟"（Eurpean NGO Alliance for Child Safety Online, eNACSO）认为虽然在目前的网络环境和技术条件下，对每个儿童进行个案评估是不可能的，但对不同年龄的儿童应采用不同的隐私

---

[1] See Sonia Livingstone, "Children: a special case for privacy?", *Intermedia*, Vol. 46, 2018, No. 2.

[2] See Article 29 Working Party, Opinion 15/2011 on the Definition of Consent, http://ec.europa.eu/justice/policies/privacy/docs/wpdocs/2011/wp187_en.pdf, last modified Mar. 8, 2018.

第五章 破解之道：未成年人数据法律保护困境的解决思路

标准或父母同意方式。[1] 为了验证儿童是否有自我决策能力，数据控制者应从儿童的最大利益出发，综合评估儿童的心理发展水平及承担相应后果的能力等情况以决定父母同意的等级或形式，从社会科学和行为科学领域收集证据来验证给定的年龄限制，不同的数据收集实践和年龄跨度可能需要进行详细的测试和研究。[2] 比利时民主党提出的建议，部分地解决了未成年人的同意问题。比利时的数据保护法中虽未规定明确的年龄界限，但民主党建议，当孩子不够成熟，无法理解给定同意的含义时，父母的同意是必要的；对于年龄小于13周岁或14周岁的未成年人，在所有情况下都需要同意；在复杂的情况下，15周岁以下的儿童也必须取得父母同意；当从16周岁以下的未成年人那里收集敏感数据时，以及在数据处理不符合儿童利益的所有情况下，均应获得父母同意。[3] 在欧盟层面，欧盟数据保护机构第29条数据保护工作组曾采用相似的灵活方法，没有确定需父母同意的年龄限制，强调了儿童成熟度和手头数据处理复杂性的重要性，如在收集一名8周岁儿童的数据以用于发送免费杂志或通信的情况下，可能无需父母同意，但同一儿童参加电视直播节目，则明确需要父母的同意。[4] 因此，笔者认为，应以一定年龄界限为基础的个性化评估取代明确年龄界限的单一规定。对达到年龄界限的儿童，赋予其自我决策权；对未达年龄界限的儿童进行个性化评估，以决定父母同意的方式。

---

[1] See eNACSO, "Is the UNCRC fit to purpose in the Digital Era?", http://www.enacso.eu/wp-content/uplo-ads/2015/11/eNACSO_Report_UNCR_IGF_2012.Pdf, last modified Mar. 8, 2018.

[2] See M. Macenaite, "From Universal towards Child-specific Protection of the Right to Privacy Online: Dilemmas in the EU General Data Protection Regulation", *New Media & Society*, Vol. 19, 2017, No. 5.

[3] See Milda Macenaite and Eleni Kosta, "Consent for processing children's personal data in the EU: following in US footsteps?", *Information & Communications Technology Law*, Vol. 26, 2017, No. 2.

[4] See Article 29 Working Party, Guidelines on the protection of children's personal data, https://www.ecnp.eu/-/media/Files/ecnp/Projects%20and%20initiatives/Network/Child%20and%20Adolescent/161020%20Guidelines%20on%20the%20protection%20of%20children%20personal%20data.pdf?la=en&hash=886572C414894577CD913D5B9945331DA272A519, last modified Nov. 13, 2018.

二、年龄验证困境的创新技术解决方案

鉴于年龄验证机制面临的挑战,需要探索创新的年龄验证机制,既尊重用户隐私,符合数据最小化原则,同时避免对服务提供商造成过重的负担。寻求此类解决方案可以从欧盟基于属性的(Attribute-based)在线认证机制公共电子身份证计划借鉴经验。欧盟的《电子识别条例》(910/2014)允许在整个欧盟范围内采用安全的公民电子身份证(eID),以促进与年龄相关的资格审查。欧盟委员会在《视听媒体服务指令》中要求视频内容平台提供商探索利用 eID 进行年龄验证,以限制儿童访问有害在线内容。基于年龄属性的电子身份证确定互联网用户是否有资格访问在线服务,而不是验证网络用户的完整身份,既可以保护用户隐私,也符合数据最小化原则。[1]当然,欧盟基于特定年龄属性的电子身份证制度只是可供借鉴的一种年龄验证方式,并不是年龄验证方式的唯一解。还可以基于不同的网络服务,采用不同精确度的年龄验证方式。并非所有的网络场景均需要确定用户的确切年龄,有的可能只需要了解用户特定的年龄范围就足够了。应激励网络服务提供者就各自所在的行业或领域,探索创新的技术解决方案。

第三节 父母同意困境的破解之道

一、由父母"控制"转向父母的"指导性调解"

在儿童具备相应的能力之前,需要父母或其他法定监护人代为行使其大部分权利。儿童在网上可能会遇到的各种机会和风险,而父母往往过分关注潜在的风险,限制儿童的互联网使用。这逐渐演变成父母以保护儿童为目的,对儿童的行为进行"控制"或"限制",并在一定程度上演变为"父母霸权"。洛克曾指出,在儿童出世后的一段时间内,父母对他们有一

---

[1] See Milda Macenaite and Eleni Kosta, "Consent for processing children's personal data in the EU: following in US footsteps?", *Information & Communications Technology Law*, Vol. 26, 2017, No. 2.

种统治和管辖权,而儿童所受到的这种支配的限制,犹如在他们孱弱的婴儿期间用来缠裹和保护他们的襁褓衣被一样。但这只是暂时的,随着他们的成长,年龄和理性将解除这些限制,直到最后完全解除而能自由地处理一切为止。[1]因此,亟须转变父母保护儿童的思维和方式,从父母对儿童的严格"控制"转向父母的"指导性调解"。

(一)父母调解的概念化分类

父母调解是指父母与孩子在媒体使用方面的互动,父母调解这一概念主要来自父母对儿童观看电视所采取的管理策略的相关研究,现已应用于电子游戏和互联网等其他新兴媒体。[2]父母调解主要有限制性调解和指导性调解两种方式。限制性调解,是指父母通过限制儿童的媒体使用时间并禁止儿童观看某些内容来管理儿童的媒体使用情况,实际上是父母对儿童的"控制"。指导性调解又称积极调解,是指父母与孩子解释和讨论媒体消费的不良影响,并指导孩子使用媒体的正确方法,是涉及父母和孩子之间的双向沟通,帮助儿童了解媒体信息的本质,培养和激发孩子的批判性思维和理解。[3]

父母的限制性调解方式,对儿童数据的严格控制或限制,违背了儿童数据权利的初衷。青少年倾向于追求更多的自主权,并将互联网视为个人活动,不太愿意与父母分享他们的在线体验,如果父母试图控制他们的互联网活动,很可能引起他们的反感。大约有7/10的青少年通过使用清除浏览器历史记录、在父母来到身边时最小化网络浏览器以及删除即时消息等策略,向父母隐藏在线行为。[4]正如欧盟数据保护机构第29条数据保护工作组所言,在这个问题上,必须清楚地认识到,数据保护权属于儿童,

---

〔1〕 参见[英]洛克:《政府论》(下篇),叶启芳、瞿菊农译,商务印书馆1964年版,第34页。

〔2〕 See Sook-Jung Lee, "Parental restrictive mediation of children's internet use: Effective for what and for whom?", *New Media & Society*, Vol. 15, 2013, No. 4.

〔3〕 See Sook-Jung Lee, "Parental restrictive mediation of children's internet use: Effective for what and for whom?", *New Media & Society*, Vol. 15, 2013, No. 4.

〔4〕 See Wonsun Shin and Hyunjin Kang, "Adolescents' privacy concerns and information disclosure online: The role of parents and the Internet", *Computers in Human Behavior*, Vol. 54, 2016.

而不是他们的法定监护人，父母或其他法定监护人只是代为行使这些权利；法定监护人的地位并不意味着对儿童有任何绝对或无条件的优先权，仍然需要对达到一定成熟度的儿童就与他们有关的事项征求意见。[1]儿童的数据权利可能会违背父母或其他法定监护人的意愿。如果儿童数据的处理是在父母同意的情况下开始的，则有关儿童达到可以独立同意数据处理的年龄界限后有权撤销同意，例如，法定监护人曾明确同意将他的孩子（数据主体）纳入临床试验，那么儿童在获得同意的能力后，数据控制者必须将获得数据主体的明确同意纳入特别考虑的范围，以便有一个合法的基础来继续处理儿童的个人数据。[2]

(二) 父母指导性调解的积极作用

首先，指导性调解比限制性调解在减少隐私风险和不良媒体对儿童的影响方面更为有效。欧盟儿童在线调查对25个国家25 000多名9~16岁儿童进行的父母调解分析表明，指导性调解与实际信息披露呈负相关，而限制性调解与实际信息披露呈正相关。父母控制或父母限制可以降低在线风险，但同时降低了儿童的在线机会和技能。而如果父母在孩子上网时，与孩子坐在一起，鼓励他们探索互联网，并与他们分享在线活动和经验，可以减少儿童的在线风险，同时不会减少儿童的在线机会，并且还可以减少幼儿（9~12岁）遇到网络风险时的不安和焦虑。[3]

其次，指导性调解有助于培养儿童关于个人数据收集和使用的批判性思维。指导性调解是基于父母和孩子之间的对话和批判性讨论，这比基于"控制"的限制性调解更有可能培养儿童的批判性思维。父母可以解释孩子在电视上看到的不一定是真实的，帮助孩子理解媒体及其内容，可以鼓

---

[1] See Article 29 Working Party, Opinion 2/2009 on the protection of children's personal data (General Guidelines and the special case of schools), https://ec.europa.eu/justice/article-29/documentation/opinion-recommendation/files/2009/wp160_en.pdf, last modified Nov. 13, 2018.

[2] See Article 29 Working Party, Opinion 2/2009 on the protection of children's personal data (General Guidelines and the special case of schools), https://ec.europa.eu/justice/article-29/documentation/opinion-recommendation/files/2009/wp160_en.pdf, last modified Nov. 13, 2018.

[3] See Andrea Duerager and Sonia Livingstone, "How can parents support children's internet safety?", *EU Kids Online*, 2012.

励他们只接受他们认可的那些信息。通过积极的调解，孩子不是直接从环境中学习，而是在了解孩子的能力、兴趣和需求的成年人的帮助下学习。[1]

最后，指导性调解有利于亲子关系的和谐。指导性调解与限制性调解的重要区别之一是指导性调解注重父母与子女的双向沟通和互动，可使父母期望内化为儿童的自我决定。指导性调解会使儿童认为他们遵循父母期望的行为是自我决定结果，而非外部强迫的观念。当父母采用限制性方法来"控制"儿童的互联网使用而不进行相互讨论，儿童可能会认为自己受到父母的控制，自己的行为和决策被迫成为父母意愿的体现。[2]父母对儿童具体情况的了解主要有三个来源：儿童披露，儿童主动、自愿地向父母披露相关信息；父母"控制"，父母强行入侵儿童的隐私或逼迫儿童说明相关信息；父母请求，父母通过询问孩子自己或他人来收集关于孩子的信息。[3]指导性调解可使儿童放下对父母的"敌对"心理，主动向父母袒露心声，从而使父母可以获得儿童使用互联网的第一手资讯。

二、以公共卫生模式提高父母数字素养

那些在网上过度"晒娃"的父母本身并无恶意，也并非无视过度在线共享对儿童的负面影响，而是他们根本就没有意识到过度共享儿童信息的危害，尤其是当身边的人都这么做的情况下。一项针对父母对儿童使用Facebook的意识、态度和行为的实证调查发现，父母对孩子使用Facebook的意识和参与均较低，为了帮助父母指导孩子安全和负责任地使用互联

---

[1] See May O. Lwin, Andrea J. S. Stanaland and Anthony D. Miyazaki, "Protecting children's privacy online: How parental mediation strategies affect website safeguard effectiveness", *Journal of Retailing*, Vol. 84, 2008, No. 2.

[2] See Wonsun Shin and Hyunjin Kang, "Adolescents' privacy concerns and information disclosure online: The role of parents and the Internet", *Computers in Human Behavior*, Vol. 54, 2016.

[3] See Wonsun Shin and Hyunjin Kang, "Adolescents' privacy concerns and information disclosure online: The role of parents and the Internet", *Computers in Human Behavior*, Vol. 54, 2016.

网，有必要就儿童数据保护对父母进行相关的指导。[1]虽然法律可以在一定程度上保护儿童的数据和隐私，但法律的作用往往无法深入家庭内部，法律无法保证父母不侵犯儿童的隐私和数据权利。鉴于法律解决方案的实际限制，可以从医疗领域的公共卫生模式借鉴经验，指导父母如何负责任地对待儿童的个人信息分享。[2]所谓公共卫生模式，即通过卫生宣传、健康教育等方式对公众进行相关知识的教育和宣传，如对 SARS 的控制、预防和治疗的宣传教育即属于典型的公共卫生职能范围，通过对公众宣传教育 SARS 的预防和治疗，可以大幅减少该疾病的传播。公共卫生模式可以通过儿童数据权利专家以及包括明星在内的儿童数据权利倡导者等人士的教育宣传，使家长和公众了解过度在线共享儿童个人数据的潜在危害。

以公共卫生模式对父母进行指导，美国纽约大学教授特希拉·明库斯基于儿童和父母使用 Facebook 的态度和方式的实证分析，对父母使用社交媒体提出以下五点建议：(1) 检查社交媒体的隐私设置，限制陌生人的访问；(2) 将社交媒体中的照片或视频设为私密，其他用户必须经过批准才能查看；(3) 在分享儿童数据之前进行审慎地思考，考虑将给儿童带来的影响；(4) 尽量避免个人身份信息的共享，如手机号码、全名或出生日期；(5) 利用隐私友好型工具对上传的照片进行加密。[3]儿童权利专家斯坦伯格亦提出了七点建议：(1) 父母应熟悉共享网站的隐私政策，了解这些政策对于保护儿童数据来说是重要的第一步；(2) 当孩子的姓名出现在搜索引擎的搜索结果中时，父母应设置消息提醒以获得通知；(3) 父母应考虑匿名共享；(4) 父母应谨慎分享孩子的定位信息；(5) 父母应倾听孩子的意见，赋予儿童针对父母披露数据的"否决权"；(6) 父母不应分享孩子的裸照以及任何脱衣服状态下的照片；(7) 父母应考虑共享儿童信息

---

[1] See Asnat Dor and Dana Weimann-Saks, "Children's Facebook Usage: Parental Awareness, Attitudes and Behavior", *Studies in Media and Communication*, Vol. 1, 2012.

[2] See Stacey B. Steinberg, "Sharenting: Children's privacy in the age of social media", *Emory LJ*, Vol. 66, 2016.

[3] See Tehila Minkus, Kelvin Liu and Keith W. Ross, "Children Seen But Not Heard: When Parents Compromise Children's Online Privacy", the 24th International Conference International World Wide Web Conferences Steering Committee, 2015.

对孩子当前和未来的心理发展、人格和幸福感的影响。[1]综合儿童数据权利专家或学者的上述建议，父母在线分享孩子信息时需要注意以下几个关键点：一是父母应当了解共享网站的隐私政策，进行相应的隐私设置，限制其他用户的访问权限；二是避免对涉及儿童隐私和安全的重要信息进行共享，如姓名、联系方式、地理位置信息、裸照等；三是父母在共享儿童信息之前，应咨询并尊重儿童自身的意见；四是父母在分享儿童的个人信息之前应审慎思考，充分考虑该分享是否会给孩子的未来带来不利的影响。

三、赋予未成年人数据删除权

对于父母"晒娃"等在线过度共享未成年人数据的困境，可通过赋予未成年人数据删除权的方式进行破解，使未成年人有权要求相关的数据控制者删除有关个人数据。欧盟 GDPR 第 17 条赋予了数据主体数据删除权，虽然该条对成年人和未成年人同样适用，但该权利尤其旨在保护网络环境下的未成年人。GDPR 序言第 65 条明确阐述道，应当允许儿童删除可能损害他们声誉的个人数据，即使该儿童请求行使该权利时已经成年。由于被遗忘权与公民言论自由之间的紧张关系，美国整体上对数据删除权持消极态度。2013 年年底，美国立法先锋加利福尼亚州通过了《第 568 号法案》，该法案被形象地称为"橡皮擦法案"，在一定程度上赋予了未成年人数据删除权。但正如上文所述，根据美国加利福尼亚州的"橡皮擦法案"，未成年人只能要求删除自己发布的内容，无法请求数据控制者删除他人发布的不相关的、不适当的、过时的个人数据。美国加利福尼亚州的数据删除权与欧盟 GDPR 规定的数据删除权相比是不充分的，无法解决父母在线分享的权利与未成年人数据权之间的冲突。可以借鉴欧盟 GDPR 的立法经验，赋予未成年人更为全面的数据删除权，使未成年人不仅享有删除自己发布的信息的权利，还享有删除其他人发布的与其相关的信息的权利。如

---

[1] See Stacey B. Steinberg, "Sharenting: Children's privacy in the age of social media", *Emory LJ*, Vol. 66, 2016.

此，未成年人的数据删除权可以适度抵消父母过度分享未成年人数据的负面影响。

四、由数据控制者驱动的父母同意验证

在确定可接受的父母同意验证方法时，可以从美国 COPPA 的实施吸取一些经验。美国的父母同意验证方式采用的是共同监管模式，不仅提出了一些验证父母同意的方法供运营商选用，而且允许运营商提出新的父母同意验证方法向 FTC 申请批准。FTC 在与行业合作获得可验证的父母同意方面有较长的历史和较为丰富的经验。这种由运营商申请的父母同意验证方法至少有四点好处：一是可以鼓励运营商探索并开发新的、低成本高效率的父母同意验证方法；二是运营商申请的父母同意验证方法可以随着技术的发展不断演进，从而弥补法律的滞后性，降低立法成本；三是由运营商申请的父母同意验证方法往往更易于运营商实施，因此也更为有效，更容易被行业接受；四是由运营商申请的父母同意验证方法具有多样性和更好的适应性，可以适用于不同的行业或部门。[1] 为了驱动数据控制者探索新的父母同意验证方式，监管机构应当改变"自上而下"的监管状态，积极听取并尊重数据控制者的技术探索，必要时参与数据控制者的自我监管规则的制定。

未成年人的年龄验证机制和父母同意验证机制在未成年人的数据保护方面占据着至关重要地位。如果未成年人可以轻易地避开年龄验证，或者轻易地冒充父母同意数据处理，则未成年人数据保护法的有效性将面临严峻挑战。因此，应当建立有效的年龄验证机制和父母同意验证机制，以破解未成年人数据法律保护的验证困境。在破解验证困境时，应注意遵守以下几个重要原则：一是应遵循比例原则，确保所采用的验证手段与目的相适应。无论是针对未成年人用户的年龄验证，还是确认"同意"是否源自父母的真实意愿，均应以最简洁有效、最低侵入性的验证手段，实现验证

---

[1] Milda Macenaite and Eleni Kosta, "Consent for processing children's personal data in the EU: following in US footsteps?" *Information & Communications Technology Law*, Vol. 26, 2017, No. 2.

目的。比如，未成年人上网看新闻或资讯，采用较为宽松的自我验证机制即可，未成年人注册游戏账号或开直播，则需要更为严格的年龄验证和父母同意验证方式。二是应遵循利益平衡原则，兼顾用户和网络服务提供者双方的利益。不能为了保护未成年人而一味地追求严格的验证方式，从而给网络服务提供者带来过重的运营负担；亦不能为了方便网络服务提供者而一律采用宽松的验证方式，从而使验证方式流于形式。三是应遵循数据最小化原则，无论基于何种网络应用场景而采用何种验证方式，均应遵循数据最小化原则，不能以进行年龄验证或父母同意验证为由，收集超出目的的用户数据。四是应遵循差异化原则，对不同的网络服务和数据收集实践采取不同的验证方式，避免任何简单化的"一刀切"思维。若对所有的网络应用场景均采用一种验证方式，如均采用自我验证机制或均采用生物识别机制，会造成不成比例的过宽或过严。五是应充分激励网络服务提供者在验证方面发挥关键作用，无论是未成年人的年龄验证还是父母同意验证，均应注意激励网络服务提供者就各自所在的行业或领域，探索适当的创新技术解决方案。

第四节　数据控制困境的破解之道

　　破解未成年人个人数据的控制困境，可从增加数据控制者的技术设计责任和提高未成年人的数字素养两方面入手。首先，鉴于用户对个人数据的控制实际上受制于数据控制者网站或应用程序的设计，可将部分由父母承担的保护未成年人数据的责任逐渐转向数据控制者的责任，激励数据控制者实施设计和默认的未成年人数据保护，研发有效的未成年人"隐私增强技术"（Privacy Enhancing Technologies），探索区块链等创新技术解决方案。其次，从未成年人自身入手，提高未成年人的数字素养和数字技能，锻炼未成年人对个人数据收集和使用的批判性思维，培养未成年人成为负责任的数字公民。

一、由父母责任转向数据控制者责任

（一）数据控制者的"设计隐私"

个人数据保护法和网络数据安全法等法律规范要求数据控制者履行数据安全保障义务看似是最直接、最有效的个人数据和隐私保护方式，但事实上从法律的要求转化为数据控制者的合规行动仍有一段距离，而且法律提供的救济措施往往是事后的、补救性的。"设计隐私"（Privacy by Design）作为一种成本更低、效果更好、更好操控的技术解决方案，可以帮助实现个人数据保护法和网络数据安全法的立法目标。正如张新宝教授所言："信息技术既是个人信息的最大威胁，也是个人信息保护的最佳工具。"[1]"设计隐私"这一概念最早由加拿大信息与隐私研究员安·卡沃基安（Ann Cavoukian）博士在20世纪90年代提出，大约同一时期，世界经济合作与发展组织（Organization for Economic Co-operation and Development，OECD）也提出了"设计隐私"的理念。"设计隐私"的基本理念是隐私必须以默认的方式纳入网络数据系统和技术中，成为组织优先事项、项目目标、设计流程和计划运营的组成部分，并嵌入涉及我们生活的每一个标准、协议和流程中。[2]如上文所述，"设计隐私"的理念已为欧盟GDPR所采纳，同时也引起了我国产业界、学术界和政策制定者的关注。[3]

安·卡沃基安博士提出了"设计隐私"的七大基本原则，建立了"设计隐私"的基本框架，对个人数据的保护具有重要意义。一是主动预防而非被动补救，旨在问题发生前解决问题，这种未雨绸缪的数据保护方式，比起发生数据泄露和隐私侵害后再实施补救，成本更低也更为高效；二是

---

[1] 张新宝："'普遍免费+个别付费'：个人信息保护的一个新思维"，载《比较法研究》2018年第5期。

[2] See Ann Cavoukian, "Privacy by Design. The 7 Foundational Principles. Information and Privacy Commissioner of Ontario", *Information & Privacy Commissioner of Ontario*, 2008, https://www.iab.org/wp-content/IAB-uploads/2011/03/fred_carter.pdf, last modified Jun. 8, 2019.

[3] 参见郑志峰："通过设计的个人信息保护"，载《华东政法大学学报》2018年第6期；张新宝："'普遍免费+个别付费'：个人信息保护的一个新思维"，载《比较法研究》2018年第5期。

第五章 破解之道：未成年人数据法律保护困境的解决思路

"设计隐私"旨在将隐私保护作为默认设置，确保将数据最小化、目的限制、保留限制等原则自动纳入 IT 系统或商业实践中；三是将隐私保护嵌入到 IT 系统和商业实践的设计和架构中；四是"设计隐私"旨在实现正和双赢而非零和博弈，并不排斥合法的非隐私目标，如安全、设计目标、技术能力、实施成本等，并以创新的正和方式容纳非隐私目标；五是"设计隐私"旨在实现对数据隐私的全生命周期的保护，确保个人数据被安全地收集、保存、使用和销毁；六是"设计隐私"对用户和运营商双方都具有可见性和透明度，这对于建立问责制和双方之间的信任至关重要；七是以用户的利益和需求为中心进行隐私设计，加强用户管理个人数据的权利。[1]

将"设计隐私"的基本理念和原则与未成年人的具体特征和需求相结合，用以保护未成年人的数据权利具有重要价值和意义。在未成年人使用的各种移动联网设备及应用程序的设计阶段，使用儿童易于理解的语言和方式说明数据收集和使用的情况，采用分层通知的方法，禁止针对儿童的自动化决策和数字画像等进行隐私设计，无疑将有利于未成年人数据的保护。[2] 从数据控制者的角度来看，"设计隐私"对数据控制者也有重要意义，一方面，数据控制者对用户的"设计隐私"有助于维护企业声誉，建立与未成年人用户及其父母之间的信任；另一方面，"设计隐私"可以减少大规模数据泄露等数据安全事件，从而使数据控制者远离大规模的集体诉讼和避免数额巨大的法律赔偿风险。在此需要注意的是，"设计隐私"理论并非要取代个人信息保护法规，而是为了更好地补充和实现个人信息保护法的立法目的。[3]

---

[1] See Ann Cavoukian, "Privacy by Design. The 7 Foundational Principles. Information and Privacy Commissioner of Ontario", *Information & Privacy Commissioner of Ontario*, 2008, https://www.iab.org/wp-content/IAB-uploads/2011/03/fred_carter.pdf, last modified Jun. 8, 2019.

[2] See Joseph Savirimuthu, "Networked Children, Commercial Profiling and the EU Data Protection Reform Agenda: in the Child's Best Interests?", *The EU as a Children's Rights Actor: Law, Policy and Structural Dimensions*, Barbara Budrich Publishers, 2016, pp. 221-257.

[3] 参见郑志峰："通过设计的个人信息保护"，载《华东政法大学学报》2018 年第 6 期。

(二) 针对数据控制者的 "隐私增强技术"

除了数据控制者的"设计隐私",作为数字"自助"工具的"隐私增强技术"可以帮助用户阻止或限制数据收集和各种类型的广告,实现网络的匿名浏览。近年来,随着用户隐私和数据保护意识的提高,"隐私增强技术"市场也发展迅速。以浏览器运营商的"隐私增强技术"为例,适用于浏览器运营商的隐私增强技术主要来源有两个,一是浏览器运营商在政策制定者和隐私权主义者的压力下提供的"隐私增强技术",二是第三方提供的专门针对浏览器运营商的"隐私增强技术"。谷歌 Chrome 浏览器、微软 IE 浏览器以及 Mozilla 的 Firefox 浏览器都提供"广告偏好管理器",帮助用户管理他们的广告偏好,并提供易于使用的选择退出工具和教育网页,向消费者清楚地解释数字广告的工作原理。浏览器提供商还提供"隐私浏览"模式,如微软 IE 浏览器的"InPrivate Browsing"、谷歌 Chrome 浏览器的"Incognito",Firefox 浏览器的"Private Browsing",清除和阻止大多数在线广告和 Cookie 等网络跟踪插件,以避免数据收集和跟踪。[1]除浏览器运营商自身的"隐私增强技术",在不断创新的"隐私增强技术"市场上,还有很多由第三方开发的补充工具和附件,可以帮助用户躲避跟踪,保护隐私。比较著名的隐私增强工具和服务包括适用于 Firefox 浏览器的 NoScript、Cookie Monster、Better Privacy、Track me Not、Collusion 和 Targeted Advertising Cookie Opt-Out,适用于 IE 浏览器的 No More Cookies,适用于 Chrome 浏览器的 Disconnect,以及适用于 Chrome 浏览器的 AdSweep。[2]由于第三方与浏览器提供商没有利益关系,因此,第三方开发的"隐私增强技术"与浏览器提供商的"隐私增强技术"相比,对用户隐私的保护往往更为有力和彻底。

2013 年,斯诺登在给《卫报》记者写邮件曝光美国政府的"棱镜门"事件时,为了保障通信的秘密性,斯诺登使用了一个名为 Tails 的隐私增强

---

[1] See Adam Thierer, "The Pursuit of Privacy in a World Where Information Control is Failing", *Harv. J. L. & Pub. Pol'y*, Vol. 36, 2013, No. 2.

[2] See Adam Thierer, "The Pursuit of Privacy in a World Where Information Control is Failing", *Harv. J. L. & Pub. Pol'y*, Vol. 36, 2013, No. 2.

第五章 破解之道：未成年人数据法律保护困境的解决思路

工具箱。Tails 预先配置了许多加密程序和匿名工具，最重要的是 Tails 不会在本地存储任何用户数据，防止遭受恶意软件攻击，保护数据信息的来源。[1]类似 Tails 的各种创新的"隐私增强技术"解决方案仍在不断涌现，如 Reputation.com 的"MyPrivacy"服务允许用户从各个网站删除他们的信息，Priveazy 和 Privacyfix 的新工具允许用户同时调整多个网站和服务的隐私设置，AdBlockPlus 允许用户在大多数网站上屏蔽广告，是 Firefox 和 Chrome 浏览器下载次数最多的插件，Abine 提供"Do Not Track Plus"服务，可以阻止超过 600 个跟踪器。[2]

针对部分注重隐私权的用户的高标准需求，市场上还出现了一些向用户收费的"隐私增强技术"。例如，FastMail 公司向用户提供免费版的电子邮箱，而个人信息加强保护版则需要支付年费；再如，加密通信公司 Silent Circle 向安卓系统用户提供了一款"以个人信息安全为中心"的智能手机，价格高达 799 美元。[3]Abine 向用户出售"Privacy Watch"服务，该服务可以提醒 Facebook 用户对网站上的隐私政策进行更改，以及帮助用户删除其他各种信息的"DeleteMe"服务。[4]这种收费的隐私增强技术，可以使用户通过额外支付金钱"取得更多对自己数据之控制权"。[5]

针对数据控制者的"隐私增强技术"为用户保护个人数据和隐私提供了各种可供选择的技术工具，可以在一定程度上满足不同隐私关注者的隐私保护需求。应用"隐私增强技术"保护未成年人个人数据，需要在以下几个方面作出努力：首先，未成年人"隐私增强技术"应当考虑未成年人

---

[1] 参见徐格、李沁：《算法统治世界　智能经济的隐形秩序》，清华大学出版社 2017 年版，第 261~264 页。

[2] See Adam Thierer, "The Pursuit of Privacy in a World Where Information Control is Failing", Harv. J. L. & Pub. Pol'y, Vol. 36, 2013, No. 2.

[3] See Stacy-Ann Elvy, "Paying for Privacy and the Personal Data Economy," Columbia Law Review, 2017. 转引自张新宝："'普遍免费+个别付费'：个人信息保护的一个新思维"，载《比较法研究》2018 年第 5 期。

[4] See Adam Thierer, "The Pursuit of Privacy in a World Where Information Control is Failing", Harv. J. L. & Pub. Pol'y, Vol. 36, 2013, No. 2.

[5] 张新宝："'普遍免费+个别付费'：个人信息保护的一个新思维"，载《比较法研究》2018 年第 5 期。

的特征,设计得易于安装和使用;其次,应当做好对未成年人的"隐私增强技术"宣传工作,大家知道"隐私增强技术"的存在是应用该技术的前提;最后,培养未成年人使用技术管理个人数据和保护个人数据的能力。

二、培养未成年人成为负责任的数字公民

"数字公民"意味着孩子们在使用互联网、手机和其他数字媒体时,将会了解他们应当为其上传的内容和行为的后果负责。[1]未成年人不仅是需要受保护的群体,更是权利的主体,欲实现对未成年人数据的保护,除需要外界各方的努力外,还要注重发挥未成年人的主体作用。培养未成年人对数据的批判性思维,提高未成年人管理个人数据的技能,将未成年人培养成为负责任的数字公民。

(一)培养未成年人批判性的数字素养

"数字素养"这一术语由不同的学科进行了不同的定义,其内涵不仅包括应该掌握数据处理知识和技能,还应掌握对数据流和数据生命周期的批判性理解。[2]培养未成年人批判性的数字素养应从以下几个方面着手:首先,让未成年人认识到数据收集实践和个人数据的重要价值。应当通过教育使未成年人认识到过度在线共享个人数据的潜在危害,使其了解个人数据不仅关涉其隐私和数据权利,还会影响其在线声誉和未来的发展机会,甚至可能导致不公平或被歧视对待的后果,严重的情况下还可能招致人身安全方面的侵害。其次,教育未成年人合理使用个人数据,区分广告和真实内容,理解数据控制者的数据保护政策,以及数据控制者对个人数据的收集和使用会给个人数据带来哪些风险。最后,使未成年人了解其享

---

[1] See Common Sense Media, Digital Literacy And Citizenship In The 21st Century: Educating, Empowering, and Protecting America's Kids 1 (2009), www.commonsensemedia.org/sites/default/files/CSM-digital-policy, last modified 16, 2018. pdf. In Adam Thierer, "The Pursuit of Privacy in a World Where Information Control is Failing," *Harv. J. L. & Pub. Pol'y*, Vol. 36, 2013, No. 2.

[2] See Sonia Livingstone, "Children: a special case for privacy?", *Intermedia*, Vol. 46, 2018, No. 2.

有哪些数据权利,如何行使这些权利,当其在行使其数据权利与父母的观点相冲突时应当如何处理,以及当权利受到侵犯时,可以获得哪些救济,如何寻求救济等。

(二)提高未成年人个人数据管理能力

应当从小培养未成年人学习管理个人数据和隐私的相关知识和技能。使未成年人掌握基本的管理个人数据和进行相应的隐私设置的能力。首先,应使未成年人明确哪些信息可以与人共享,哪些信息不宜与人共享,以及可以向哪些人共享,不宜向哪些人共享,如何进行相应的访问权限设置等。其次,教未成年人使用隐私增强工具管理自己的隐私。上文已经说明,当前市场上有很多隐私增强工具,可以给未成年人提供较好的隐私和数据保护功能。然而,现实的情况是,很多未成年人及其父母根本不知道这些"隐私增强技术"的存在,更不知应当如何使用这些"隐私增强技术"。因此,应当加强相关知识和技能教育的普及。

教育工作者在培养未成年人的数字素养和个人数据管理技能方面尤为重要,因为他们能够接触到所有的儿童,从而抵消数字鸿沟带来的风险。[1]因此,为了实现这一目标,应当充分发挥学校的关键作用。除此之外,上文所述的父母对孩子的指导性调解也有助于培养未成年人的批判性思维和数字管理技能。应当特别注意的一点是,在保护未成年人数据的同时不宜过度限制未成年人的网络活动,应当尊重未成年人的意见,重视未成年人网络活动带来的成长价值和积极意义,如此方能培养出负责任的数字公民。

第五节 未成年学生数据法律保护困境的破解之道

在数字化教育时代,未成年学生的数据保护显得尤为重要,本节将深

---

[1] See Sonia Livingstone and Brian O'Neill, "Children's Rights Online: Challenges, Dilemmas and Emerging Directions", in *Minding Minors Wandering the Web: Regulating Online Child Safety*, T. M. C. Asser Press, 2014, pp. 19-38.

入探讨如何解决未成年学生数据法律保护的现有难题，提出一系列基本思路和具体策略。从强化社会各界对未成年学生数据保护意识的提升入手，详细界定数据保护的范围，并激活技术合作方的责任，同时利用先进技术强化数据安全措施。特别关注的还有对中学生等特殊群体的保护，以及构建一个全面的法律保护框架来为这些措施提供坚实的制度支持。这些综合措施旨在为未成年学生创造一个更安全、更有保障的数字学习环境。

一、强化未成年学生数据的保护意识

加强全社会对未成年学生数据保护的意识至关重要，这要求教育机构、家长、学生及技术合作方共同提升对数据保护的重视，并在日常行为中实践相应措施。首先，利用媒体、社交平台、学校和社区组织等多元渠道，积极推广未成年学生数据保护的公共教育，覆盖数据保护基础、个人数据价值以及预防数据泄漏的策略等内容。其次，教育机构需在数据保护意识提升中扮演领导角色，通过研讨会、培训和模拟练习等形式，确保师生及员工了解自身责任。同时，强化家长对保护子女数据重要性的认识，提供指导并帮助他们监控孩子的网络活动，安全引导孩子使用互联网。此外，针对学生开展自我保护教育，教授其数据保护技能，如加强密码设定、钓鱼邮件识别、隐私保护等，并培育他们的网络素养。最后，倡议政府、NGO、教育机构及私营部门协同工作，加强政策支持，普及数据保护教育，营造全社会的关注氛围。这些措施将有力促进未成年学生数据保护意识，为他们营造更安全的数字学习环境。

二、界定未成年学生数据的保护范围

对未成年学生数据保护范围的界定是对未成年学生数据进行保护的基础。在数字化教育背景下，学生数据的定义需扩展至传统教育记录之外，广泛覆盖通过教育技术工具及平台收集的信息，涵盖学生利用教育应用、在线学习平台和学习管理系统时产生的数据。区分学校直接收集与第三方数据控制者收集的数据至关重要，保证所有相关数据均得到妥善保护。同时，明确数据控制者的角色，包括学校、应用运营商及其他教育技术供应商,并确保这些实体遵循了学生数据保护规定。此外,应明确学生及家长有数据访问、审查及管理学生数据的权利,并界定学校与数据控制者在确保数据安全、遵循隐私政策及应对数据泄露等方面的责任。通过这些措施,我们能够清晰界定未成年学生数据保护范围,为法律保护与政策设计打下坚实基础。

三、激活技术合作方的数据保护责任

未成年学生数据的保护还要注重激活技术合作方的相关责任。为了确保未成年学生数据的保护,关键在于增强技术合作方的责任意识和行动。首先,学校需明确界定合作伙伴的范围,包括所有获得学校官方认可、能够接触到学校教育教学环境的应用程序与服务供应商。这些合作伙伴无论是直接还是间接地涉及学生数据的收集、处理、存储或分享,均应承担相应的责任。学校与合作伙伴签订的合作协议中必须明确数据保护的相关条款,确保合作方遵循数据保护的相关法规及最佳实践,并具体规定数据的收集、处理、存储、共享及销毁流程。同时,建立有效的监督和责任追究机制至关重要,确保一旦发现数据处理不当或存在违约行为,学校能迅速采取纠正措施,必要时并启动法律程序。此外,增强合作伙伴在数据处理过程的透明度也非常关键,包括公开其数据政策、处理流程和任何数据泄露事件。合作伙伴还应对员工进行定期的数据保护培训,提升他们的数据保护知识和意识。通过实施这些策略,可以有效提升技术合作伙伴在保护未成年学生数据方面的责任感和积极性,共同营造一个安全可靠的数字化教育环境。

四、鼓励应用先进技术保护学生数据

未成年学生数据保护的有效性依赖于先进技术的运用。确保所有学生数据在传输和存储过程中均采用加密技术,这对预防数据泄漏和非授权访问至关重要。同时,利用匿名化和数据脱敏技术处理学生数据,特别是在进行数据分析或公开展示时,保障数据不会被追踪至个人。严格的访问控制和身份验证机制也是必需的,确保只有经授权的主体能接触敏感学生数

据，而多因素认证可强化验证过程，提高安全性。此外，考虑到区块链技术在数据管理和保护中的应用潜力，其不可篡改和去中心化的特性能增强数据的安全和透明度。建立健全的数据泄露预防和应急响应策略，一旦数据泄露发生，能迅速采取行动，减轻损失。智能合约在管理数据共享方面的应用也应被探索，以确保数据共享遵守既定规则，提升透明度和信任度。鼓励教育机构和数据处理者持续采纳新技术，并对相关人员进行定期的安全培训，以强化学生数据保护，确保其隐私和安全在数字化教育环境中得到有效维护。

五、关注中学生等特殊群体数据保护

在学生群体中，针对特定需要额外保护的群体实施特殊保护措施是至关重要的。这包括正处于快速成长期的中学生、有特殊需求的残疾学生或少数族裔学生等，因为这些群体可能在数字化教育环境中遇到特殊的风险和挑战。为这些群体制定个性化的数据保护措施至关重要，如为中学生制定更严格的数据访问和使用策略，保护他们免受社交媒体等平台不良内容和营销策略的影响。同时，增强家长和教师对保护这些特殊群体的认识和能力也非常关键，通过提供相应的资源和工具，帮助他们在日常教育和监督中实施保护措施。此外，确保这些学生群体的数据不被非法收集、使用或泄漏，尤其是在处理含有敏感信息时，保障他们在数据处理中的知情权和选择权。建立有效的反馈和纠正机制，让学生、家长和教师能够报告数据处理的问题或担忧，并确保及时采取适当的纠正措施，解决特殊群体面临的问题。通过这些措施，可以确保数字化教育环境中特殊群体的数据受到全面而有效的保护，同时促进这些群体更安全、更有效地利用数字化教育资源。

六、构建法律保护框架提供制度保障

构建法律保护框架为未成年学生数据法律保护提供坚实的制度保障。首先，必须明确定义权利主体为所有教育阶段的在校学生，覆盖不同年龄和教育阶段。同时，明确义务主体包括处理学生数据的所有实体，如学校

和数据控制者，确保他们遵循法律规定。进一步，设定学生数据权利的具体内容，如访问、纠正、删除和参与决策权，明确这些权利所涉及的所有收集和处理的学生数据。建立数据保护的基本原则，包括合法性、透明性、目的限制、最小化处理、准确性、存储限制、完整性和保密性等，为数据处理活动提供指导。根据数据的敏感性和使用目的，实施分级管理，对不同级别的数据采取相应的保护措施，特别是对高敏感度数据提供加强保护。建立清晰的数据访问和共享控制机制，仅允许授权用户访问或处理数据，严格限制数据共享，确保共享目的、范围和方式符合法律要求。最后，设立监督和问责机制，定期审查数据保护措施的实施情况，并在发现违规时迅速纠正，对责任方进行问责。通过实施这些措施，可以为未成年学生数据在数字化教育时代的保护提供一个坚固而全面的法律框架，确保学生数据的安全及学生权益的有效保障。

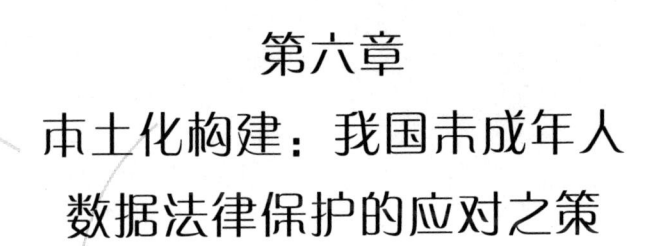

第六章
本土化构建：我国未成年人数据法律保护的应对之策

第一节 未成年人数据法律保护的本土化发展趋向

一、大数据时代个人数据的三重属性

大数据时代，数据被誉为"石油"，是数字经济的重要生产要素。在所有的数据类型中，自然人的个人数据无疑是最有价值的。个人数据具有个人利益、企业利益和国家利益三重属性。

首先，个人数据具有个人利益属性。个人数据是与自然人有关，可以识别出特定自然人的数据，数据主体对个人数据享有隐私权或数据保护权。用户与网络服务提供者分享个人数据，并不影响用户对该部分数据对经营者主张"合理的隐私期待利益"。[1]正因如此，各国相继出台个人数据保护法，保护大数据时代的隐私和数据权利。其次，个人数据具有企业利益属性。不夸张地说，个人数据是数字经济时代互联网企业发展的命脉，"得数据者得天下"。互联网企业的商业模式是通过向用户免费提供服务以此来吸引用户，通过对大量用户个人数据的收集和分析投放有针对性的广告赚取经济利益。最后，个人数据具有国家利益属性。个人数据还具有国家安全属性，关乎国家的数据主权和数据安全。个人数据的国家安全属性尤其体现在个人数据的跨境传输方面，当前世界各国在涉及数据跨境传输方面，都试图采取双重标准，一方面尽力抓取他国数据，另一方面限制数据外流，过分开放的数据流动政策显然不利于国家安全。[2]

个人信息的三重属性决定了仅从任何一方的角度出发设计个人信息保护法都是不合理的。如果只从用户个人的角度考虑，最大限度地保护个人

---

〔1〕参见王融："隐私与竞争：数字经济秩序的平衡之道"，载《竞争政策研究》2017年第6期。

〔2〕参见张平："大数据时代个人信息保护的立法选择"，载《北京大学学报（哲学社会科学版）》2017年第3期。

数据，枉顾企业利益和国家利益，最终将造成三败俱伤的局面。"隐私"不是信息分享的对立面，而是对信息分享的控制。[1]正因如此，欧盟和美国对个人数据的法律保护有从单方面强调"数据保护"到多方主体共同参与"数据治理"的立法趋向。"数据保护"是单方面从保护用户个人数据的私权利角度出发对个人数据进行保护，而"数据治理"则从用户、企业、国家多方角度出发对个人数据进行多方共治，旨在实现数字时代的多方合作共赢。

二、从"保护"到"治理"：个人数据的立法趋向

较长时期以来，国内对欧盟和美国对个人信息保护的基本立场和态度存在一定误解，认为欧盟"重保护轻利用"，美国"重利用轻保护"，甚至存在简单的抑欧扬美倾向，人为制造了隐私保护和创新不可兼得的两难局面，与现实情况严重不符。[2]事实上，大数据时代有效平衡数字经济发展与个人信息保护是一项世界性的难题和挑战，欧盟和美国也处在摸索试验的阶段，这使我们有机会把欧美的立法经验看作制度实验，从中吸取经验教训，在相关制度设计时尽量予以避免。

（一）欧盟个人数据的治理转向

欧盟1995年的《个人数据保护指令》制定于前大数据时代，其侧重点主要偏向于对个人数据的保护。2016年颁布的GDPR旨在实现保护个人数据和促进个人数据自由流动的双重目标。这种双重目标不仅开宗明义地体现在GDPR的标题上，而且充分体现在序言以及GDPR正文对个人数据保护的制度设计中。从《个人数据保护指令》到GDPR，体现了欧盟从单方面偏重"保护"个人数据，到注重对个人数据的多方"治理"的立法转变，注重平衡保护个人数据与发展数字经济之间的关系。从具体层面来讲，GDPR废止了《个人数据保护指令》，要求数据控制者向数据保护监

---

[1] 参见王融："隐私与竞争：数字经济秩序的平衡之道"，载《竞争政策研究》2017年第6期。

[2] 参见周汉华："探索激励相容的个人数据治理之道——中国个人信息保护法的立法方向"，载《法学研究》2018年第2期。

第六章 本土化构建：我国未成年人数据法律保护的应对之策

管机构"事先通知"数据处理的要求；强化数据控制者的内部治理机制，要求数据控制者建立有效的技术与管理措施；贯彻"设计即隐私"理念，执行隐私影响评估、任命数据保护官、采取与风险相适应的安全防范技术措施等；在关于个人数据跨境传输方面，GDPR 增加了经批准的行为规范和第三方认证具有证明跨境信息传输合法性的效力，丰富了合作治理的形式。[1]

（二）美国个人数据的立法趋向

近 20 年来，美国在隐私和数据保护方面的立法长期呈现分散化的特征，各行业和各州针对不同场景下的消费者隐私保护各自制定法律。美国 Facebook 数据泄露事件后，美国国会和 FTC 连续举行了多场关于隐私数据保护的听证会，制定美国联邦层面的隐私立法已基本达成共识，且获得了科技界的认可和支持。2018 年 6 月，美国加利福尼亚州率先公布了《加利福尼亚州消费者隐私法案》（*California Consumer Privacy Act*，CCPA），对企业提出了通知、披露义务，规定了数据泄露的损害赔偿金制度，是美国目前州层面最严格的隐私立法，也因此被视为最具有欧盟 GDPR 色彩的隐私立法。事实上，美国在政策制定过程中，充分参考借鉴了欧盟 GDPR 的实施效果和经验。美国在政策设计时始终努力平衡个人数据保护与促进数字经济发展之间的关系，希望通过制度设计实现有效的市场自我运行机制，对数据控制者进行内部激励，使数据控制者保护个人隐私和数据安全不只是出于合规的外部压力，而是使数据控制者认识到保护隐私和个人数据有利于与消费者建立信任，维护企业形象和商业信誉。

（三）欧美个人数据的立法趋同与差异

美国加利福尼亚州在制定 CCPA 的过程中，以及国会和 FTC 在举办关于制定联邦层面的隐私立法的系列听证会时，充分考虑了欧盟 GDPR 的立法和实施经验，加强企业责任。欧美关于个人信息保护有互相学习、取长补短、相互融合的趋势，但美国仍然保留了一些与欧盟立法的基本差异。

---

[1] 参见周汉华："探索激励相容的个人数据治理之道——中国个人信息保护法的立法方向"，载《法学研究》2018 年第 2 期。

例如，CCPA 在处理消费者信息方面，仍然保留了美国一贯的"opt-out"模式，即 16 周岁以上的消费者除非明确拒绝或选择退出，默认其同意网络服务提供者的个人信息收集和处理。而欧盟 GDPR 采用的是"opt-in"模式，即网络服务提供者在进行数据收集和处理之前必须首先获得数据主体的同意。从数字经济发展的角度来看，美国的"opt-out"模式更为高效和务实，更有利于大数据产业的发展；欧盟的"opt-in"模式，看似增强了用户的个人数据控制权，但绝大部分用户不会阅读应用程序的隐私和数据收集政策，即使阅读了相关政策，为了使用相关软件服务也不得不选择同意，因此这种同意机制起的作用是非常微弱的。

三、从"数据保护"到"数据治理"：监管模式的应然转向

无论是从大数据时代个人数据的三重属性来看，还是从比较法上欧美个人数据保护的立法趋向来看，对个人数据保护的制度设计应实现从"数据保护"到"数据治理"的立法理念的转变，对个人数据进行多方共治，实现个人数据保护、数字经济发展与国家数据安全利益保护的三重目标。

（一）数据控制者的内部治理

数据控制者的内部治理机制绝不是单方面从外部向其施加合规压力，而是努力培育其保护个人数据的内在动力。一般而言，企业放在第一位的是追求利润与利益，缺乏投资个人数据保护的内在驱动力。但是近年来国内外大规模的个人数据泄露事件频繁发生，从 2017 年年末美国三大征信机构 Equifax 的数据泄露，到 2018 年国内两大酒店集团（华住集团和万豪酒店集团）的个人数据泄露，以及 Facebook 的数据滥用丑闻，引起了用户的广泛关注和担忧，消费者的个人数据安全成为数据控制者面临的一项重要挑战。保护用户的隐私和个人信息有助于建立用户与企业的信任，也有利于企业的长远发展。

（二）行政执法者的外部治理

刑法和民法对个人信息的保护均存在实践上的局限性，不能及时有效

第六章 本土化构建：我国未成年人数据法律保护的应对之策

地制止恶意侵权事件，因此各国立法都设立了较强的行政监管机构。[1] 欧盟的数据保护委员会（European Data Protection Board，EDPB）作为独立的数据保护监管机构，监督个人信息保护的全过程；美国的 FTC 有权制止企业的不公正和欺瞒行为，可发布禁令、实施罚款等；日本设立了个人数据保护委员会；韩国设立了纠纷调解委员会。完全依靠数据控制者的内部治理，不能形成有效的激励约束，有必要设立数据保护监管机构，构建有效的外部执法威慑，促进数据控制者积极履行职责，同时对违法行为进行处罚或制裁。[2] 除了个人数据保护监管机构，我国个人信息保护法还应设立数据保护官制度。欧盟 GDPR 要求数据控制者设立数据保护官，监督企业执行 GDPR 的个人数据保护要求。美国大多数大型公司都设立了首席隐私执行官，评估公司的隐私保护执行政策。数据保护官是连接外部行政执法与内部企业治理的关键因素，有助于个人信息法律政策的执行和落实。

（三）利益相关者的共同协作与对话

大数据时代个人数据的治理涉及用户、数据控制者、监管机构、研究机构、计算机技术工程师、数据权利倡导者等多方主体。在国际上，大多数确保儿童在线利益的努力都采用了多利益相关方共同协作的方法，如欧洲互联网安全计划、儿童在线保护论坛、互联网治理论坛和国际电信联盟集结了各利益相关者，为实现更好、更安全的在线环境作出了重大贡献。[3] 中国青少年宫协会媒介与教育工委会常务副主任张海波也指出，通过近几年的实践发现，欲解决未成年人网络安全问题，单靠某一方面是不行的，需要政府、企业

---

[1] 参见张平："大数据时代个人信息保护的立法选择"，载《北京大学学报（哲学社会科学版）》2017 年第 3 期。

[2] 参见周汉华："探索激励相容的个人数据治理之道——中国个人信息保护法的立法方向"，载《法学研究》2018 年第 2 期。

[3] See Sonia Livingstone and Brian O'Neill, "Children's Rights Online: Challenges, Dilemmas and Emerging Directions", in *Minding Minors Wandering the Web: Regulating Online Child Safety*, T. M. C. Asser Press, 2014, pp. 19-38.

以及学校、家长的共治,形成一个同心圆,构筑一道安全防线。[1]因此,未成年人个人数据权的落地执行,应以召开相关研讨会和听证会的方式,充分了解各方主体的利益诉求和面临的问题,促进各方主体的共同参与、协作和对话。

从数据周期的角度来看,未成年人数据保护的利益相关者除未成年人及其父母外,还包括数据收集者、数据分析者和数据使用者。首先,数据收集者在收集数据之前应首先征得儿童父母的同意,并采用易于理解的条款和方便访问的操作,如儿童友好型描述等,数据收集者还应将设计和默认的数据保护理念融入软件设计的最初阶段。加布里埃尔·伯曼（Gabrielle Berman）认为,对儿童数据的收集除应有明确的政策和传播机制外,还需要独立的第三方对数据收集者及其数据收集活动进行公正和专业的定期审核。[2]其次,数据分析者是儿童数据保护的关键参与者,其采用的算法决定着儿童数据的分类方式和传播形式。算法具有非透明性的特点,数据分析者在处理儿童数据时应保证采用的算法具有可解释性,并在分析处理儿童数据时反思该算法是否会对儿童产生不利影响。数据分析者应多与儿童权利倡导者对话和讨论,了解儿童的特殊需求,开发专门针对儿童的隐私友好型工具。最后,数据使用者是数据周期中的最终利益相关者,需要提高对数据可靠性、算法局限性、技术安全性及对儿童潜在影响的认识,确保数据使用的安全合规。[3]切实保障大数据时代儿童数据权利,不仅需要监管机构、网络服务提供者和父母等各方主体履行并承担相应的义务和责任,还需要加强数据周期内利益相关者的共同协作与对话,真正从儿童的最大利益出发,不断寻求更好的隐私保护解决方案。[4]

---

〔1〕 参见"腾讯发布首份《未成年人安全上网保护》白皮书:触网低龄化专家呼吁共筑安全防线",载 http://shareapp.cyol.com/cmsfile/News/201904/03/202893.html,最后访问日期：2019年6月28日。

〔2〕 See Gabrielle Berman and Kerry Albright, "Children and the Data Cycle: Rights and Ethics in a Big Data World", *UNICEF Office of Research - Innocenti Working Paper*, 2017.

〔3〕 See Gabrielle Berman and Kerry Albright, "Children and the Data Cycle: Rights and Ethics in a Big Data World", *UNICEF Office of Research - Innocenti Working Paper*, 2017.

〔4〕 关于数据周期中各利益相关者所应承担的责任与义务的详细论述,可参见 Gabrielle Berman and Kerry Albright, "Children and the Data Cycle: Rights and Ethics in a Big Data World", *UNICEF Office of Research Innocenti Working Paper*, 2017。

第二节 未成年人数据法律保护的本土化构建

一、未成年人数据法律保护的双层原则体系

未成年人个人数据的法律保护不仅需要遵循与未成年人个人数据保护直接相关的"内部原则",还需要遵循保护未成年人的"外部原则"。"内部原则"为未成年人数据的法律保护提供内部指引,包括合法、公平和透明原则,目的限制原则,数据最小化原则等。"外部原则"源于 UNCRC 所确立的保护儿童的基本原则,是保护未成年人数据应当遵循的根本原则,包括最大利益原则、无歧视原则和尊重未成年人意见原则。当适用"内部原则"与"外部原则"相冲突时,应以"外部原则"为准。

(一)未成年人数据法律保护的外部原则

UNCRC 虽然制定于前大数据时代,但仍然为大数据时代儿童数据权的法律保护提供了治理框架,有助于指导政策制定者制定有原则和可持续的儿童数据保护战略。[1]

1. 未成年人最大利益原则

UNCRC 第 3 条第 1 款规定:"关于儿童的一切行动,不论是由公私社会福利机构、法院、行政当局或立法机构执行,均应以儿童的最大利益为一种首要考虑。"该规定确立了未成年人权利保护的根本原则,即最大利益原则。未成年人数据法律保护的最大利益原则是该原则在未成年人数据保护领域的具体适用。根本原则意味着在保护未成年人数据的过程中遇到权利或利益冲突时,应从未成年人的最大利益出发,作出最佳决策。最大利益原则适用于家庭、社会和国家,也就是说,所有与未成年人有关的公共或私人实体在做决策时必须尊重这一原则。

未成年人最大利益原则的基本原理是,尚未达到身体和心理成熟度的

---

[1] See Joseph Savirimuthu, "Networked Children, Commercial Profiling and the EU Data Protection Reform Agenda: in the Child's Best Interests?", *The EU as a Children's Rights Actor: Law, Policy and Structural Dimensions*, Barbara Budrich Publishers, 2016, pp. 221-257.

人需要比其他人更多的保护，其目的是改善未成年人的条件，旨在加强未成年人发展其个性的权利。该原则也适用于未成年人的父母或其他监护人，这不仅要求父母或监护人在代替未成年人做决策时应从儿童的最大利益出发，而且在父母或监护人的权利或利益与未成年人的权利和利益发生冲突时，以未成年人的最大利益原则为基准进行决策。[1]最大利益原则要求尽可能以最佳方式保护未成年人的数据和隐私，当未成年人的最大利益和数据保护的权利发生冲突时，数据保护权必须符合最佳利益原则。对于医疗数据尤其如此，例如，青少年福利服务可能在未成年人被忽视或虐待的情况下需要相关信息。类似地，教师可以向社会工作者披露未成年人的个人数据，以便在身体上或心理上保护未成年人。[2]儿童的最大利益可以通过限制他们获取可能对其发展有害的内容来实现，但这也取决于儿童的年龄和成熟程度，判断因文化背景而异。[3]卢梭曾说，"任何一个人，即使是他的父亲，也没有权利命令孩子去做对他一无用处的事情。"[4]

2. 无歧视原则

UNCRC 第 2 条规定："缔约国应遵守本《公约》所载列的权利，并确保其管辖范围内每一儿童均享受此种权利，不因儿童或其父母或法定监护人的种族、肤色、性别、语言、宗教、政治或其他见解、民族、族裔或社会出身、财产、伤残、出生或其他身份而有任何差别。缔约国应采取一切适当措施确保儿童得到保护，不受基于儿童父母、法定监护人或家庭成员的身份、活动、所表达的观点或信仰而加诸的一切形式的歧视或惩罚。"该规定确立了未成年人权利保护的无歧视原则。大数据时代，数据成为新

---

[1] See Article 29 Working Party, Opinion 2/2009 on the protection of children's personal data (General Guidelines and the special case of schools), https://ec.europa.eu/justice/article-29/documentation/opinion-recommendation/files/2009/wp160_en.pdf, last modified Nov. 13, 2018.

[2] See Article 29 Working Party, Opinion 2/2009 on the protection of children's personal data (General Guidelines and the special case of schools), https://ec.europa.eu/justice/article-29/documentation/opinion-recommendation/files/2009/wp160_en.pdf, last modified Nov. 13, 2018.

[3] See Sonia Livingstone and Brian O'Neill, "Children's Rights Online: Challenges, Dilemmas and Emerging Directions", in *Minding Minors Wandering the Web: Regulating Online Child Safety*, T. M. C. Asser Press, 2014, pp. 19-38.

[4] [法]卢梭：《爱弥儿：论教育（上卷）》，李平沤译，商务印书馆1978年版，第90页。

型资产,算法则成为塑造社会的新规则,然而算法决策是个黑箱,如果缺乏对算法决策的问责机制,可能带来系统性歧视。[1]无歧视原则旨在平等地保护未成年人的权利,对于遏制大数据时代针对未成年人的潜在歧视倾向具有重要意义。

3. 尊重未成年人意见原则

UNCRC 第12条规定:"缔约国应确保有主见能力的儿童有权对影响到其本人的一切事项自由发表自己的意见,对儿童的意见应按照其年龄和成熟程度给以适当的看待。为此目的,儿童特别应有机会在影响到儿童的任何司法和政策诉讼中,以符合国家法律的诉讼规则的方式,直接或通过代表或适当机构陈述意见。"该规定确立了尊重未成年人意见原则。尊重未成年人意见原则的基本原理是未成年人具有不断成长和发展的能力,要求父母或其他法定监护人以及其他相关的公共或私人实体在做决策时,咨询并重视未成年人的意见,使未成年人参与到与其相关的决策中来。未成年人的参与会随着其能力的增长而增加,当未成年人获得足够的能力时,可能需要未成年人与父母的联合决策,甚至是未成年人的自主决策。[2]尊重未成年人意见原则需要受到足够的重视,因为实证研究表明,现实中在关于未成年人的决策中,尽管偶尔会对他们进行咨询,但在政策领域中,未成年人的意见和声音并未被仔细聆听。[3]

---

〔1〕 参见腾讯研究院等:《人工智能 国家人工智能战略行动抓手》,中国人民大学出版社2017年版,第247~248页。

〔2〕 See Article 29 Working Party, Opinion 2/2009 on the protection of children's personal data (General Guidelines and the special case of schools), Adopted on 11 February 2009, https://ec.europa.eu/justice/article-29/documentation/opinion-recommendation/files/2009/wp160_en.pdf, last modified Nov. 13, 2017.

〔3〕 See Sonia Livingstone and Brian O'Neill, "Children's Rights Online: Challenges, Dilemmas and Emerging Directions", in *Minding Minors Wandering the Web: Regulating Online Child Safety*, T. M. C. Asser Press, 2014, pp. 19-38.

(二) 未成年人数据法律保护的内部原则

1. 合法公平原则

数据控制者应以对未成年人合法且公平的方式处理未成年人个人数据，必须严格解释数据控制根据合法公平原则处理未成年人个人数据的义务。首先，数据控制者对个人数据的处理应合法。数据控制者处理个人数据的合法基础主要有数据主体的同意、签订合同以及控制者的合法利益三种形式。基于数据主体同意的个人数据处理，数据控制者应当保证同意是知情的、自由的和自愿的；基于合同的数据处理，须保证合同是由具有行为能力的未成年人或其法定监护人签订的；基于控制者合法利益的数据处理，必须谨慎对待数据控制者的合法利益，这可能成为最广泛的合法性领域。需要注意的是，即使数据控制者的数据处理是合法的，未成年人的最佳利益原则也必须得到尊重和执行。其次，数据控制者对未成年人个人数据的处理应符合公平原则。由于未成年人心智尚未成熟，缺乏相关经验，数据控制者必须意识到这一点，并在处理他们的数据时以最大的诚意行事。

2. 透明原则

数据控制者对未成年人个人数据的处理应符合透明原则。数据控制者应当充分履行通知义务，以未成年人易于理解的简洁语言，向未成年人及其父母告知其享有的权利、数据控制者的联系方式以及个人信息处理的合法基础等内容。

3. 目的限制原则

数据控制者对未成年人个人数据的收集和处理应当严格遵循目的限制原则，确保未成年人个人数据是为特定、明确和合法的目的而被收集。数据控制者对未成年人个人数据的后续处理不得超出最初同意的使用目的，当数据控制者对未成年人个人数据的处理目的发生变更时，应当重新取得同意。

4. 数据最小化原则

数据控制者应特别注意未成年人的特殊情况，收集未成年人个人数据应充分、相关且应限于为实现特定目的所需的最小限度内，必须始终尊重儿童的最佳利益。

5. 准确性原则

未成年人正处于不断成长变化的阶段，数据控制者应特别注意确保未成年人个人数据的准确性，且在必要的情况下保持不断更新，应采取一切合理行为删除或修正不准确的或过时的未成年人个人数据。

6. 存储限制原则

数据控制者存储未成年人个人数据的时间不得超出处理目的所必要的时间。由于未成年人正在发育，与他们相关的数据会发生变化，并且很快就会过时，与收集的最初目的无关，发生这种情况后，不应继续保留数据。

7. 安全保密原则

数据控制者应当确保以安全保密的方式存储、使用和处理未成年人个人数据，包括采用适当的技术和组织措施防止未经授权或者非法的访问、使用、处理，以及意外遗失、灭失或损毁。因为未成年人不了解相关的风险，应采用适应未成年特征的安全保密措施。

8. 问责制原则

数据控制者应当证明其已经落实了上述未成年人数据保护的各项原则。问责制原则对于未成年人数据的法律保护具有重要意义，是其他未成年人数据保护原则落实的重要保障。

二、未成年人数据法律保护的权利体系

（一）未成年人数据透明权

未成年人的数据透明权要求数据控制者以准确、透明、易于理解和易于访问的形式，以及使用未成年人易于理解的简洁语言向未成年人提供关于其个人数据的收集、处理、分析等相关的任何信息。并且要求数据控制者将数据收集和处理行为充分告知未成年人的父母或符合条件的未成年人。数据控制者应使用易于理解、简洁的语言给出分层通知，包括关于未成年人个人数据处理的简短通知和以超链接等方式提供所有相关细节的详

细通知。数据控制者应以显著的方式履行告知义务，这一点作为提高未成年人对在线活动可能带来风险的认识工具尤为重要。

（二）未成年人数据访问权

未成年人的父母及符合条件的未成年人有权从数据控制者处确认与其相关的个人数据是否正在被处理，有权要求访问与其相关的个人数据，并获知处理的目的、相关个人数据的类别、是否向第三方披露、存储的时限、自动决策机制及其运行逻辑等内容。未成年人的数据访问权通常由其法定监护人基于儿童的最大利益行使，在某些涉及非常私人的领域时，未成年人也有权单独行使自己的权利。

（三）未成年人数据更正权

未成年人的父母及符合条件的未成年人有权要求数据控制者对不准确的未成年人个人数据进行及时更正，通过提供补充声明的方式对未成年人个人数据予以补充。数据更正权对于未成年人尤其重要，行使该权利可以避免关于未成年人的一些错误信息对未成年人的未来发展产生的不利影响。

（四）未成年人数据删除权

当出现非法处理、超出目的或期限、撤回同意、注销服务等情形时，未成年人的父母及符合条件的未成年人有权要求数据控制者删除相关的个人数据。未成年人数据删除权不应只限于请求删除未成年人自己发布的个人数据，还应有权请求数据控制者删除其他人发布的任何损害未成年人声誉的个人数据。

（五）未成年人数据可携权

未成年人的父母及符合条件的未成年人有权以结构化、常用和机器可读的格式将其个人数据从一个数据控制者转移到另一个数据控制者。数据可携权有助于增强未成年人的个人数据控制权，促进未成年人个人数据的自由流动和数据控制者之间的竞争，从而有助于实现网络平台的多元化和未成年人数据保护水平的提升。

（六）未成年人数据拒绝权

未成年人的父母及符合条件的未成年人有权拒绝数据控制者为执行公

共利益、行使公共职权、科学历史研究或统计目的以及追求合法利益而处理未成年人有关的个人数据，同时有权拒绝数据控制者以直接营销为目的进行的处理数据以及针对未成年人的数字画像。未成年人及其父母可以通过使用"隐私增强技术"以自动化方式行使拒绝权。数据拒绝权对于未成年人的意义尤为重要，如果未成年人的父母可以正确且适当地行使该项权利，可使未成年人数据免于诸多风险。

三、学生数据法律保护的制度设计

（一）学生数据的范围界定

大数据时代的学生数据不仅应当包括传统意义上学校为了教育管理目的而收集整理的教育记录，还应当包括任何与学校进行合作的数据控制者在为学生提供教育学习服务的过程中所收集和获取的全部学生数据。与学校进行合作的数据控制者不仅包括应学校的要求专门为学校的教学目的进行设计的应用程序运营商，还包括虽不是应学校的要求而设计，但是被学校官方认可，可以进入学校课堂教育教学环境的全部学习类应用程序运营商。学生数据不包括虽然以教育学习为核心服务但未与学校进行合作、未进入校园课堂应用的教育学习类应用程序所收集的学生数据。对于学生脱离学校的控制所产生的数据，可由一般性的未成年人数据保护法或个人信息保护法进行保护。值得注意的是，鉴于正处于快速成长期的中学生更容易受到数字营销策略的影响，他们的学生数据应当受到与小学生数据同等程度的保护。

（二）学生数据法律保护的基本原则

数字化教育背景下，学生数据法律保护除应当遵循适用于所有自然人的一般个人信息保护原则外，还应特别注重落实目的限制原则、数据最小化原则、比例原则、不歧视原则、准确性原则、安全保密原则等。

（1）学生数据的收集使用应当严格遵循目的限制原则，学校及与学校合作的数据控制者应当以特定、明确、合法的目的收集使用学生数据，严禁学校及与学校合作的数据控制者以教育目的以外的目的收集、使用数据。

（2）学校及与学校合作的数据控制者收集使用学生数据应当严格遵循数据最小化原则，收集使用学生数据应充分、相关且限于为实现特定目的所需的最小限度内，必须始终从学生的最佳利益出发。例如，学校以安全为目的安装视频监控，应当适当且必要，在学校门口安装视频监控可能是必要的，但是如果在教学楼、宿舍楼内部安装摄像头，将违背数据最小化原则。

（3）学校及与学校合作的数据控制者收集使用学生数据应当严格遵循比例原则，收集使用学生数据所采取的手段应当与所欲达到的目的成比例。例如，学校为了控制学生进出校园或者校园内部的图书馆、宿舍楼等场所，采用指纹识别、人脸识别等生物识别方式验证学生身份，则属于明显的手段与目的不成比例，采用刷校园卡的方式足矣。

（4）学校及与学校合作的数据控制者收集、使用学生数据应当严格遵循不歧视原则。学校为了向家庭经济困难的学生提供帮助，往往会收集学生家长的职业、学历、经济收入、宗教信仰、健康状况等家庭敏感信息，这些信息可能会导致歧视的发生，因此，学校应当谨慎收集、处理此类数据，且应当严格保密。

（5）学生在校期间的数据可能会影响学生的未来发展，学校及与学校合作的数据控制者收集、使用学生数据应当严格遵循准确性原则。从小学到初中、高中、大学是一个成长的过程，学校及与学校合作的数据控制者应当特别注意确保学生数据的准确性，且在必要的情况下不断更新数据，应当采取一切合理的手段删除或修正不准确的、过时的未成年人数据。

（6）学校及与学校合作的数据控制者收集使用学生数据应当严格遵循安全保密原则。学校及与学校合作的数据控制者应当采取适当的技术和组织措施以安全保密的方式存储、使用和处理学生数据，防止未经授权或者非法的访问、使用和处理。

（三）学生数据法律保护的权利构造

大数据时代学生数据的法律保护，应当明确学生数据的权利主体、义务主体、权利客体以及权利内容。

（1）学生数据的权利主体是所有处于教育阶段的在校生，包括处于学前教育阶段的学生，小学、初中、高中等处于基础教育阶段的学生，也包括大学本科、研究生等处于高等教育阶段的学生。由于处于学前教育阶段和基础教育阶段的学生尚未成年，大多数学生数据权利需要学生的监护人代为行使。

（2）学生数据权利的义务主体不仅包括学校，还包括与学校进行合作的数据控制者。与学校进行合作的数据控制者，既包括应学校的要求专门为学校的教育目的设计的应用程序运营商，也包括虽不是应学校要求而设计的，但是被学校官方认可，可以进入学校教育教学过程的应用程序运营商。与学校进行合作的数据控制者不包括虽然以教育学习为核心服务但未与学校进行合作、未进入校园课堂应用的教育学习类应用程序运营商。

（3）学生数据权利的权利客体既包括学校为了教育管理目的而收集存储的教育记录，还包括任何与学校进行合作的数据控制者在为学生提供教育学习服务的过程中所收集和获取的全部学生数据。学生数据不包括虽然以教育学习为核心服务但未与学校进行合作、未进入校园课堂应用的教育学习类应用程序所收集的学生数据。简言之，判断是否属于学生数据，关键在于数据控制者是否与学校进行合作，学生脱离学校的控制所产生的数据不属于学生数据的范畴。

（4）数字化教育时代学生家长或符合条件的学生至少应享有以下权利：一是访问并检查学生数据的权利，了解被收集和处理的学生数据类别、处理目的、保存期限、安全保障措施等信息的权利。二是纠正或删除不准确、误导性或不适当的学生数据的权利，学生数据可能被用来作出与学生相关的重要决策，学生父母或符合条件的学生有权要求学校或数据控制者保证学生数据的准确性和适当性。三是学生父母或符合条件的学生享有通过同意控制学生数据是否可以被披露的权利。四是学生父母或符合条件的学生有权选择退出涉及学生或其父母的政治背景或信仰、心理或心理问题、性行为或态度、非法、反社会、自我贬低行为、宗教信仰、家庭收入等学生及其家庭的敏感信息的任何调查、分析或评估。五是学生父母或符合条件的学生享有向监管部门提出申诉的权利以及依法获得救济的权利。

（四）学生数据法律保护的责任体系

数字技术融入学校的教育教学活动是一个不可逆转的时代趋势，学生和教育行业能否共享数字技术发展的红利,关键在于政策制定者能否为学生数据构建有效的制度保障体系。尽管当前学校在法律层面上扮演着学生数据的控制者和管理者的角色,但随着数字技术与学校教育的日益紧密结合,数据控制者逐渐成为学生数据的实际控制者和管理者,未来学生数据的法律保护应当确立学校与数据控制者共同承担责任的机制,具体可从以下几个方面进行规定。

(1) 规定学校与数据控制者的共同责任,明确要求与学校合作的数据控制者承担保护学生数据的法律责任,而不是把保护学生数据的责任全部施加在学校身上。要求数据控制者在学生数据的收集、分析、存储、使用、共享和公开披露等方面遵守数据最小化、目的限制、存储限制、通知同意等相关原则和规则。

(2) 规定学校在与数据控制者的共同责任关系中的主导地位,学校保留对学生数据的控制权。学校在与数据控制者的合作合同中,应当明确约定数据控制者应负有哪些保护学生数据的责任和义务,以及在哪些情形下数据控制者应当通知并获得学校的批准或同意。

(3) 规定学校及与学校合作的数据控制者内部相关工作人员的安全保密义务与责任,严禁学校及与学校合作的数据控制者的相关工作人员泄露、转让、交易学生数据,杜绝"内鬼"现象。此外,应当明确学生及其父母保留对学生数据的最终控制权,当学校或数据控制者的行为违背保护学生数据的基本原则,或损害学生的基本利益时,学生及其父母有权要求学校或数据控制者禁止处理相关数据,必要的情况下要求删除或销毁相关数据。

(4) 鉴于数据控制者对教育系统的介入导致"私人"和"公共"之间的界限模糊,应当在数字学习环境中设置"私人"和"公共"之间的界限,保护学生的"知识隐私"免受"监视效应"的影响,保护学生的思想、信仰自由、阅读、智力探索以及通信保密的权利。[1]

---

[1] See Yoni Har Carmel, "Regulating Big Data Education in Europe: Lessons Learned from the US", *Internet Policy Review*, Vol. 5, 2016, No. 1.

（五）学生数据分级分类访问和共享制度

所有学校都必须提高对学生数据重要性和敏感性的认识。不同类型的学生数据应当设定不同的访问权限和保护措施，以保障学生的隐私和数据安全。学生数据可分为结构化数据和非结构化数据。智能化教育产生的学生学习和相关活动数据大部分属于非结构化数据，日常用于学生管理的大多数数据都是结构化数据。结构化数据又可分为学术数据和非学术数据，前者主要包括与学生相关的入学、个人身份、注册信息、学习数据等；后者主要包括学生住房、医疗、咨询和纪律处分等。

由于当前关于人脸识别技术应用到教育教学环境的优势与弊端尚未达成共识，需要进一步研究并权衡人脸识别技术对校园安全和教育质量的促进作用及其对学生的数据隐私、自由、免受歧视、创造力的潜在威胁，对这类数据的收集、使用和共享应当严格限定其条件。

根据数据敏感度的级别和所需的保护为每种类型的数据设置不同的访问权限：（1）公共数据，是广泛可供公共使用的所有数据，其访问不受限制。应根据透明性和数据可用性的原则，最大化此数据类别的数量。（2）受限访问数据，这是默认的数据类别，被相应的数据管理员认为不适合公共访问，仅供内部成员使用。（3）受限数据，受法律保护或被认为对大学运营至关重要的数据，如健康数据、个人身份数据等。

企业虽然为学校的数字化管理和智能化教学提供了技术支持，但是应当规定其未经学校授权不可访问学生数据。同时，应当严格限定学校将学生数据与政府执法机构或司法机构共享的条件，以免加剧人工智能算法的潜在歧视倾向对学生的未来发展造成不良影响。

第三节　未成年人数据法律保护的本土化完善

一、我国未成年人数据法律保护的立法建议

从专门适用未成年人数据保护的法律规范来看，《保护规定》与《条例（征求意见稿）》在保护未成年人个人数据方面都具有重要的进步意

义，但仍有需要进一步商榷的地方。

（一）《保护规定》的立法建议

第一，《保护规定》未明确界定义务主体的范围，导致适用范围过于宽泛。《保护规定》适用于在我国境内通过网络从事收集、存储、转移、披露儿童个人信息等相关活动的主体。只要其通过网络从事收集儿童数据等行为，就意味着义务主体不仅包括网络运营商，还包括任何国家机关、行政机构以及学校等事业单位；不仅包括专门经营针对儿童的网络运营商，还包括所有提供年龄通用的网络服务的运营商；不仅适用于网络运营商，还适用于自然人。应将义务主体界定为以营利为目的，提供专门针对儿童的网络服务的网络运营商。"专门针对儿童的网络服务"既包括只提供专门针对儿童的网络服务，也应包括虽然提供年龄通用的网络服务，但可以从服务内容推定其知道或应当知道，如视频内容明显与儿童相关的网络运营商。

第二，《保护规定》未区分不同的数据处理场景和风险等级，收集任何不满14周岁未成年人的个人信息均须取得父母同意。《保护规定》将"儿童"界定为不满14周岁的未成年人，沿袭了《信息安全技术 个人信息安全规范》的规定。应当在明确年龄界限的基础上，考虑儿童的个性化差异，对不同的数据处理场景划分风险等级，针对不同类型的数据处理行为实施差异化的父母同意方式。如果网络运营商收集的是未成年人的敏感信息，即使未成年人已满14周岁但仍应取得父母同意。除此之外，还应鼓励网络运营商对已满14周岁的未成年人的个人信息提供特殊保护。

第三，《保护规定》未对未成年人的年龄验证和可验证的父母同意方式进行规定，然而这两点正是儿童数据保护法的核心。儿童数据保护法有效实施的关键是能否找到便捷、高效的年龄验证方式和可验证的父母同意方式。可以借鉴欧盟eID的在线年龄验证机制，以及美国COPPA提出的验证父母同意的方式。建议建立数据控制者驱动的年龄验证和父母同意验证机制，鼓励数据控制者探索研发新的技术方案解决年龄验证和父母同意验证难题。由于当前大多数社交媒体网站采用的自我验证机制很容易被儿童

第六章 本土化构建：我国未成年人数据法律保护的应对之策

规避，应当避免采用这种年龄验证机制。

第四，《保护规定》没有考虑到父母同意的失范，以及父母与儿童之间的权益冲突。基于未成年人及其父母对未成年人个人数据的控制实际上受到数据控制者网络通信空间的设计，建议将父母责任部分转移到数据控制者责任，要求网络服务提供者在产品设计、提供服务以及收集、处理数据过程中保护儿童数据，承担更多的责任。由于法律对保护儿童免受来自父母的隐私侵犯不起作用，建议国务院网络信息办公室对父母的在线共享行为以及有效的父母同意方式进行指导，使父母以促进未成年人健康发展的方式有限度地共享未成年人个人数据。

第五，《保护规定》没有涉及设计和默认的数据保护问题。当今时代，各种软件 App 层出不穷，在使用之前均需同意一定条件的数据收集和使用，对儿童隐私和数据权利造成了极大威胁。欧盟 GDPR 第 25 条要求网络服务提供者将设计和默认的数据保护原则纳入产品和服务设计的最初阶段，这相当于在使用软件之前，网络服务提供者已经对儿童隐私保护制作了"护甲"。

第六，《保护规定》没有明确禁止针对儿童的数字画像。商业性的网络服务提供者对儿童的数字画像严重威胁儿童的隐私和数据权利，应当明确禁止针对儿童的数字画像，以消除或减轻对儿童数据的商业利用。

第七，《保护规定》关于儿童数据透明权，只规定了以显著、清晰的方式告知监护人，然而儿童才是真正的数据主体。儿童数据透明权应当要求数据控制者采取适当措施以简洁、透明，使儿童易于理解和易于访问的形式提供任何关于处理儿童数据的相关信息。

（二）《未成年人网络保护条例（送审稿）》的立法建议

2017 年国务院法制办公室就《未成年人网络保护条例（送审稿）》公开征求意见，笔者在《大数据时代儿童数据法律保护的困境及其应对——兼评欧盟〈一般数据保护条例〉的相关规定》[1]一文中，对《未

---

[1] 参见付新华："大数据时代儿童数据法律保护的困境及其应对——兼评欧盟〈一般数据保护条例〉的相关规定"，载《暨南学报（哲学社会科学版）》2018 年第 12 期。

成年人网络保护条例（送审稿）》提出了以下修改意见：

首先，《未成年人网络保护条例（送审稿）》采取了选择性的父母同意条件，使父母同意失去了应有的意义。《未成年人网络保护条例（送审稿）》第16条要求网络服务提供者在收集、使用未成年人个人信息前，需首先征得"未成年人或其监护人同意"。该规定意味着未成年人可以自行决定是否同意收集或处理个人数据，如此，父母同意便失去了保护儿童的应有之义。无论是欧盟GDPR还是美国COPPA，父母同意都是收集、处理、使用儿童数据的前置条件。因此，《未成年人网络保护条例（送审稿）》不应将父母同意作为收集、使用儿童数据的一个可选择的方案，而应作为收集、处理、使用儿童数据必要的前置条件。

其次，《未成年人网络保护条例（送审稿）》未规定需要父母同意的年龄界限，这意味着所有网络运营商收集、使用未成年人个人信息均需取得父母同意。《未成年人网络保护条例（送审稿）》未明确界定"未成年人"，可推定其默认适用《未成年人保护法》关于"未成年人"的界定，即所有未满18周岁的公民。对于所有未满18周岁的未成年人的数据收集和使用均应取得父母同意，年龄界限明显过高，且未区分不同网络场景和隐私风险等级，不利于儿童最大利益的实现，建议建立基于不同隐私风险等级的差异化的父母同意方式。

最后，《未成年人网络保护条例（送审稿）》对未成年人的删除权进行了规定，但仍需进一步完善。《未成年人网络保护条例（送审稿）》第18条规定："未成年人或其监护人要求网络信息服务提供者删除、屏蔽网络空间中与其有关的未成年人个人信息的，网络信息服务提供者应当采取必要措施予以删除、屏蔽。"该条款可视为对未成年人删除权或被遗忘权的规定，但其没有对数据控制者将未成年人数据共享或转移到第三方的情形进行规定。若数据控制者已将未成年人个人数据共享或转移给第三方，则数据控制者有责任根据数据主体的请求删除个人数据，并在考虑可行技术和执行成本的基础上，采取合理措施告知正在处理个人数据的控制者，要求其删除与个人数据相关的链接、备份或复制件。

经公开征求意见，对《未成年人网络保护条例（送审稿）》进行了较大调整，不仅对以上问题进行了回应，还设立了"个人信息保护"专章对未成年人个人信息进行专门规定，是对《个人信息保护法》在保护未成年人方面的贯彻落实，对于未成年人个人信息保护具有重要意义。

二、我国未成年人数据保护行业实践的监管完善

（一）增强对未成年人数据的保护

从整体来看，目前国内与未成年人相关的互联网企业，对未成年人免受不良网络内容影响和侵害的关注，远远大于对未成年人个人数据和隐私保护的关注。如上文所述的短视频App的"青少年模式"，腾讯针对未成年人的技术治理探索，重点均在于限制未成年人的内容获取以及娱乐游戏时间，使其免受网络不良信息误导，防止未成年人沉迷。诚然，与未成年人受到不良网络内容的影响和过度沉迷游戏或娱乐相比，未成年人因个人数据和隐私受到的威胁和影响，远非迫切和直观，这也是所谓的"隐私悖论"形成的重要原因之一。无论是网络运营商，还是未成年人的父母都不会否认个人数据和隐私对于未成年人的重要性，但只有未成年人确因个人数据和隐私的公开而受到切实的侵害，才会真正重视未成年人个人数据和隐私的保护。但是，在大数据时代，未成年人个人数据和隐私将对未成年人的在线声誉、未来发展、信用评级甚至人身安全等产生虽非迫切却足够重大和长远的影响，显然，未成年人及其父母对此尚缺乏足够的认识，而网络运营商出于营利的目的对于保护未成年人个人数据和隐私也缺乏动力，导致对未成年人个人数据的关注较少，保护意识较弱。再以短视频App抖音为例，抖音在上线"青少年模式"后，主要关注在于对"少儿不宜"内容的过滤以及对积极健康向上内容的推送，对未成年人个人数据的保护则关注较少。然而，用户注册抖音，需要提供用户名、电话号码、个人简介和个人照片等信息，用户账号的默认设置是公开可见的，其他任何用户均可观看用户上传的短视频。当用户将其账号设置为"私密"后，其他用户虽无法查看其发布的短视频，但用户名和个人资料简介仍然是公开的，可供其他用户搜索。这无疑为不法分子获取未成年人信息打开了方便

之门。开展针对未成年人服务的网络运营商,应当增加对未成年人个人数据保护的关注,并将此直接体现在对网络空间结构的设计中,使未成年人用户或其父母可以通过网络运营商提供的隐私设置管理未成年人的数据隐私。

(二)促进未成年人"隐私增强技术"市场的发展

与美国发达的"隐私增强技术"市场相比,我国"隐私增强技术"市场正处于发展的初期阶段。首先,各互联网企业针对自身所开展业务的隐私增强工具较少,原因主要在于企业本身缺乏动力开发隐私增强工具。一方面,互联网企业来自保护用户个人数据和隐私的监管压力较小;另一方面,互联网企业的营利模式大多需要以收集用户个人数据为前提,而隐私增强工具旨在阻碍或限制企业收集用户个人数据,没有企业愿意"自缚手脚""自毁前程"。其次,隐私增强技术的第三方供应市场有待激发。如果说互联网企业自身的隐私增强技术的开发受到自身利益的影响,那么隐私增强技术第三方市场乏力的主要原因可能在于我国大多数公民尚未认识到个人数据和隐私对于个人的重要意义和价值。除此之外,第三方"隐私增强技术"需要处理好与主服务的法律关系,避免不正当竞争等法律风险。随着我国网络用户个人数据保护意识的提高,个人数据保护监管的加强,"隐私增强技术"的需求会逐渐攀升。技术带来的问题,最终要依靠技术来解决,监管部门应当着力促进未成年人"隐私增强技术"市场的发展。

(三)加强未成年人数据保护的行业自律

整体来看,我国个人信息保护的行业自律正处于发展阶段,2019年7月,中国互联网协会发布的《用户个人信息收集使用自律公约》,是我国首部关于个人信息保护的自律性公约。关于未成年人个人数据的保护的行业自律尚未形成。行业自律相比自上而下的监管,更具灵活性和适应性,因此应当激励互联网企业形成未成年人数据保护的行业组织,加强未成年人数据保护的行业自律。

(四)厘清企业责任的边界

应当肯定互联网企业在保护未成年人个人数据方面所作出的努力,但应认清企业责任的边界，且应注意比例原则的适用，注意手段与目的相适应。再以腾讯为例，腾讯的"少年灯塔主动服务工程"，主动向未成年人的父母提供免费教育辅导，以及通过"公安权威数据平台强化实名校验""金融级人脸识别验证""基于自然人合并计算多账号总游戏时长"等在全世界范围内都属于首创。必须肯定腾讯在保护未成年人方面所做的努力，充分体现了腾讯的企业责任和担当。但是腾讯所做的努力有以下两点值得进一步探讨和商榷：首先，腾讯进入家庭内部，教育辅导未成年人的父母，帮助改善亲子关系，模糊了企业责任的边界。联合国儿童基金会驻华办儿童保护处项目官员苏文颖也表达了相似的观点。"主动克服"这件事其实已经超出了游戏企业本身应尽的义务。互联网企业的一个优势是建立平台和连接，腾讯应当致力于在自身产品和服务中贯彻儿童权益的理念，把重点放在识别和报告风险上，把后续家庭辅导的工作交给更专业的机构去做，比如，共产主义青年团、妇女联合会以及有关负责未成年人思想道德建设的社会团体和儿童保护组织等，建立一个与需要做家庭教育辅导和心理健康干预服务的人群之间的平台和桥梁。[1]其次，根据比例原则，手段应当与目的相适应。腾讯为了验证未成年人的身份，通过"公安权威数据平台"强化实名校验，私营企业掌握了本应由国家公安机关控制的权威身份数据，实际上构成了对未成年人个人数据和隐私权的威胁。回想一下美国 inBloom 案，微软公司虽然为了学校搭建完备的学生数据体系，提高课堂的教育质量，改善学生学习体验的初衷是好的，但是很快受到了未成年人数据保护组织的强烈反对，私营公司掌握大量的学生数据将对学生数据和隐私甚至自由发展造成严重威胁，因此 inBloom 项目最终以失败告终。诚然通过公安系统的数据验证未成年人用户的身份是最为权威和准确的，但事实上，腾讯并不需要收集未成年人的全部身份信息，只要收集到年龄信息即可达到验证未成年人用户身份的目的。"金融级人脸识别验证"也存在类似的问题，生物识别技术的安全保障尚不完善，存在较大的应用风

---

[1] 参见"客服拨出200万通电话，只为避免孩子打游戏太久"，载 https://mp.weixin.qq.com/s/Jkx4l8ncyhnBJ528hHGsvg，最后访问日期：2019年7月22日。

险，应当慎重将其用于未成年人识别。"基于自然人合并计算多账号总游戏时长"可能存在过度限制未成年人的问题，应当采用疏堵结合的综合手段，更好地与未成年人进行沟通引导。

结　语

未成年人数据的法律保护不仅是专项的未成年人保护事业,也是塑造数字经济时代良好的数据收集和使用实践的重要课题。数字技术的发展在客观上促进了青少年的全球眼光和多元知识结构的培育,但与此同时,未成年人个人数据面临诸多保护困境,亟须探寻破解之道,构建未成年人数据的法律保护体系。

正视问题,方能解决问题。大数据时代未成年人数据的法律保护面临着权利冲突困境、成熟度评估困境、父母同意困境、控制困境以及学生数据的法律保护困境。权利冲突困境包括未成年人数据与未成年人赋权性权利的冲突,以及未成年人数据与成年人隐私权和言论自由权的冲突。可通过基于不同风险等级和未成年人不同发展能力的差异化父母同意,平衡未成年人数据与赋权性权利之间的冲突关系;以高标准的通用型数据保护模式,破解未成年人数据与成年人权利的冲突。成熟度评估困境体现在如何在个性化评估与明确年龄界限之间作出艰难抉择。可通过明确年龄界限基础上的个性化评估予以适当化解。父母同意困境包括父母"同意"演变为父母"控制",以及父母在线分享的权利与未成年人数据的冲突。可通过由父母"控制"转向父母的"指导性调解",提高父母数字素养,赋予未成年人被遗忘权,以及数据控制者驱动的创新技术解决方案予以一定程度的破解。控制困境是指"通知和同意"模型正在失去其规范效力,未成年人及其父母很难通过同意来控制未成年人个人数据。可通过将父母责任转向数据控制者责任,加强"设计隐私"和"隐私增强技术"等技术保护措施,培养未成年人的数字素养和个人数据管理技能的方式予以适度化解。大数据时代学生数据的法律保护困境包括学生数据保护的范围之争与责任主体之争。可通过扩大学生数据范围和规定学校与数据控制者的共同责任进行应对。大数据时代未成年人数据的法律保护,还应注意实现从"数据保护"到"数据治理"的监管模式转向,实现未成年人个人数据的多方共治。网络治理机构及社会各界应充分认识到保护未成年人数据的现实必要性,加强数据周期中各利益相关者之间的共同协作与对话,积极听取未成年人权利倡议者的意见和建议，不断寻求更好的未成年人数据保护方案。

美国和欧盟在未成年个人数据的保护方面各有优势，也存在各自的问题。美国对未成年人数据的法律保护采用的是分散式、专门化的立法模式，而欧盟对未成年人数据的法律保护采用的是普遍适用的统一立法模式。美国未成年人数据法律保护面临的最主要问题是未成年人数据与言论自由的持久冲突。美国的隐私权概念是在言论自由的框架下形成的，尽管美国国会一直在努力创设法律以保护网络时代的未成年人，但因其与《美国宪法第一修正案》所保障的言论自由相冲突，使其在法院的适用中屡遭挑战，甚至被法院认定为违宪而无效。

在学生数据的法律保护方面，美国联邦和各州已基本建立了学生数据保护的治理框架，仍然不能满足大数据时代学生数据的保护需求，一般仅适用于学校官方的"教育记录"，不适用于与学校进行合作的运营商所收集和保存的学生数据。欧盟未成年人数据法律保护面临的主要问题是未区分风险等级和数据类型，导致所有类型的网络服务都需要严格的父母同意，造成对未成年人数据的过度保护，从而破坏"赋权"与"保护"的平衡。在学生数据的法律保护方面，欧盟没有关于学生数据保护的专门立法，教育工作者对如何将适用于所有自然人的 GDPR 适用于教学环境，仍然不甚明晰。

我国政策制定者逐渐认识到大数据时代构建未成年人健康网络环境以及保护未成年人个人数据的必要性，《儿童个人信息网络保护规定》是我国首部专门针对未成年人个人信息保护的法律规范，顺应了国际上未成年人数据治理的总体趋势。我国未成年人数据保护的行业实践进行了很多有意义的技术化治理探索，但仍然存在重网络内容治理、轻个人数据保护，"隐私增强技术"市场有待激发，行业自律不足，企业责任边界模糊等问题亟待解决。我国未成年人数据保护体系的构建，须在充分吸取欧盟和美国的经验教训以及未成年人个人数据保护困境的应对方案的基础上，遵循一定的制度导向，包括但不限于在"保护"与"赋权"之间取得适当平衡，谨防父母"同意"变成父母"控制"；激励数据控制者承担更多责任；发挥学校教育的关键作用，确立学校和数据控制者保护学生数据的共同责任；从国家监管到共同监管的监管模式的转向等。

参考文献

一、中文文献

（一）著作类

1. 张文显主编. 法理学（第三版）[M]. 北京：高等教育出版社、北京大学出版社，2007.
2. 张文显. 法哲学范畴研究（修订版）[M]. 北京：中国政法大学出版社，2001.
3. 黄文艺. 比较法：原理与应用 [M]. 北京：高等教育出版社，2006.
4. 姚建宗，等. 新兴权利研究 [M]. 北京：中国人民大学出版社，2011.
5. 郭瑜. 个人数据保护法研究 [M]. 北京：北京大学出版社，2012.
6. 王泽鉴. 人格权法　法释义学、比较法、案例研究 [M]. 北京：北京大学出版社，2013.
7. 王泽鉴. 民法思维　请求权基础理论体系 [M]. 北京：北京大学出版社，2009.
8. 王泽鉴. 民法学说与判例研究（重排合订本）[M]. 北京：北京大学出版社，2015.
9. 王利明. 人格权法研究（第二版）[M]. 北京：中国人民大学出版社，2012.
10. 李爱君、苏桂梅主编. 国际数据保护规则要览 [M]. 北京：法律出版社，2018.
11. 张民安主编. 美国当代隐私权研究——美国隐私权的界定、类型、基础以及分析方法 [M]. 广州：中山大学出版社，2013.
12. 张民安主编. 隐私合理期待总论——隐私合理期待理论的产生、发展、继受、分析方法、保护模式和争议 [M]. 广州：中山大学出版社，2015.
13. 张民安主编. 隐私权的比较研究——法国、德国、美国及其他国家的隐私权 [M]. 广州：中山大学出版社，2013.
14. 周汉华主编. 域外个人数据保护法汇编 [M]. 北京：法律出版社，2006.
15. 齐爱民. 大数据时代个人信息保护法国际比较研究 [M]. 北京：法律出版

社，2015.

16. 齐爱民．拯救信息社会中的人格　个人信息保护总论［M］．北京：北京大学出版社，2009.

17. 张新宝．隐私权的法律保护［M］．北京：群众出版社，2004.

18. 徐丽枝．政府信息公开中的个人隐私保护问题研究［M］．北京：法律出版社，2019.

19. 张红．人格权总论［M］．北京：北京大学出版社，2012.

20. 京东法律研究院．欧盟数据宪章　《一般数据保护条例》GDPR 评述及实务指引［M］．北京：法律出版社，2018.

21. 王敏．大数据时代个人隐私的分级保护研究［M］．北京：社会科学文献出版社，2018.

22. 高富平．个人数据保护和利用国际规则：源流与趋势［M］．北京：法律出版社，2016.

23. 王融．大数据时代　数据保护与流动规则［M］．北京：人民邮电出版社，2017.

24. 孙平．冲突与协调　言论自由与人格权法律问题研究［M］．北京：北京大学出版社，2016.

25. 王秀哲．我国隐私权的宪法保护研究［M］．北京：法律出版社，2011.

26. 何志鹏．权利基本理论：反思与构建［M］．北京：北京大学出版社，2012.

27. 马特．隐私权研究——以体系构建为中心［M］．北京：中国人民大学出版社，2014.

28. 张善斌．权利能力论［M］．北京：中国社会科学出版社，2016.

29. 李玉坤，孟小峰编著．个人数据管理［M］．北京：机械工业出版社，2017.

30. 潘晓，霍峥，孟小峰编著．位置大数据隐私管理［M］．北京：机械工业出版社，2017.

31. 李媛．大数据时代个人信息保护研究［M］．武汉：华中科技大学出版社，2019.

32. 王秀秀．大数据背景下个人数据保护立法理论［M］．杭州：浙江大学出版社，2018.

33. 弓永钦．个人信息保护问题研究　基于跨境电子商务［M］．北京：人民日报出版社，2018.

34. 朱宝丽，马运全．个人金融信息管理：隐私保护与金融交易［M］．北京：中国社会科学出版社，2018.

35. 王元卓，范乐君，程学旗. 隐私数据泄露行为分析——模型、工具与案例 [M]. 北京：清华大学出版社，2014.

36. 中国科协学会学术部编. 大数据时代隐私保护的挑战与思考 [M]. 北京：中国科学技术出版社，2015.

37. 王忠. 大数据时代个人数据隐私规制 [M]. 北京：社会科学文献出版社，2014.

38. 谢永志. 个人数据保护法立法研究 [M]. 北京：人民法院出版社，2013.

39. 张鸿霞，郑宁等. 网络环境下隐私权的法律保护研究 [M]. 北京：中国政法大学出版社，2013.

40. 张鹏. 个人信用信息的收集、利用和保护——论我国个人征信体系法律制度的建立和完善 [M]. 北京：中国政法大学出版社，2012.

41. 刘德良. 论个人信息的财产权保护 [M]. 北京：人民法院出版社，2008.

42. 季为民，沈杰主编. 青少年蓝皮书　中国未成年人互联网运用和阅读实践报告（2017~2018）. 北京：社会科学文献出版社，2018.

43. 郭开元主编. 网络不良信息与未成年人保护研究报告 [M]. 北京：中国人民公安大学出版社，群众出版社，2018.

44. 郭开元主编. 未成年人网络沉迷状况及对策研究报告 [M]. 北京：中国人民公安大学出版社，2011.

45. 姚建龙. 权利的细微关怀　"合适成年人"参与未成年人刑事诉讼制度的移植与本土化 [M]. 北京：北京大学出版社，2010.

46. 姚建龙. 法学的慈悲　孩子的法律情怀 [M]. 上海：上海三联书店，2018.

47. 姚建龙. 法学的童真　孩子的法律视界 [M]. 上海：上海三联书店，2015.

48. 王广聪. 变迁时代的福利司法——未成年人刑事审前程序的完善 [M]. 北京：法律出版社，2019.

49. 白敏，张慧编. 陕西青少年社会抽样调查蓝皮书 [M]. 北京：中国社会科学出版社，2017.

50. 张良驯主编. 青年发展蓝皮书　中国青年发展报告 No.2　中国青少年权益保护的发展进步 [M]. 北京：社会科学文献出版社，2018.

51. 张雪梅. 实践中的儿童权利　未成年人权利保护的42个典型实例 [M]. 北京：法律出版社，2013.

52. 苏宁编. 关注成长——未成年人思想道德建设前沿问题研究 [M]. 北京：人民出版社，2005.

53. 何海澜. 善待儿童 儿童大利益原则及其在教育、家庭、刑事制度中的运用 [M]. 北京：中国法制出版社，2016.

54. 张克平、陈曙东主编. 大数据与智慧社会 数据驱动变革、构建未来世界 [M]. 北京：人民邮电出版社，2017.

55. 井底望天，等主编. 区块链与大数据 打造智能经济 [M]. 北京：人民邮电出版社，2017.

56. 王俊，朱容波. 可穿戴设备数据安全及隐私保护 [M]. 北京：科学出版社，2018.

57. 李彦宏，等. 智能革命 迎接人工智能时代的社会、经济与文化变革 [M]. 北京：中信出版集团，2017.

58. 马文彦. 数字经济2.0 发现传统产业和新兴业态的新机遇 [M]. 北京：民主与建设出版社，2017.

59. 长铗，韩锋，等. 区块链 从数字货币到信用社会 [M]. 北京：中信出版集团，2016.

60. 杜均. 区块链+ 从全球50个案例看区块链的应用与未来 [M]. 北京：机械工业出版社，2018.

61. 谭磊，陈刚. 区块链2.0 [M]. 北京：电子工业出版社，2018.

62. 赵刚. 区块链 价值互联网的基石 [M]. 北京：电子工业出版社，2016.

63. 腾讯研究院，等. 人工智能 国家人工智能战略行动抓手 [M]. 北京：中国人民大学出版社，2017.

64. 马化腾，等. 数字经济 中国创新增长新动能 [M]. 北京：中信出版集团，2017.

65. 孙世芳，周超男主编. 2018数字经济大会报告 [M]. 北京：经济日报出版社，2019.

66. 项立刚. 5G时代 什么是5G，它将如何改变世界 [M]. 北京：中国人民大学出版社，2019.

67. 刘德良，杨飞. 网络时代弱势群体的法律保护 [M]. 北京：法律出版社，2013.

68. 中国青少年研究中心编. 中国未成年人数据手册 [M]. 北京：科学出版社，2008.

69. 涂子沛. 大数据 [M]. 桂林：广西师范大学出版社，2015.

70. 费孝通. 生育制度 [M]. 北京：生活·读书·新知三联书店，2014.

71. 徐恪，李沁. 算法统治世界 智能经济的隐形秩序 [M]. 北京：清华大学出版社，2017.

72. 管华. 儿童权利研究——义务教育阶段儿童的权利与保障 [M]. 北京：法律出

社, 2011.

73. 姚建龙. 少年刑法与刑法变革［M］. 北京：中国人民公安大学出版社, 2005.

74. 季为民, 沈杰主编. 青少年蓝皮书　中国未成年人互联网运用报告（2019）［M］. 北京：社会科学文献出版社, 2019.

（二）译著类

1. ［美］Milton L. Mueller. 从根上治理互联网　互联网治理与网络空间的驯化［M］. 段海新, 胡泳等译. 北京：电子工业出版社, 2019.

2. ［美］狄乐达. 数据隐私法实务指南　以跨国公司合规为视角［M］. 何广越译. 北京：法律出版社, 2018.

3. ［美］保罗·维格纳, 迈克尔·凯西. 区块链　赋能万物的事实机器［M］. 凯尔译. 北京：中信出版集团, 2018.

4. ［美］布鲁斯·施奈尔. 数据与监控：信息安全的隐形之战［M］. 李先奇, 黎秋玲译. 北京：金城出版社, 2018.

5. ［美］劳伦斯·莱斯格. 代码 2.0　网络空间中的法律［M］. 李旭, 范伟伟译. 北京：清华大学出版社, 2018.

6. ［美］迈克斯·泰格马克. 生命 3.0［M］. 汪婕舒译. 杭州：浙江教育出版社, 2018.

7. ［美］史蒂芬·卢奇, 丹尼·科佩克. 人工智能［M］. 林赐译. 北京：人民邮电出版社, 2018.

8. ［英］理查德·温. 极简人工智能　你一定爱读的 AI 通识书［M］. 有道人工翻译组译. 北京：电子工业出版社, 2018.

9. ［印］史尼瓦·马卡利. 极简区块链　你一定爱读的有趣通识书［M］. 有道 AI 翻译译. 北京：电子工业出版社, 2018.

10. ［美］布莱恩·克里斯汀, 汤姆·格里菲思. 算法之美［M］. 万慧, 胡小锐译. 北京：中信出版集团, 2018.

11. ［以色列］尤瓦尔·赫拉利. 未来简史［M］. 林俊宏译. 北京：中信出版集团, 2017.

12. ［美］佩德罗·多明戈斯. 终极算法　机器学习和人工智能如何重塑世界［M］. 黄芳萍译. 北京：中信出版集团, 2017.

13. ［法］马克尔·杜甘, 克里斯托夫·拉贝. 赤裸裸的人　大数据, 隐私和窥视［M］.

杜燕译. 上海：上海科学技术出版社，2017.

14. [美] 马克·罗滕伯格，茱莉亚·霍维兹，杰拉米·斯科特主编. 无处安放的互联网隐私 [M]. 苗淼译，北京：中国人民大学出版社，2017.

15. [美] 劳拉·德拉迪斯. 互联网治理全球博弈 [M]. 覃庆玲，陈慧慧，等译. 北京：中国人民大学出版社，2017.

16. [美] 特蕾莎·M. 佩顿，西奥多·克莱普尔. 大数据时代的隐私 [M]. 郑淑红译. 上海：上海科学技术出版社，2017.

17. [美] 杰瑞·卡普兰. 人工智能时代 [M]. 李盼译. 杭州：浙江人民出版社，2016.

18. [美] 雷·库兹韦尔. 人工智能的未来 揭示人类思维的奥秘 [M]. 盛杨燕译. 杭州：浙江人民出版社，2016.

19. [美] 亚历山大·科特，克利夫·王，罗伯特·F. 厄巴彻编. 网络空间安全防御与态势感知 [M]. 黄晟，安天研究院译. 北京：机械工业出版社，2019.

20. [美] 玛蒂娜·罗斯布拉特. 虚拟人 [M]. 郭雪译. 杭州：浙江人民出版社，2016.

21. [日] 城田真琴. 数据中间商 [M]. 邓一多译. 北京：北京联合出版公司，2016.

22. [美] 布莱恩·克雷布斯. 裸奔的隐私 你的资金、个人隐私甚至生命安全正在被侵犯！[M]. 曹烨，房小然译. 广州：广东人民出版社，2016.

23. [加] L. W. 萨姆纳. 权利的道德基础 [M]. 李茂森译. 北京：中国人民大学出版社，2011.

24. [美] 安德雷斯·韦思岸. 大数据和我们 如何更好地从后隐私经济中获益？[M] 胡小锐，李凯平译. 北京：中信出版社，2016.

25. [英] 约翰·帕克. 全民监控 大数据时代的安全与隐私困境 [M]. 关立深译. 北京：金城出版社，2015.

26. [美] 约翰·马尔科夫. 与机器人共舞 [M]. 郭雪译. 杭州：浙江人民出版社，2015.

27. [美] 艾伦·德肖维茨. 你的权利从哪里来？[M] 黄煜文译. 北京：北京大学出版社，2014.

28. [美] 富兰克林·E. 齐姆林. 美国少年司法 [M]. 高维俭译. 北京：中国人民公安大学出版社，2010.

29. [英] 维克托·迈尔-舍恩伯格. 删除 大数据取舍之道 [M]. 袁杰译. 杭州：浙

江人民出版社，2013.

30. ［英］维克托·迈尔-舍恩伯格，肯尼思·库克耶．大数据时代［M］．盛杨燕，周涛译．杭州：浙江人民出版社，2013.

31. ［美］路易斯·D. 布兰代斯，等．隐私权［M］．宦盛奎译．北京：北京大学出版社，2014.

32. ［德］迪特尔·梅迪库斯．请求权基础［M］．陈卫佐，等译．北京：法律出版社，2012.

33. ［法］路易·若斯兰．权利相对论［M］．王伯琦译．北京：中国法制出版社，2006.

34. ［美］阿丽塔·L. 艾伦，查理德·C. 托克普顿．美国隐私法：学说、判例与立法［M］．冯建妹，等译．北京：中国民主法制出版社，2004.

35. ［西］布兰卡·R. 瑞兹．电子通信中的隐私权 欧洲法与美国法的比较视角［M］．林喜芬，等译．上海：上海交通大学出版社，2017.

36. ［法］卢梭．爱弥儿：论教育（上卷）［M］．李平沤译．北京：商务印书馆，1978.

37. ［英］洛克．政府论（上篇）［M］．叶启芳，瞿菊农译．北京：商务印书馆，1982.

38. ［英］洛克．政府论（下篇）［M］．叶启芳，瞿菊农译．北京：商务印书馆，1964.

39. ［英］杰里米·边沁．论道德与立法的原则［M］．程文显，宇文利译．西安：陕西人民出版社，2009.

40. ［英］乔治·奥威尔．一九八四［M］．董乐山译．上海：上海译文出版社，2015.

（三）期刊论文

1. 张文显．法理：法理学的中心主题和法学的共同关注［J］．清华法学，2017，11（04）：5-40.

2. 张文显．推进全球治理变革，构建世界新秩序——习近平治国理政的全球思维［J］．环球法律评论，2017，39（04）：5-20.

3. 张文显．法治的文化内涵：法治中国的文化建构［J］．吉林大学社会科学学报，2015，55（04）：5-24.

4. 黄文艺．权利本位论新解：以中西比较为视角［J］．法律科学（西北政法大学学报），2014，32（05）：14-24.

5. 黄文艺．全球化、身份政治与法律［J］．北方法学，2012，6（01）：18-26.

6. 黄文艺．权利政治的语义分析［J］．云南大学学报（社会科学版），2011，10

（03）：78-84，96.

7. 黄文艺. 马克思主义法学方法论基本问题论析[J]. 社会科学战线，2012（10）：202-207.

8. 姚建宗，万芳. 新兴权利研究的几个问题[J]. 苏州大学学报（哲学社会科学版），2015，36（03）：50-59.

9. 姚建宗. 法学研究及其思维方式的思想变革[J]. 中国社会科学，2012（01）：119-139，208.

10. 张文显，姚建宗. 权利时代的理论景象[J]. 法制与社会发展，2005，11（05）：5-17.

11. 姚建宗，孟融. 当代中国法律移植的反思和实用主义法律移植观的兴起[J]. 甘肃政法学院学报，2015（02）：12-23.

12. 李拥军. "亲亲相隐"与"大义灭亲"的博弈：亲属豁免权的中国面相[J]. 中国法学，2014（06）：89-108.

13. 朱振. 共同善权利观的力度与限度[J]. 法学家，2018（02）：32-44，192.

14. 朱振. 权利与自主性——探寻权利优先性的一种道德基础[J]. 华东政法大学学报，2016，19（03）：26-35.

15. 朱振. 权威：当代法哲学论争的核心议题[J]. 人大法律评论，2016（01）：127-150.

16. 朱振. 什么是分析法学的概念分析？[J] 法制与社会发展，2016，22（01）：129-146.

17. 钱大军. 再论"权利本位"[J]. 求是学刊，2013（05）：94-100.

18. 钱大军，武红羽. 论权利义务之间的转换[J]. 南京社会科学，2013（07）：80-86.

19. 周汉华. 习近平互联网法治思想研究[J]. 中国法学，2017（03）：5-21.

20. 李国强. 网络虚拟财产权利在民事权利体系中的定位[J]. 政法论丛，2016（05）：17-24.

21. 冈孝，李国强. 东亚成年监护制度的比较[J]. 吉林大学社会科学学报，2013，53（02）：124-131，176.

22. 刘星显. 法律与音乐视域下的原意论批判[J]. 法制与社会发展，2017，23（05）：115-128.

23. 蔡立东. "平等主体关系说"的弃与留——未来《民法典》调整对象条款之抉择[J]. 法学论坛，2015，30（02）：13-19.

24. 马新彦. 信赖与信赖利益考[J]. 法律科学，2000（03）：75-84.

25. 雷磊. 权利的地位：一个逻辑—规范的分析[J]. 浙江社会科学，2016（10）：48-59.

26. 雷磊. 法律权利的逻辑分析：结构与类型［J］. 法制与社会发展, 2014, 20（03）：54-75.

27. 雷磊. 基本权利、原则与原则权衡：读阿列克西《基本权利论》［J］. 法律方法, 2011, 11（00）：389-396.

28. 雷磊. Ius：从正义到权利［J］. 时代法学, 2006,（01）：65-67.

29. 王利明. 人工智能时代对民法学的新挑战［J］. 东方法学, 2018（03）：4-9.

30. 王利明. 回顾与展望：中国民法立法四十年［J］. 法学, 2018（06）：34-49.

31. 王利明. 人格权：从消极保护到积极确权［J］. 甘肃社会科学, 2018（01）：40-46.

32. 王利明. 论人格权独立成编的理由［J］. 法学评论, 2017, 35（06）：1-11.

33. 王利明. 论人格权编与侵权责任编的区分与衔接［J］. 比较法研究, 2018（02）：1-11.

34. 杨立新. 个人信息：法益抑或民事权利——对《民法总则》第111条规定的"个人信息"之解读［J］. 法学论坛, 2018, 33（01）：34-45.

35. 杨立新. 对民法典规定人格权法重大争论的理性思考［J］. 中国法律评论, 2016（01）：90-106.

36. 张新宝. 从隐私到个人信息：利益再衡量的理论与制度安排［J］. 中国法学, 2015（03）：38-59.

37. 张新宝, 任鸿雁. 互联网上的侵权责任：《侵权责任法》第36条解读［J］. 中国人民大学学报, 2010, 24（04）：17-25.

38. 周汉华. 探索激励相容的个人数据治理之道——中国个人信息保护法的立法方向［J］. 法学研究, 2018, 40（02）：3-23.

39. 周汉华. 论互联网法［J］. 中国法学, 2015（03）：20-37.

40. 梁慧星. 民法典编纂中的重大争论——兼评全国人大常委会法工委两个民法典人格权编草案［J］. 甘肃政法学院学报, 2018（03）：1-19.

41. 邱本. 如何提炼法理？［J］. 法制与社会发展, 2018, 24（01）：5-16.

42. 周赟. 新兴权利的逻辑基础［J］. 江汉论坛, 2017（05）：114-120.

43. 王庆廷. 新兴权利渐进入法的路径探析［J］. 法商研究, 2018, 35（01）：30-41.

44. 张昌辉. 新兴权利确认：司法路径的正当性阐释［J］. 宁夏社会科学, 2017（02）：81-88.

45. 魏治勋. 新兴权利研究述评——以2012~2013年CSSCI期刊相关论文为分析对象

[J]. 理论探索, 2014 (05): 108-116.

46. 陈彦晶. 发现还是创造: 新型权利的表达逻辑 [J]. 苏州大学学报 (哲学社会科学版), 2017 (05): 74-80.

47. 孙山. 未上升为权利的法益: 合理使用的性质界定及立法建议 [J]. 知识产权, 2010, 20 (03): 63-69.

48. 吴伟光. 大数据技术下个人数据信息私权保护论批判 [J]. 政治与法律, 2016 (07): 116-132.

49. 张平. 大数据时代个人信息保护的立法选择 [J]. 北京大学学报 (哲学社会科学版), 2017, 54 (03): 143-151.

50. 丁晓东. 什么是数据权利?——从欧洲《一般数据保护条例》看数据隐私的保护 [J]. 华东政法大学学报, 2018, 21 (04): 39-53.

51. 王融. 隐私与竞争: 数字经济秩序的平衡之道 [J]. 竞争政策研究, 2017 (06): 13-16.

52. 李宏弢. 民事权利的法文化价值 [J]. 求是学刊, 2016 (06): 98-104.

53. 李延舜. 论未成年人隐私权 [J]. 法制与社会发展, 2015, 21 (06): 168-175.

54. 李延舜. 学生隐私权初论——从"教不严, 师之惰"谈起 [J]. 法学论坛, 2016, 31 (03): 48-59.

55. 李延舜. 论宪法隐私权的类型及功能 [J]. 烟台大学学报 (哲学社会科学版), 2017, 30 (06): 29-42.

56. 于靓. 大数据时代未成年人被遗忘权的法律保护 [J]. 江海学刊 (南京), 2018 (02): 149-155.

57. 刘清. 中外未成年人网络隐私权保护比较研究 [J]. 图书馆学刊, 2018, 40 (06): 125-129.

58. 黄晓林, 张亚男, 吴以源. 共同打造儿童数字未来——欧美儿童数据保护对我国的借鉴 [J]. 信息安全与通信保密, 2018 (08): 48-57.

59. 李莹, 韩文瑞. 我国儿童保护制度的发展与取向: 基于国际比较的视角 [J]. 社会建设, 2018 (04): 48-58.

60. 殷峻. 网络时代儿童个人信息的法律保护——基于美国和欧盟立法的比较研究 [J]. 学术研究, 2018 (11): 73-78.

61. 苏文颖. 未成年人数据和隐私的特殊保护 [J]. 中国信息安全, 2018 (06): 68-71.

62. 王籍慧. 个人信息处理中同意原则的正当性——基于同意原则双重困境的视角

[J]．江西社会科学，2018，38（06）：177-185．

63．葛丽辉．儿童隐私问题探析［J］．基础教育研究，2018（17）：22-24．

64．杨志超．比较法视角下儿童保护强制报告制度特征探析［J］．法律科学（西北政法大学学报），2017，35（01）：159-168．

65．杨志超．美国儿童保护强制报告制度及其对我国的启示［J］．重庆社会科学，2014（07）：54-60．

66．肖何．为被访者"讳"——关于未成年人隐私保护的思考［J］．新闻研究导刊，2016（04）：212-213．

67．王仰光．我国未成年人保护法的不足与完善——基于实证数据的研究［J］．中国青年社会科学，2016，35（01）：131-136．

68．王龙珺．"互联网+"时代下的未成年人网络隐私权保护［J］．新闻知识，2016（05）：56-59．

69．孙继周．日本数据隐私法律：概况、内容及启示［J］．现代情报，2016，36（06）：140-143．

70．薛前强．论大数据时代未成年人被遗忘权的法律构建——兼评美国加州第568号法案［J］．中国青年社会科学，2015，34（05）：126-131．

71．刘立霞，李晓南．运用大数据理论完善未成年人社会调查制度［J］．法学杂志，2015，36（01）：115-122．

72．王鹏．未成年人网络隐私权保护的法理分析［J］．青年记者，2015（17）：86-87．

73．白净，赵莲．中美儿童网络隐私保护研究［J］．新闻界，2014（04）：56-62．

74．陈珏静．儿童信息获取行为模型研究［J］．现代情报，2014，34（10）：61-65．

75．陈珏静．儿童信息需求与信息获取渠道研究［J］．图书馆建设，2013（08）：44-49．

76．陈箐．我国未成年人网络隐私权保护［J］．西藏民族大学学报（哲学社会科学版），2013（04）：110-113．

77．李语湘．论知情权与隐私权的界分：以基本权利的冲突与协调为视角［J］．湖南警察学院学报，2012（04）：61-65．

78．于阳．谁动了我的书包——论未成年人隐私权保护［J］．新疆警察学院学报，2012（A4）：49-53．

79．蒋玲，潘云涛．我国儿童网络隐私权的保护研究［J］．图书馆学研究，2012（17）：91-93，55．

80. 吴亮．美国校园搜查中的未成年人隐私权保护及其启示［J］．青少年犯罪问题，2011（06）：64-68．

81. 葛虹．政府巨型数据库与隐私权保护：日本"住基网络诉讼"的启示［J］．法学，2010（10）：89-97．

82. 刘行星．未成年人隐私权的法律保护［J］．预防青少年犯罪研究，2011（01）．

83. 贺光辉．未成年人隐私权与相关权利人知情权的冲突及解决［J］．人权，2009（01）：49．

84. 蒋玲．美国儿童网络隐私保护概况及其启示［J］．四川图书馆学报，2009（05）：77-80．

85. 吕珩．未成年子女隐私权与父母知情权的冲突与协调［J］．中国校外教育，2009（08）：7．

86. 蔡连玉．儿童信息保护：理论与体系构建［J］．电化教育研究，2008（07）：19-22．

87. 孙亚芹．我国儿童网络隐私保护研究［J］．广东广播电视大学学报，2008，17（01）：60-65．

88. 孙云晓．教育孩子的前提是了解孩子——读《中国未成年人数据手册》［J］．少年儿童研究，2008（01）：34-37．

89. 刘金霞．未成年人隐私权与监护人知情权：和谐、冲突与法律规制［J］．法学杂志，2007（04）：53-56．

90. 孙平．政府巨型数据库时代的公民隐私权保护［J］．法学杂志，2007（07）：23-41．

91. 于慎鸿．论未成年人隐私权的法律保护［J］．中州学刊，2005（06）：92-94．

92. 赖嫦媛．未成年人隐私权的法律思考［J］．兰州学刊，2005（04）：191-193．

93. 朱诗敏．如何看待儿童的隐私与秘密［J］．小学德育，2004（23）：32-34．

94. 胡元琼．网络隐私权保护立法的能与不能：以美国《儿童在线隐私保护法》评介为中心［J］．网络法律评论，2004（01）：152-185．

95. 胡拥军．论未成年人隐私权［J］．江西社会科学，2003（02）：175-177．

96. 虞浔．《未成年人网络保护法》的立法思路［J］．中国地质大学学报（社会科学版），2003，3（06）：86-88．

97. 傅宏宇．我国未成年人个人信息保护制度构建问题与解决对策［J］．苏州大学学报（哲学社会科学版），2018，39（03）：81-89．

98. 周杨，张忠．从抖音被罚案审视未成年人个人信息保护——基于合规视角［J］．新产经，2019（04）：49-53．

99. 郑志峰. 网络社会的被遗忘权研究 [J]. 法商研究, 2015, 32 (06): 50-60.

100. 王融. 《欧盟数据保护通用条例》详解 [J]. 大数据, 2016, 2 (04): 93-101.

101. 张新宝. "普遍免费+个别付费": 个人信息保护的一个新思维 [J]. 比较法研究, 2018 (05): 1-15.

102. 郑志峰. 通过设计的个人信息保护 [J]. 华东政法大学学报, 2018, 21 (06): 51-66.

103. 王利明. 论个人信息权在人格权法中的地位 [J]. 苏州大学学报（哲学社会科学版）, 2012 (06): 68-75.

104. 王利明. 论个人信息权的法律保护——以个人信息权与隐私权的界分为中心 [J]. 现代法学, 2013, 35 (04): 62-72.

105. 田野. 大数据时代知情同意原则的困境与出路——以生物资料库的个人信息保护为例 [J]. 法制与社会发展, 2018, 24 (06): 111-136.

106. 王文祥. 知情同意作为个人信息处理正当性基础的局限与出路 [J]. 东南大学学报（哲学社会科学版）, 2018 (A1): 142-146.

107. 徐丽枝. 个人信息处理中同意原则适用的困境与破解思路 [J]. 图书情报知识, 2017 (01): 106-113.

(四) 学位论文

1. 王勇民. 儿童权利保护的国际法研究 [D]. 华东政法大学, 2009.

2. 李媛. 大数据时代个人信息保护研究 [D]. 西南政法大学, 2016.

3. 孙艳艳. 儿童与权利: 理论构建与反思 [D]. 山东大学, 2014.

4. 杨咏婕. 个人信息的私法保护研究 [D]. 吉林大学, 2013.

5. 王琼雯. 家庭权初论 [D]. 苏州大学, 2013.

6. 杨金丹. 网络隐私权的私法保护 [D]. 吉林大学, 2010.

7. 李延舜. "权威与服从"语境中的未成年人隐私权保护研究 [D]. 苏州大学, 2017.

8. 李会军. 大数据背景下我国未成年人个人信息法律保护研究 [D]. 重庆大学, 2018.

(五) 网络资料

1. 中国互联网络信息中心. 2019 年第 44 次中国互联网络发展状况统计报告. http://www.cnnic.net.cn/hlwfzyj/hlwxzbg/hlwtjbg/201908/t20190830_70800.htm, 2019 年 8 月 10 日最后访问.

2. 腾讯. 未成年人上网保护白皮书. https://new.qq.com/omn/20190402/20190402A0MY0I00, 2019 年 6 月 28 日最后访问.

3. 互联网信息安全评估中心. 德国禁售智能玩具对我国网络安全管理的启示. https://www.secrss.com/articles/1304, 2018 年 5 月 4 日最后访问.
4. 广东省教育厅.《关于印发〈广东省面向中小学生校园学习类 APP 管理暂行办法〉的通知》. http://edu.gd.gov.cn/zxzx/tzgg/content/post_2484918.html, 2019 年 7 月 24 日最后访问.

二、外文文献

（一）著作类

1. Bailey, Reg. *Letting Children be Children*: *Report of an Independent Review of the Commercialisation and Sexualisation of Childhood*. London: TSO, 2011.
2. Beck, U. *Risk Society*: *Towards a New Modernity*. London: Sage, 1992.
3. Ben-Yehuda, N., and E. Goode. *Moral Panics*: *The Social Construction of Deviance*. Oxford: Blackwell, 1994.
4. Clark, L. S. *The Parent App*: *Understanding Parents in a Digital Age*. New York: Oxford University Press, 2012.
5. Cohen, Julie. *Configuring the Networked Self Law*, *Code*, *and the Play of Everyday Practice*. New Haven: Yale University Press, 2014.
6. Daniels, J. *Cyber Racism*: *White Supremacy Online and the New Attack on Civil Rights*. Lanham, MD: Rowman & Littlefield Publishers, 2009.
7. Fortin, Jane. *Children's Rights and the Developing Law*, Cambridge: Cambridge University Press, 2009.
8. Gutwirth, Serge, Ronald Leenes and Paul de. Hert *Reforming European Data Protection Law*. Berlin: Springer Netherlands Press, 2015.
9. Jenkins, P. *Moral Panic. Changing Concepts of the Child Molester in Modern America*. New Haven: Yale University Press, 1998.
10. Kraut, Robert, eds. *Computers*, *Phones*, *and the Internet*: *Domesticating Information Technology*, New York: Oxford University Press, 2006.
11. Lesko, N. *Act Your Age*! *A Cultural Construction of Adolescence*. London: Routledge, 2001.
12. Livingstone, S. *Children and the Internet*. Cambridge: Polity, 2009.

13. Livingstone, Sonia, and Brian O'Neill. *Children's Rights Online: Challenges, Dilemmas and Emerging Directions. Minding Minors Wandering the Web: Regulating Online Child Safety*. T. M. C. Asser Press, 2014.

14. Nelson, M. K. *Parenting Out of Control: Anxious Parents in Uncertain Times*. New York: NYU Press, 2010.

15. Nissenbaum, Helen. *Privacy in Context: Technology, Policy, and the Integrity of Social Life*. Stanford: Stanford Law Books, 2010.

16. Palfrey, J., et al. *Enhancing Child Safety and Online Technologies: Final Report of the Internet Safety Technical Task Force*. Durham: Carolina Academic Press, 2010.

17. Richards, Neil. *Intellectual Privacy: Rethinking Civil Liberties in the Digital Age*. Oxford: Oxford University Press, 2015.

18. Schoinberger. Viktor Mayer. *Delete: The Virtue of Forgetting in the Digital Age*. Princeton: Princeton University Press, 2011.

19. Skenazy, L. *Free-Range Kids: How to Raise Safe, Self-reliant Children*. San Francisco: Wiley, 2009.

20. Springhall, J. *Youth, Popular Culture and Moral Panics: Penny Gaffs to Gangsta-Rap, 1830-1996*. New York: St Martin's Press, 1999.

21. Stalford, Helen. *Children and the European Union Rights, Welfare and Accountability*. Oxford, Hart, 2012.

22. Stearns, P. M. *Anxious Parents: A History of Modern Childrearing in America*. New York: NYU Press, 2004.

23. Turow, J. *The Daily You: How the new advertising industry is defining your identity and your worth*. New Haven: Yale University Press, 2011.

24. Van der Hof, Simone, eds. *Minding Minors Wandering the Web: Regulating Online Child Safety*. Asser Press, 2014.

25. Vincent, J. *Mobile opportunities: Exploring positive mobile opportunities for European children*. London: POLIS, LSE, 2015.

26. Zelizer, V. A. *Pricing the Priceless Child: The Changing Social Value of Children*. New York: Basic Books, 1985.

(二) 文集中析出的文献

1. Boyd, Danah. "Why Youth (Heart) Social Network Sites: The Role of Networked Publics

in Teenage Social Life." *Youth, Identity, and Digital Media MacArthur Foundation Series on Digital Media and Learning—Volume*, ed. David Buckingham. The John D. and Catherine T. Cambridge, MA: the MIT Press, 2008.

2. Ho, Andrew. "Advancing educational research and student privacy in the 'big data' era." In *Workshop on Big Data in Education: Balancing Research Needs and Student Privacy National Academy of Education*, Washington, DC, 2016.

3. Savirimuthu, Joseph. "Networked Children, Commercial Profiling and the EU Data Protection Reform Agenda: in the Child's Best Interests?" In *The EU as a Children's Rights Actor: Law, Policy and Structural Dimensions*, Barbara Budrich Publishers, 2016.

4. Schrock, A., and d. boyd. "Problematic Youth Interaction Online: Solicitation, Harassment, and Cyberbullying." In *Computer-Mediated Communication in Personal Relationships*, eds. *K. B. Wright and L. M. Webb*. New York: Peter Lang, 2011.

(三) 期刊论文

1. Adam Thierer. "The Pursuit of Privacy in a World Where Information Control Is Failing." *Harv. J. L. & Pub. Pol'y* 36 (2013): 409.

2. Alexis M. Peddy. "Dangerous Classroom 'App' -titude: Protecting Student Privacy from Third-Party Educational Service Providers." *BYU Educ. & L. J.* (2017): 125.

3. Allyson Haynes Stuart. "Google Search Results: Buried If Not Forgotten." *N. C. J. L. & Tech.* 15 (2014): 463.

4. Andrew R. W. Hughes. "Does the United States Have an Answer to the European Right to Be Forgotten." 7 *Landslide* (2014): 18.

5. Benjamin Strauss. "Online Tracking: Can the Free Market Create Choice Where None Exists." *Chi.-Kent J. Intell. Prop.* 13 (2013): 539.

6. Bert-Jaap Koops. "The trouble with European data protection law." *International Data Privacy Law* 4 (4) (2014): 250.

7. Boyd, Danah, et al. "The conundrum of visibility: Youth safety and the Internet." *Journal of Children & Media* 3 (4) (2009): 410.

8. Boyd, Danah, et al. "Why parents help their children lie to Facebook about age: Unintended consequences of the 'Children's Online Privacy Protection Act'." *First Monday* 16 (11) (2011).

9. Boyd, Danah and Marwick, Alice. "Networked privacy: How teenagers negotiate context in social media." *New Media & Society* 16 (7) (2014): 1051.

10. Boyd, D., and Hargittai, E. "Connected and concerned: Variation in parents' online safety concerns." *Policy & Internet* 5 (3) (2013): 245.

11. Byrne, S., and Theodore, L. "Toward Predicting Youth Resistance to Internet Risk Prevention Strategies." 55 (1) *Journal of Broadcast and Electronic Media* (2011) 90.

12. Casarosa, Federica. "Protection of minors online: available regulatory approaches." *Journal of Internet Law* 9 (2011): 25.

13. Cheng, T. L., Brener, J. L., Wright, J. L, et al. "Children's Violent Television Viewing: Are Parents Monitoring?" *Pediatrics* 114 (1) (2004): 94.

14. Cohen, Julie. "Irrational Privacy." *Journal On Telecommunication and High Technology* 10 (2012): 241.

15. Cohen, Julie. "What is Privacy For?" 126 *Harvard Law Review* (2013) 1904.

16. De Hert, Paul and Papakonstantinou, Vagelis. "The Proposed Data Protection Regulation Replacing Directive 95/46/EC: A Sound System for the Protection of Individuals." *Computer Law and Security Review* 28 (2) (2012): 1.

17. De Schutter, Olivier and Ringelheim Julie. "Ethnic Profiling: A Rising Challenge for European Human Rights Law." *Modern Law Review* 71 (3) (2008): 358.

18. Dor, Asnat, and Dana Weimann-Saks. "Children's Facebook Usage: Parental Awareness, Attitudes and Behavior." *Studies in Media and Communication* 1 (1) (2012): 1.

19. Dorde Krivokapic, Jelena Adamovic. "Impact of General Data Protection Regulation on Children's Rights in Digital Environment." *ANNALS FAC. L. BELGRADE INT' LED* (2016): 205.

20. Elliott, Teressa L., Darius Fatemi, and Sonia Wasan, "Student Privacy Rights—History, Owasso, and FERPA." *Journal of Higher Education Theory & Practice* 14 (4) (2014): 1.

21. E. Wesley Campbell. "But It's Written in Pen: The Constitutionality of California's Internet Eraser Law." *Colum. J. L. & Soc. Probs.* 48 (2015): 583.

22. Feng, Yang, and Xie, W. "Teens' concern for privacy when using social networking sites: An analysis of socialization agents and relationships with privacy-protecting behaviors." *Computers in Human Behavior* 33 (2014): 153.

23. Ganka Hadjipetrova, Hannah G. Poteat. "States Are Coming to the Force of Privacy in the

Digital Era." *Landslide* 6 (2014): 13.

24. Gelman, Susan A., et al. "Developing digital privacy: Children's moral judgments concerning mobile GPS devices." *Child development*89 (1) (2018): 17.

25. Gertrude N. Levine, Samuel J. Levine. "Internet Ethics, American Law, and Jewish Law: A Comparative Overview." *J. Tech. L. & Pol'y* 21 (2016): 37.

26. Grimmelmann, James. "Saving Facebook." *Iowa Law Review*94 (2009): 1137.

27. Har Carmel, Yoni, "Regulating 'Big Data Education' in Europe: Lessons Learned from the US.", *Internet Policy Review* 5 (1) (2016): 1.

28. Hartzog, Woodrow. "The Value of Modest Privacy Protections in a Hyper Social World." *Colorado Technology Law Journal*12 (2014): 333.

29. Heimer, M., Näsman, E., and Palme, J. "Vulnerable children´s rights to participation, protection, and provision: The process of defining the problem in Swedish child and family welfare." *Child & Family Social Work*23 (2) (2018): 316.

30. Hindman, E. B. "Protecting Childhood: Rights, Social Goals, and the First Amendment in the Context of the Child Online Protection Act." *Communication Law and Policy* 15 (1) (2010): 1.

31. Ivana Stevanovic. "Child's Right to Privacy, the Best Interest of the Child and the Media." *J. E. -EUR. CRIM. L.* (2018): 108.

32. Jaclyn Kurin. "Does the Internet Eraser Button for Youth Delete First Amendment Right of Others." *Revista de Investigacoes Constitucionais*4 (2017): 11.

33. Jaroszek, Agata. "Online Behavioural Advertising and the Protection of Children's Personal Data on the Internet." *Wroclaw Review of Law, Administration & Economics*4 (2) (2014): 56.

34. Jasmontaite, Lina and De Hert, Paul. "The EU, children under 13 years, and parental consent: a human rights analysis of a new, age-based bright-line for the protection of children on the Internet." *International Data Privacy Law*5 (1) (2015): 20.

35. Jasmontaite, Lina, and Paul De Hert. "Parental consent, the EU, and children as 'digital natives'." OUP blog International Data Privacy Law, 9 Dec, 2014.

36. Jessica Ronay. "Adults Post the Darndest Things: [CRTL + SHIFT] Freedom of Speech to [ESC] Our Past." *U. Tol. L. Rev.* 46 (2014): 73.

37. Joanna Tudor. "Legal Implications of Using Digital Technology in Public Schools: Effects

on Privacy." *J. L. & EDUC.* 44（2015）：287.

38. John W. Dowdell. "An American Right to Be Forgotten." 52 *Tulsa L. Rev.*（2017）3112. Samuel W. Royston, "The Right to Be Forgotten: Comparing U. S. and European Approaches." *St. Mary's L. J.* 48（2016）：253.

39. Jones, Kyle M. L. "Learning analytics & FERPA: Issues of student privacy and new boundaries of student data." *Proceedings of the American Society for Information Science and Technology* 50（1）（2013）：1.

40. Joshua Warmund. "Can COPPA Work - An Analysis of the Parental Consent Measures in the Children's Online Privacy Protection Act." *FORDHAM INTELL. PROP. MEDIA & ENT. L. J.* 11（2000）：189.

41. Juliet M. Moringiello, William L. Reynolds. "The New Territorialism in the Not-So-New Frontier of Cyberspace." *Cornell L. Rev.* 99（2014）：1415.

42. Kathryn C. Montgomery, Jeff Chester. "Data Protection for Youth in the Digital Age." *EUR. DATA PROT. L. REV.* 1（2015）：277.

43. Kumar, Priya, et al. "'No Telling Passcodes Out Because They're Private': Understanding Children's Mental Models of Privacy and Security Online." *Proceedings of the ACM on Human-Computer Interaction* 1（1）（2017）：1.

44. Lawrence Siry. "Forget Me, Forget Me Not: Reconciling Two Different Paradigms of the Right to Be Forgotten." *Ky. L. J.* 103（3）（2014）：311.

45. Lee, Sook-Jung. "Parental restrictive mediation of children's internet use: Effective for what and for whom?" *New Media & Society* 15（4）（2013）：466.

46. Livingstone, Sonia. "Children: a special case for privacy?" *Intermedia*46（2）（2018）：18.

47. Livingstone, Sonia and Monica Bulger. "A global research agenda for children's rights in the digital age." *Journal of Children and Media*8（4）（2014）：317.

48. Livingstone, Sonia. "Children's digital rights: a priority." *Intermedia*42（2014）：20.

49. Livingstone, Sonia, et al. "In their own words: What bothers children online?" *European Journal of Communication*29（3）（2014）：271.

50. Livingstone, Sonia. "Regulating the internet in the interests of children: Emerging European and international approaches." *The handbook on global media and communication policy*（2011）：505.

51. Livingstone, Sonia. "Taking risky opportunities in youthful content creation: teenagers' use of social networking sites for intimacy, privacy and self-expression." *New Media & Society* 10 (3) (2008): 393.

52. Lodinová, Anna. "Application of biometrics as a means of refugee registration: focusing on UNHCR's strategy." *Development, Environment and Foresight* 2 (2) (2016): 91.

53. Lupton, Deborah, and Ben Williamson. "The datafied child: The dataveillance of children and implications for their rights." *New Media & Society* 19 (5) (2017): 780.

54. Lwin, May O., A. J. S. Stanaland, et al. "Protecting children´s privacy online: How parental mediation strategies affect website safeguard effectiveness." *Journal of Retailing* 84 (2) (2008): 205.

55. Macenaite, Milda. "From universal towards child-specific protection of the right to privacy online: Dilemmas in the EU General Data Protection Regulation." *New Media & Society* 19 (5) (2017): 765.

56. Mantelero, and Alessandro. "Children online and the future EU data protection framework: empirical evidences and legal analysis." *International Journal of Technology Policy and Law* 2 (2016): 169.

57. Mccullagh, Karen. "The General Data Protection Regulation: A Partial Success for Children on Social Network Sites?" *Social Science Electronic Publishing* (2016): 110.

58. Meg Leta Ambrose, "It's About Time: Privacy, Information Life Cycles, and the Right to Be Forgotten." *Stan. Tech. L. Rev.* 16 (2013): 369.

59. Meyer, Marisa, et al. "Advertising in Young Children's Apps: A Content Analysis." *Journal of Developmental & Behavioral Pediatrics* 40 (1) (2019): 32.

60. Milda Macenaite and Eleni Kosta. "Consent for processing children's personal data in the EU: following in US footsteps?" *Information & Communications Technology Law* 26 (2) (2017): 146.

61. Milkaite, Ingrida, and Eva Lievens. "Children's rights to privacy and data protecton around the world: challenges in the digital realm." *European Journal of Law and Technology* 10 (1) (2019): 1.

62. Kimberly J Mitchell, David Finkelhor and Janis Wolak. "The Internet and Family and Acquaintance Sexual Abuse." *Child Maltreatment* 10 (1) (2005): 49.

63. Molnar, Alex, and Faith Boninger. "On the Block: Student Data and Privacy in the Digital

Age-The Seventheenth Annual Report on Schoolhouse Commercializing Trends 2013-2014. " *National Education Policy Center* (2015): 1.

64. Omar, Siti Z., et al. "Children Internet Usage: Opportunities for Self Development. " *Procedia - Social and Behavioral Sciences* 155 (2014): 75.

65. Pain, R. "Paranoid Parenting? Rematerializing Risk and Fear for Children. " *Social and Cultural Geography* 7 (2) (2006): 221.

66. Philip E. Veerman. "The Ageing of the UN Convention on the Rights of the Child. " *INT' L J. CHILD. RTS.* 18 (2010): 585.

67. Piper, Christine. "Investing in a Child's Future: Too Risky?" *Child and Family Law Quarterly* 22 (2010): 1.

68. Powell, Anastasia. "Configuring Consent: Emerging Technologies, Unauthorized Sexual Images and Sexual Assault. " *Australian and New Zealand Journal of Criminology* 43 (1) (2010): 76.

69. Purtova, Nadezhda. "Who decides on the future of data protection? Role of law firms in shaping European data protection regime. " *International Review of Law Computers and Technology* 28 (2) (2014): 204.

70. Ritvo, Dalia, et al. "Privacy and Children´s Data-An Overview of the Children's Online Privacy Protection Act and the Family Educational Rights and Privacy Act. " *Berkman Center Research Publication* (2013): 1.

71. Ritvo, Dalia. "Privacy and student data: An overview of federal laws impacting student information collected through networked technologies. " *Berkman Center Research Publication* (2016): 1.

72. Rubinstein, Ira and Good, N. "Privacy by Design: A Counterfactual Analysis of Google and Facebook Privacy Incidents. " *Berkeley Technology Law Journal* 28 (6) (2013): 1333.

73. Sartor, Giovanni, and Viola de Azevedo Cunha, Mario. "The Italian Google-Case: Privacy, Freedom of Speech and Responsibility of Providers for User-Generated Contents. " *International Journal of Law and Information Technology* 18 (4) (2010): 356.

74. Scott, S., S. Jackson, and K. Backett-Milburn. "Swings and Roundabouts: Risk Anxiety and the Everyday Worlds of Children. " *Sociology* 32 (4) (1998): 689.

75. Selwyn, Neil. "Data entry: towards the critical study of digital data and education." *Learning, Media and Technology* 40 (1) (2015): 64.

76. Shin, Wonsun, and Kang, Hyunjin. "Adolescents' privacy concerns and information disclosure online: The role of parents and the Internet." *Computers in Human Behavior* 54 (2016): 114.

77. Singleton, Shaniqua. "Balancing a Right to be Forgotten with a Right to Freedom of Expression in the Wake of Google Spain v. AEPD." *Georgia Journal of International and Comparative Law* 44 (1) (2015): 165.

78. Silverblatt, Rob. "Hiding behind ivory towers: Penalizing schools that improperly invoke student privacy to suppress open records requests." *The Georgetown Law Journal* 101 (2012): 493.

79. Solove, Daniel. "Conceptualizing Privacy." *California Law Review* 90 (2002): 1087.

80. Solove, Daniel. "Privacy Self-Management and the Consent Dilemma." *Harvard Law Review* 126 (2013): 1880.

81. Solove, Daniel. "Privacy and Power: Computer Databases and Metaphors for Information Privacy." *Stanford Law Review* 53 (2001): 1393.

82. Stahl, William M., and Joanne Karger. "Student Data Privacy, Digital Learning, and Special Education: Challenges at the Intersection of Policy and Practice." *Journal of Special Education Leadership* 29 (2) (2016): 79.

83. Steeves, Valerie. "It's Not Child's Play: The Online Invasion of Children's Privacy." *University of Ottawa Law & Technology Journal* 3 (1) (2007): 169.

84. Steinberg, Stacey B. "Sharenting: Children's privacy in the age of social media." *Emory LJ* 66 (2016): 839.

85. Stephen J. Astringer. "The Endless Bummer: California's Latest Attempt to Protect Children Online Is Far Out (side) Effective." *Notre Dame J. L. Ethics & Pub. Pol'y* 29 (2015): 271.

86. Sweeney, Latanya. "Weaving Technology and Policy Together to Maintain Confidentiality." *Journal of Law, Medicine and Ethics* 25 (2) (1997): 98.

87. Swire, Peter. "Social Networks, Privacy, and Freedom of Association: Data Empowerment vs. Data Protection." *North Carolina Law Review* 90 (5) (2012): 101.

88. Tarleton, Gillespie. "The Politics of Platforms." *New Media & Society* 12 (3) (2010): 347.

89. Taylor, Mark J., et al. "When Can the Child Speak for Herself? The Limits of Parental

Consent in Data Protection Law for Health Research." *Medical law review* 26（3）（2017）: 369.

90. Tene, O. "Privacy: The New Generations." *International Data Privacy Law* 1（1）（2011）: 15.

91. Viola de Azevedo Cunha, Mario, and Itagiba, Gabriel. "Between privacy, freedom of information and freedom of expression: Is there a right to be forgotten in Brazil?" *Computer Law & Security Review* 32（4）2016: 634.

92. Williamson, B. "Governing software: Networks, databases and algorithmic power in the digital governance of public education." Learning, Media and Technology 40（1）（2015）: 83.

93. Winnick, Steve, et al. "Aligning the Effective Use of Student Data with Student Privacy and Security Laws." *Data Quality Campaign*（2011）1.

94. Hartzog, Woodrow. "The Value of Modest Privacy Protections in a Hyper Social World." *Colo. Tech. L. J.* 12（2014）: 333.

95. Wu, Yanfang, et al. "A comparative study of online privacy regulations in the US and China." *Telecommunications Policy* 35（7）（2011）: 603.

96. Young, E. "Educational privacy in the online classroom: FERPA, MOOCS, and the big data conundrum." Harvard Journal of Law & Technology 28（2）（2015）: 549.

97. Tal Z. Zarsky. "Desperately Seeking Solutions: Using implementation-based solutions for the troubles of information privacy in the age of data mining and the internet society." *Maine Law Review* 56（1）（2004）: 13.

98. Tal Z. Zarsky. "Mine Your Own Business: Making the Case for the Implications of the Data Mining of Personal Information in the Forum of Public Opinion." *Yale Journal of Law and Technology* 5（1）（2003）: 1.

99. ZA Papacharissi. "A Private Sphere: Democracy in a Digital Age." Polity（2010）: 131.

100. Zeide, Elana. "Student privacy principles for the age of big data: Moving beyond FERPA and FIPPs." *Drexel L. Rev.* 8（2017）: 101.

101. Zwick, Detlev, et al. "Putting consumers to work." *Journal of Consumer Culture* 8（2）（2008）: 163.

（四）会议报告类文献

1. Ammari, Tawfiq, et al. *Managing children's online identities: How parents decide what to disclose about their children online.* Proceedings of the 33rd Annual ACM Conference on Human

Factors in Computing Systems. ACM, 2015.

2. Blackwell, Lindsay, et al. *Managing Expectations: Technology Tensions among Parents and Teens*. Acm Conference on Computer-supported Cooperative Work & Social Computing ACM, 2016.

3. Committee on the Rights of the Child. *State obligations regarding the impact of the business sector on children's rights*. General comment No. 16 CRC/C/GC/16, 2013.

4. Communication from the Commission. *Europe 2020: A Strategy for Smart, Sustainable and Inclusive Growth COM*, 2010.

5. Communication from the Commission. *A comprehensive approach on personal Data Protection in the European Union COM*, 2010.

6. Communication from the Commission. *An EU Agenda for the Rights of the Child COM*, 2011.

7. Communication from the Commission. *Protecting Children in the Digital World COM*, 2011.

8. Communication from the Commission. *European Strategy for a Better Internet for Children COM*, 2012.

9. Communication from the Commission. *Proposal for a Regulation of the European Parliament and of the Council on the protection of individuals with regard to the processing of personal data and on the free movement of such data COM*, 2012.

10. Communication from the Commission. *Safeguarding privacy in a connected world: A European data protection framework for the 21st century COM*, 2012.

11. Federal Trade Commission. *Protecting consumer privacy in an era of rapid change – Recommendations for businesses and policymakers*, FTC Report, 2012.

12. G Berman & K Albright. *Children and the Data Cycle: Rights and Ethics in a Big Data World*. UNICEF Office of Research – Innocenti Working Paper, 2017.

13. Livingstone, S., Carr, J., and Byrne, J. *One in Three: Internet Governance and Children's Rights*. Innocenti Discussion Paper, UNICEF Office of Research, Florence, 2016.

14. Livingstone, Sonia. *A framework for researching Global Kids Online: understanding children's well-being and rights in the digital age*, 2016.

15. Livingstone, Sonia, et al. *EU kids online II: final report*, 2011.

16. Livingstone, Sonia, and Mariya Stoilova. *Global Kids Online: children's rights in the digital age-inception report*, 2015.

17. Livingstone, Sonia, et al. *Risks and safety on the internet: the perspective of European chil-

dren: *full findings and policy implications from the EU Kids Online survey of 9-16 year olds and their parents in 25 countries*, 2011.

18. Livingstone, Sonia, et al. *Towards a better internet for children: findings and recommendations from EU Kids Online to inform the CEO coalition*, 2012.

19. Minkus, Tehila, et al. *Children Seen But Not Heard: When Parents Compromise Children's Online Privacy*. The 24th International Conference International World Wide Web Conferences Steering Committee, 2015.

20. Viola de Azevedo Cunha, M. *Child Privacy in the Age of Web* 2.0 *and* 3.0: *Challenges and Opportunities for Policy*. UNICEF Office of Research-Innocenti Discussion Paper, 2017.

21. Zhao, Jun, et al. "*I make up a silly name*": *Understanding Children's Perception of Privacy Risks Online*. CHI Conference on Human Factors in Computing Systems Proceedings (CHI2019), Glasgow, Scotland Uk. ACM, New York, NY, USA, 2019.

（五）网络资料

1. Alarcon, Andrea and Zeide, Elana, et al. "Corrine, Data & Civil Rights: Education Primer." Last modified July 5, 2019 at Data & Civil Rights Conference, https://ssrn.com/abstract=2542268.

2. Article 29 Working Party. "Opinion 02/2012 on facial recognition in online and mobile services." Last modified Nov. 13, 2018. http://ec.europa.eu/justice/data-protection/article-29/documentation/opinion-recommendation/files/2012/wp192_en.pdf.

3. Article 29 Working Party. "Opinion 2/2009 on the protection of children's personal data (General Guidelines and the special case of schools)." Last modified Nov. 13, 2018. https://ec.europa.eu/justice/article-29/documentation/opinion-recommendation/files/2009/wp160_en.pdf.

4. Article 29 Working Party. "Opinion 3/2003 on the European code of conduct of FEDMA for the use of personal data in direct marketing." Last modified Nov. 13, 2018. https://ec.europa.eu/justice/article-29/documentation/opinion-recommendation/files/2003/wp77_en.pdf.

5. Article 29 Working Party. "Opinion on the use of location data with a view to providing value added services geolocalization (Opinion 5/2005)." Last modified Nov. 13, 2018. https://ec.europa.eu/justice/article-29/documentation/opinion-recommendation/files/2005/wp115_en.pdf.

6. Article 29 Working Party. "Guidelines on the protection of children's personal data." Last modified Nov. 13, 2018. https://www.ecnp.eu/-/media/Files/ecnp/Projects%20and%20initiatives/Network/Child%20and%20Adolescent/161020%20Guidelines%20on%20the%20protection%20of%20children%20personal%20data.pdf? la=en&hash=886572C414894577CD913D5B9945331DA272A519.

7. Article 29 Working Party. "Opinion 15/2011 on the Definition of Consent." Last modified Nov. 13, 2018. http://ec.europa.eu/justice/policies/privacy/docs/wpdocs/2011/wp187_ en.pdf.

8. Article 29 Working Party. "Opinion 02/2013 on apps on smart devices WP 202." Last modified Nov. 15, 2018. http://ec.europa.eu/justice/data-protection/article-29/documentation/opinion-recommenda tion/index_ en.htm#h2-3.

9. Cavoukian, A. "Privacy by Design. The 7 Foundational Principles. Information and Privacy Commissioner of Ontario." Last modified Jun. 8, 2019 at Information & Privacy Commissioner of Ontario, https://www.iab.org/wp-content/IAB-uploads/2011/03/fred_ carter.pdf.

10. Denise G. Tayloe. "What We Know About the Student Digital Privacy Act." Last modified Jun. 26, 2019. https://www.privo.com/blog/what-we-know-about-the-student-digital-privacy-act.

11. European Commission (EC). "Stronger data protection rules for Europe." Last modified Jun. 26, 2019. http://europa.eu/rapid/press-release_ MEMO-15-5170_ en.htm.

12. Kroes, N. "Digital agenda: new strategy for safer internet and better internet content for children and teenagers." Last modified Nov. 13, 2018. http://europa.eu/rapid/press-release_ IP-12-445_ en.htm? locale=en.

13. Barocas, s. "Data Mining and the Discourse on Discrimination." Last modified Nov. 13, 2018 at Proceedings of the Data Ethics Workshop: Conference on Knowledge Discovery and Data Mining, https://dataethics.github.io/proceedings/Data Mining and the Discourse On Discrimination.pdf.

14. Deye, Sunny. "Protecting Student Privacy in a Networked World." Last modified Jun. 26, 2019. http://www.ncsl.org/Portals/1/Documents/educ/DataPrivacy_ 2015.pdf.

15. The Federal Role in Safeguarding Student Data, Last modified Jun. 26, 2019. https://2pido73em67o3eytaq1cp8au-wpengine.netdna-ssl.com/wp-content/uploads/2016/03/DQC-Federal-Role-Safeguard-Data-Apr28.pdf.

关键词索引

B

保护性权利 127~129，159，161

C

成熟度评估 7，9，130~131，134，162，211
成熟度评估困境 9，130，162，211

F

赋权性权利 7，9，127~129，134，159~161，211
父母同意困境 9，135，164，211
父母权力 136
父母"晒娃" 9，28，139，169
父母控制 6，135，166
父母同意规则 7，42~43，78，85，87，138
父母调解 165~166
父母指导性调解 166
父母数字素养 9，167，211
父母责任 6，9，86，172，203，211

G

个人数据权 5，8，17，19，22，130，143，161，190
个性化评估 9，131~134，162~163，211
个性化评估模式 131~132

公共卫生模式 167~168

H

行业实践 7~9，119，123，205，212

行业自律 8，119，123~124，206，212

J

技术化治理 119，212

监管模式 9，170，188，211~212

N

年龄界限模式 131~132

年龄验证困境 9，134，164

Q

权利冲突 8，127，159，161，211

权利冲突困境 8，127，159，161，211

内部冲突 127

外部冲突 129

亲子关系冲突 137

S

数字身份失控 3，8，22，29，129

生物识别技术 8，31~33，76，135，149，207

数据驱动教育 145，147，149，152

数据控制困境 9，141，171

数据控制者责任 9，172，203，211

设计隐私 9，33，150，172~174，211

数字公民 9，139，171，176~177

数据管理能力 177

T

"通知和同意"模型 9,141~144,211

W

未成年人数据权 15,17,22,128~130,139,159,161,169

未成年人隐私权 8,17,21~22

未成年人人身安全 26

未成年人声誉发展 27

未成年人信用评级 28

未成年人数据删除权 169,196

未成年人数据透明权 195

未成年人数据访问权 196

未成年人数据更正权 196

未成年人数据可携权 196

未成年人数据拒绝权 196

X

行为能力 13,25,95,100,131,194

行为广告和营销 8,33,36~37

学生数据分级分类 154,201

学生数据权利体系 154

Y

隐私增强技术 8,9,33,124,150,171,174~177,197,206,211~212

Z

正当性基础 4~5,7~8,11,22~23,142

在线数据监控 3,8,30,150